（修订版）

曹凤岐◎著

北京大学出版社
PEKING UNIVERSITY PRESS

图书在版编目（CIP）数据

坦荡人生无悔路 / 曹凤岐著. 一修订本. 一北京：北京大学出版社，2021.10
ISBN 978-7-301-32604-6

Ⅰ.①坦… Ⅱ.①曹… Ⅲ.①曹凤岐－回忆 Ⅳ.①K825.46

中国版本图书馆 CIP 数据核字（2021）第 202406 号

书　　名	坦荡人生无悔路（修订版） TANDANG RENSHENG WUHUI LU（XIUDING BAN)
著作责任者	曹凤岐 著
策划编辑	贾米娜
责任编辑	贾米娜
标准书号	ISBN 978-7-301-32604-6
出版发行	北京大学出版社
地　　址	北京市海淀区成府路 205 号　100871
网　　址	http://www.pup.cn　　新浪微博：@ 北京大学出版社
电子信箱	em@pup.cn
电　　话	邮购部 010-62752015　发行部 010-62750672　编辑部 010-62755910
印 刷 者	北京宏伟双华印刷有限公司
经 销 者	新华书店
	787 毫米 ×1092 毫米　16 开本　26.5 印张　8 彩插　396 千字 2018 年 6 月第 1 版　2021 年 10 月第 2 版　2021 年 10 月第 1 次印刷
定　　价	98.00 元

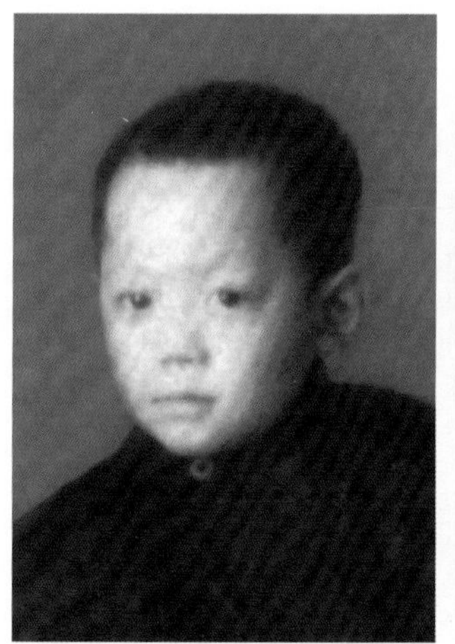

4 岁

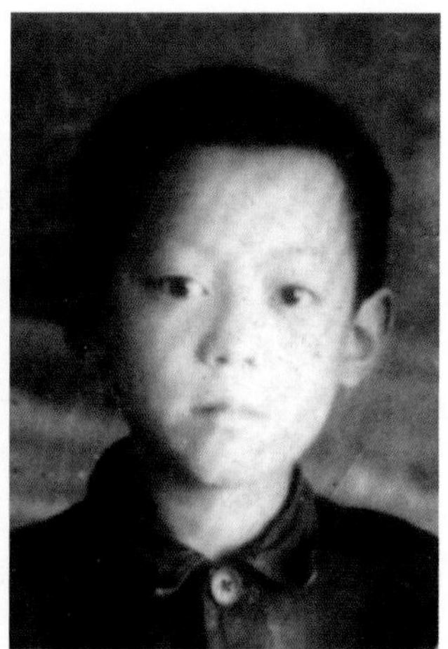

7 岁

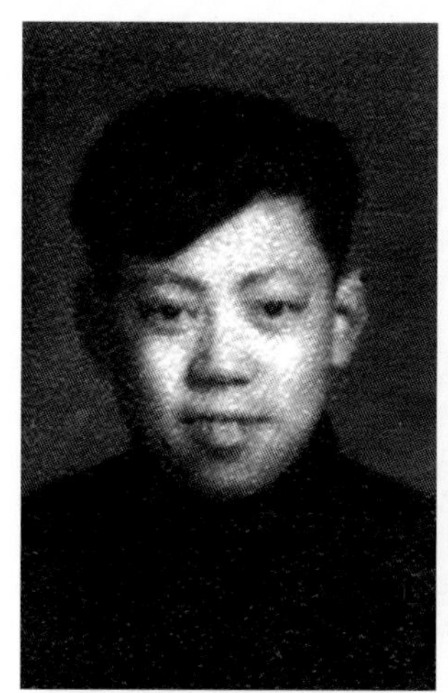

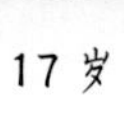

17 岁

20 岁

25 岁

北京大学第一批管理专业本科生毕业留念，二排中间偏左的是陈岱孙先生、胡代光先生，最左边的是厉以宁先生（1984 年）

北京大学经济管理系在由水房改造成的会议室里办公，中间的是厉以宁，右二为曹凤岐，左二为杨岳全（1986 年）

北京大学经济管理系部分教员在圆明园，前排左起：范培华、靳云汇、蔡曙涛、张虎婴、曹凤岐，后排左起：孙来祥、刘力、张国有、姜海生、崔兆鸣（1986年）

拜访陈岱孙先生（1988年春节）

厉以宁、曹凤岐与部分硕士毕业生在北京大学西校门合影，左起：齐力、郭世邦、庄朔、朱锦涛、厉以宁、曹凤岐、张云、蔡洪滨、方宗凯（1991 年）

1993 年 12 月 18 日北京大学工商管理学院成立大会召开，由曹凤岐主持会议

在香港会见曾宪梓先生，左起：张国有、曹凤岐、曾宪梓、刘力、梁钧平（1994 年）

北京大学与光华教育基金会合办光华管理学院签字仪式，签字者为吴树青（左）和尹衍梁。后排有厉以宁、任彦申、林英峰等（1994年）

北京大学首届MBA开学典礼，在主席台上就座的左起为李九兰、厉以宁、梁柱、曹凤岐、范平（1994年）

1995年北京大学光华管理学院教职员工参加北京大学运动会开幕仪式后合影

参加北京大学光华管理学院1号楼奠基仪式（1995年10月18日），左三是大楼的年轻设计师褚平女士

1998年5月4日庆祝北京大学建校100周年大会在人民大会堂召开，会前同香港著名银行家邵友保先生（左）合影

参加学生毕业典礼，穿博导服的老师右起为曹凤岐、朱善利、厉以宁、张维迎、武常岐（2005年）

在授予博士、硕士学位仪式上，左起：曹凤岐、张国有、吴志攀、厉以宁、张维迎、朱善利、王其文（2005年）

2007 年荣获第四届“十大中华经济英才”光荣称号

2008 年 7 月 15 日，在吉林省松原市参加奥运火炬接力跑（此照片为电视截屏）

为完成教育部哲学社会科学研究重大课题攻关项目，带领学生赴香港调研，左起：鹿波、贾春新、曹凤岐、朱乾宇、高培道、陈煦（2008年）

2009年在韶山，向毛主席铜像敬献花篮

在 65 岁生日聚会上演讲（2010 年）

牵手走过 40 载，相伴相依到晚年（2012 年）

2012 年 11 月 21 日在北京大学光华管理学院阿里巴巴报告厅解读十八大报告

2013 年荣休老同志在北京大学光华管理学院新年联欢会上表演歌舞《童年的记忆》

2014年荣获北京大学第二届“老有所为先进个人”光荣称号

光华管理学院教职工纪念学院命名20周年合影（2014年）

颁发凤岐奖学金（2014 年）

在 2015 金融改革与创新高级论坛暨北京大学曹凤岐金融发展基金第四届颁奖仪式上讲话

在70岁生日聚会上，演唱歌曲《等待》（2015年）

2015年70岁生日聚会

全家福（2017 年春节）

2017 年教师节光华管理学院院领导与部分退休老同志合影留念

用颤抖的手为学生签名（2018年6月）

红烛滴泪化春雨

（修订版前言）

《坦荡人生无悔路》一书于2018年出版，如今已经三年时间了。这本书受到广大读者的热烈欢迎和好评。尤其是我的学生们很喜欢这本书，写了多篇读后感，部分读后感已结集成册——《春风化雨　桃李芬芳——〈坦荡人生无悔路〉读后感集》（非公开出版）。《坦荡人生无悔路》一书出版后很快售完，并进行了加印，现在也已基本售完。为了满足广大读者的需要，我决定对这本书进行修订后重新出版。

这一版主要在以下方面进行了修订：

第一，增加了一章，即第十一章“春风化雨”，主要谈在教书育人过程中如何建立新型的师生关系。在这一章中摘录了《春风化雨　桃李芬芳——〈坦荡人生无悔路〉读后感集》的部分内容。

第二，对部分章节和内容进行了增删。比如删除了“关于家族的传说”一节，删除了有关北大“文革”时期的部分内容，增加了一部分新的内容和故事，进一步增强了本书的可读性。

第三，增加了不少历史资料和照片，由此使本书的历史感更强。

《坦荡人生无悔路》已经取得了良好的效果，为什么还要修订再版呢？

因为我是在“口述历史”。书中不仅讲述了我成长、发展和奋斗的历史，更重要的是以我的亲身经历从侧面讲述了中华人民共和国七十多年的发展史，尤其是四十多年来的改革开放史，讲述了北大、光华管理学院的发展史。一些年轻同志对这些历史是不太熟悉的，后来者对此可能更为生疏。俗话说，忘记历史就意味着背叛。七十多年来，中国发展到今天不容易，我们经历过不少灾难和曲折，在中国共产党的领导下，才取得了今天的成就。

首先，北大已经走过了一百二十多年，从我在北大学习开始到现在是56年（1965—2021），半个多世纪的时间里我都是在北大生活和工作的，我了解了北大的辉煌历史，亲眼看到北大的发展和强盛，亲身参与了北大的改革，参与了教书育人工作，参与了光华管理学院的建设。北大使我受到了很多的教育和熏陶，我在这本书里谈了一种精神——北大精神。北大精神最重要的就是创新。我在北大学到的是要不断前进、创新的精神。我认为这种精神需要传承下去。

其次，我是改革开放的直接参与者和受益者，可以说是改革开放带来的机会，才有了现在的我。改革开放已经四十多年，需要总结一下我们走过的路。现在不少人很悲观，对国家悲观、对政府悲观、对市场悲观，我觉得大可不必。回过头去看，1978 年我们什么样？现在我们什么样？四十多年的巨变不是历历在目吗？国家那么大的进步看不到，却整天在网上发牢骚，这种思想很不对头。另外，改革不是一帆风顺的，而是一场革命，首先是一场思想的革命。没有思想的革命，没有邓小平同志提出的改革的一些理论、方针、政策，能有我们的今天吗？然而，现在很多人对小平同志提出的“让一部分人先富起来”大加否定，认为这些富起来的人就是为富不仁，造成两极分化。我要为小平同志发声，小平同志讲的是“让一部分人先富起来”，可还有第二句——“走共同富裕的道路”。小平同志讲得很全面，是我们没有执行好。所以现在我们如何对待改革、如何看待改革的成绩是非常重要的，这也是我写作本书的原因。我也是在改革开放中成长起来的，不能否定改革开放。

最后，我是一名教师，教师的职责不仅是“传道、授业、解惑”，更重要的是教书育人。重点是育人。我把我从事教书育人工作的经验 、体会记录下来，希望通过这本书对年轻人或者后人有所启发。现在不少年轻人的思想比较混乱，分不清是非，缺乏定力。我对网络上肆意传播一些没有事实依据的负面新闻这一现象进行了抨击，认为这样混乱的环境可能会使人们的思想也变得混乱起来。以这样混乱的思想为指导怎么能把中国搞好呢？我多次强调：“年轻人是我们的希望，中国的未来在年轻人。”而现在不少家长教育孩子的理念还需要进步，仅仅用找到好工作来教育和激励孩子们努力学习，这个目标是不是低了点？这让孩子们以后怎么爱国，怎么爱人民、爱劳动，怎么能有以天下为己任的思想呢？书中的第十一章“春风化雨”和第十二章“不忘初心”，就是讲如何教育青年的，不仅要教青年知识，还要教他们如何做人。中国的教育需要在教育学生怎么做人上下功夫。只有会做人、做好人，中国的未来才有希望。中国现在经济发达了，但是思想还需要进步，教育还存在很多问题，必须把思想教育放在首位。

本书讲的是一种精神：向上的精神；一种理念：创新的理念；一种思想：愈挫愈勇、永不言败的思想。传播正能量是我写作本书最根本的动机。让大家看看比我们年长的一代，以及我们这一代人是怎么走过来的，在坚持些什么。年轻的一代应思考如何继承老一代人的光荣传统，为国家、为人民做出更多、更大的贡献。

在本书的最后，我写道：“我是一根蜡烛，在我能够燃烧时，我尽量拨亮烛芯，让它发出更多的光和热；当蜡烛的光开始暗淡时，我用它点燃更大的火把，点燃一盏长明灯，让它继续发光发热！”

总之，本书是为年轻人和后人写的。他们需要了解 1949 年以后中国发展和改革开放的历史。

2020年1月，我写了一首诗，就把它作为这篇前言的结尾吧：

七十五岁感怀

（2020年1月1日）

七十五岁度沧桑，青丝已疏两鬓霜。
红烛滴泪化春雨，绿树成林出栋梁。
涸鲋有心吞大海，游丝无力织网纲。
身体渐衰热血在，精神不老仍刚强。

2021年10月

目 录

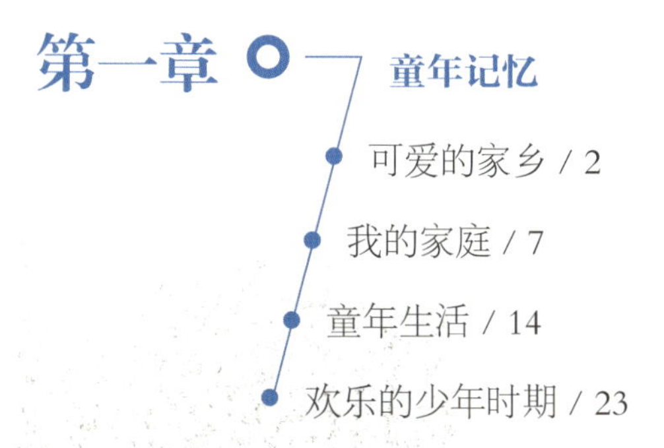

第一章 童年记忆

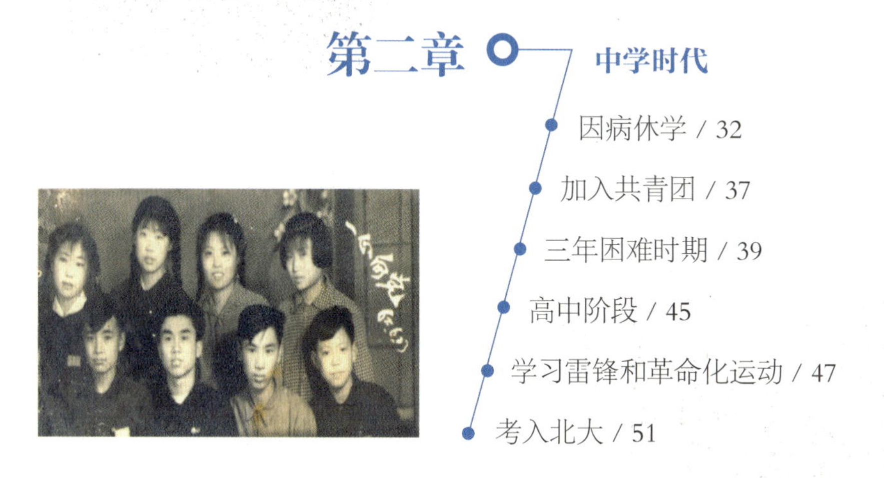

第二章 中学时代

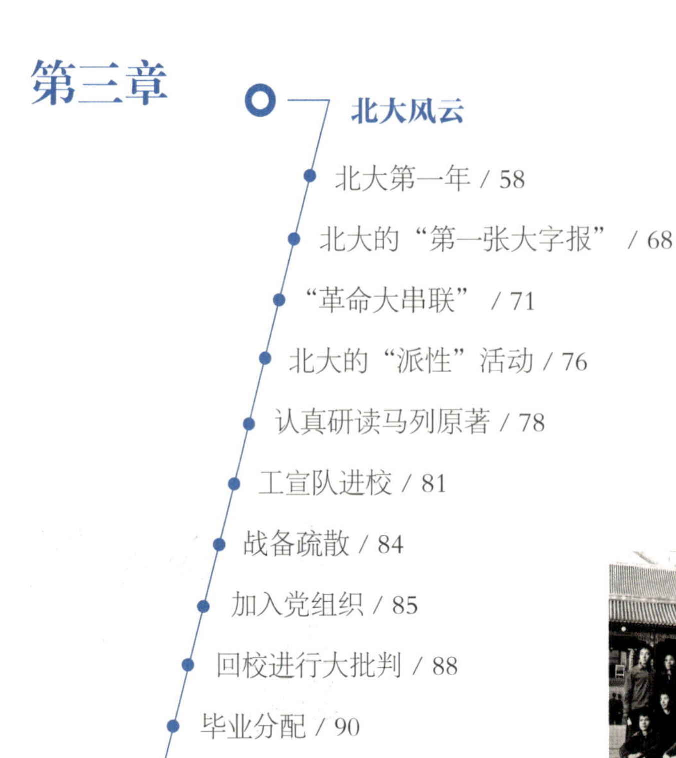

第三章 北大风云

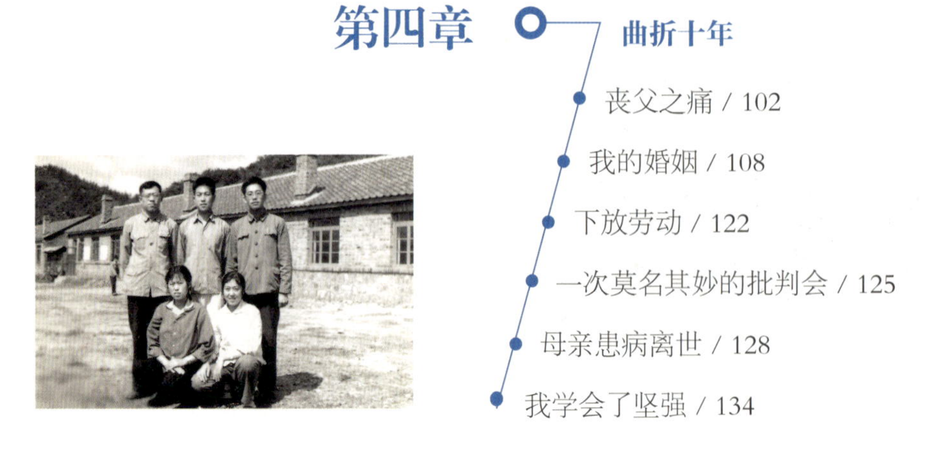

第四章 曲折十年

第五章　进军金融

第六章　股份制改革

第七章 资本市场

第八章 起草两法

第九章 创建学院

第十章 家乡情结

第十一章 春风化雨

第十二章 不忘初心

附录

后记

第一章 童年记忆

可爱的家乡

我出生在吉林省扶余县城区（老扶余县，现为松原市宁江区）。老扶余是一个古老而美丽的地方，那里三面环水，这在世界所有城市中是很少见的。松花江从长白山下来向西流经吉林市再流经老扶余城区后拐向北流，经伯都镇与嫩江汇合后转向东北方向，经过哈尔滨最后流入黑龙江。历史上从长白山到老扶余的江段曾被称为第二松花江，从老扶余的西北三江口（第一松花江、第二松花江和嫩江交汇处）起流经哈尔滨汇入黑龙江的江段曾被称为第一松花江。

老扶余有悠久的历史，建城时间很长，古时曾是渤海国、扶余国的所在地，是金起家的地方，至今仍留存着“大金得胜陀颂碑”。

松原是1992年成立的地级市，辖区面积2.2万平方公里，总人口275万，下辖宁江区、扶余市、前郭尔罗斯蒙古族自治县、长岭县、乾安县和2个国家级开发区（松原经济技术开发区、松原国家农业科技园区）、4个省级开发区（查干湖旅游经济开发区、哈达山生态农业旅游示范区、松原石油化学工业循环经济园区、前郭经济开发区），全市共有78个乡（镇）、1 123个行政村。

松原位于东北地区几何中心和哈长城市群核心区域。从中国地图上看，正好处于雄鸡眼睛的位置。作为东北地区重要的交通枢纽和物流集散地，联结8市14县（市），辐射人口3 400多万。20世纪初，孙中山先生在《建国方略》中曾构想在松嫩两江交汇处设立一个“东镇”，作为东北的交通枢纽，“东镇”就是现在的松原。

松原既是一片古老的土地，又是一座新兴的城市。松原有丰富的自然资源和深厚的文化底蕴。有人把它总结为“七个一”，即一黑、一黄、一绿、一蓝、一白、一多、一文。一黑是指有石油、天然气资源；一黄是指处在黄金玉米带；一绿是指有草原、湿地；一蓝是指有三江（第二松花江、第一松花江、嫩江）、一河（拉林河）、一湖（查干湖）；一白是指查干湖，因为查干湖的水是白色的（湖底是碱地；其实松原江河的颜色用蓝色来形容更合适，蓝蓝的天映衬着松原的江河，使其变成蓝蓝的水）；一多是指松原有汉族、蒙古族、满族、回族、朝鲜族等三十多个民族，尤其以蒙古族、满族居多，形成蒙满文化；一文是指有深厚的历史和文化底蕴，我看过老扶余很多的历史资料，在这片土地上，曾发现新石器时代的猛犸象化石，在秦汉时期有扶余国，后来是渤海国，是女真、金和清起家的地方，还有很多历史遗迹，老扶余县（现宁江区）虽然是个县城，但也有300年的历史了，当然还有其他很多的历史和文化。

值得一提的是松原境内有全国十大淡水湖之一的查干湖。查干湖在蒙古语中为“查干淖尔”，意为白色圣洁的湖。查干湖位于吉林省松原市前郭尔罗斯蒙古族自治县境内，处于嫩江与霍林河交汇的水网地区，纵长37公里，最宽处10公里，湖岸线蜿蜒曲折，周长达128公里。蓄水高程130米时，水面面积345平方公里，蓄水6亿多立方米。查干湖环境优美、景色秀丽，盛产鲤鱼、鲢鱼、鳙鱼等。夏日的查干湖碧波万顷，烟波浩渺，令人心旷神怡。人们或是驾驶快艇在幽深宽广的湖面飞舟斩浪，或是乘坐竹筏穿行在曲径通幽的蒲苇长廊赏荷戏水，或是团坐于浓密的野草丛中倾听悠扬的马头琴声，或是于茂密的树荫下接过蒙古族少女手中的银碗饮尽醇香的奶酒，或是坐在小舟上悠然垂钓、赏鸥鸟齐飞，此情此景此种惬意只有身临其境才能更加回味悠长……

和老伴孙立军乘船游览查干湖（2014 年 7 月）

查干湖冬捕是一种古老的渔猎方式。冬捕被誉为“冰湖腾鱼”。冬捕前要举行祭湖、醒网等仪式，这一习俗从辽金延续到现在已有数百年的历史了。冬捕现在仍然每年举行，渔夫会在湖上厚冰处钻多个孔来下网，然后透过透明的冰层追踪鱼群的动向。捕鱼的网孔遵照传统保持疏织，以确保鱼龄在五年以下的幼鱼可以游离渔网，以便将来的渔获。头鱼拍卖更是热闹，一条鱼能卖到上万元。吃头鱼能带来好运，据说帝王们历来就喜欢吃查干湖的头鱼，预示着江山稳固、风调雨顺。查干湖渔场冬捕单网产量曾刷新吉尼斯世界纪录，一网最多能捕二十多万公斤。查干湖冬捕是目前唯一仍然保留蒙古族最原始的捕鱼方式的渔猎活动，因此被列入国家级非物质文化遗产名录，也因此令查干湖成了吉林省新兴的旅游景点。

在我做松原市经济顾问期间，市政府曾多次邀请我去参加查干湖冬捕节，但那时我上课的课程还没有结束（冬捕节一般在 12 月底举行），所以没

查干湖冬捕现场（松原宣传部门提供）

用马转绞盘收渔网（松原宣传部门提供）

有回去观看过冬捕节的热闹场面，但从查干湖渔猎博物馆中，看到了捕鱼的整个过程。夏天的时候，我多次去查干湖，乘坐小船穿梭在芦苇荡中，还参观了妙音寺（藏传佛教），在蒙古包里吃百鱼宴，欣赏马头琴和蒙古族歌曲，别有一番情趣。我为自己的家乡有这颗镶嵌在松嫩平原上的塞外明珠而感到骄傲和自豪。

我曾写过赞美查干湖的诗：烟波浩渺水接天，湖光蜃景美如仙。蒲苇轻拂鸟翩舞，荷花绽放鱼儿欢。妙音古寺钟声响，蒙古包里歌声传。牛羊成群闲庭步，茫茫草原野花鲜。

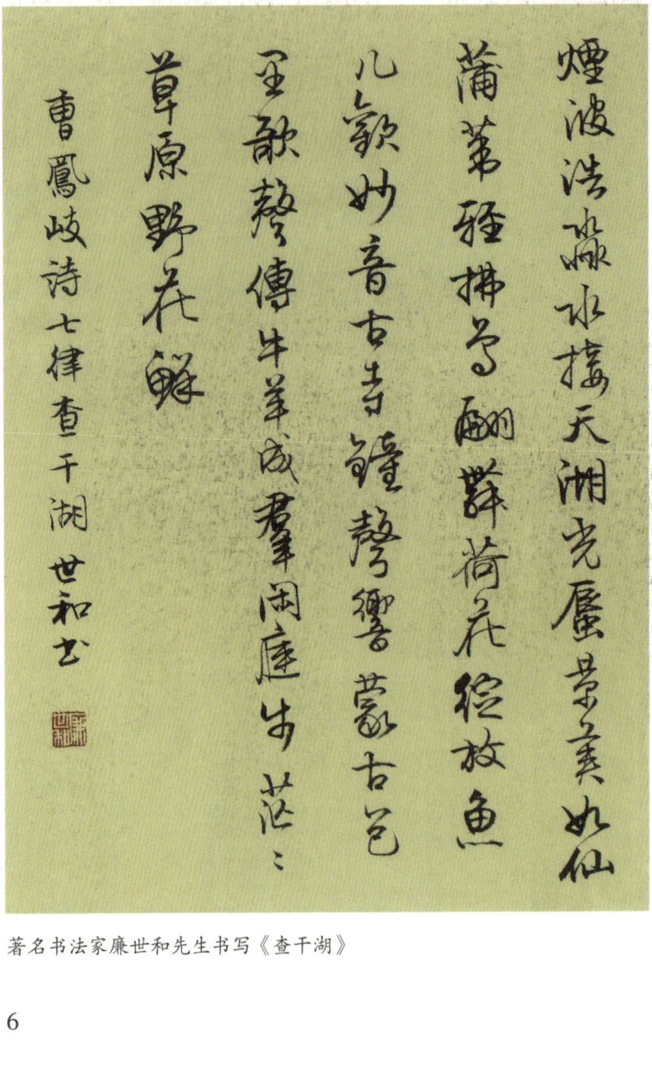

松原处于三江平原的中心地带，具有区位优势。松原建市后得到长足的发展，高楼大厦拔地而起，柏油马路四通八达，松花江边绿树成荫。我回到家乡已经不认识路了，我们家原来住的地方也找不到了。近些年变化更大。

松原是我美丽可爱的家乡！是生我养我的地方！

著名书法家廉世和先生书写《查干湖》

我的家庭[①]

我家祖上不是东北人，而是从关内到东北落户的。种种迹象表明，我们家族不是从山东逃荒到东北的，而是清末从山西过来的，有可能是山西太谷曹家的后裔，也就是近代山西最著名的晋商曹氏家族的后代。

大约在我爷爷十几岁时，山西太谷曹家破落，我太爷爷太奶奶带着我爷爷到东北落户。爷爷是买卖人。我小时候，爷爷在老扶余的主要街道上租了一间门面房（前店后家），开了一家杂货铺，卖杂货、鞋帽和文具等。我爷爷很善于经营，账目清楚，精于计算，很少亏损。真是有点晋商遗风。

小时候，我们在相当长的时间里主要靠爷爷杂货铺的收入维持生计。1953 年我 8 岁时杂货铺歇业，爷爷奶奶到长春我二叔家生活。直到 1965 年我考上北大路过长春，才又见到爷爷。爷爷很瘦，留着山羊胡子，同越南领袖胡志明长得有点像。爷爷的身体一直还算健康，就是老咳嗽（也许是遗传吧，我们家的人都有咳嗽的毛病）。后来我每次放假回扶余都要在长春停留几天同爷爷住在一起。爷爷从 1953 年起到我二叔那里生活，二叔还是比较孝顺的，因此爷爷的生活也算安定，吃喝不愁。但总体上爷爷是比较压抑的，他是买卖人，闲不住，刚到长春时，他拿着个小筐，在胡同口卖点花生、瓜子和一些小杂货。后来个体工商小贩一律取消，爷爷随便卖东西有违法之嫌，他不服气仍然去卖，市场管理部门就找到我二叔（他是长春电业局的干部、党员），对他说，共产党员的家属绝不能搞资本主义（有一段时间小商小贩、长途贩运等都被认为是资本主义的尾巴），二叔就不让爷爷再去

---

① 本书第一版在这一小节之前，还有“关于家族的传说”一节，但由于家族的变迁与沿革因史料缺乏已难以说清，且与我本人成长关系不大，因此这里将其删除，有兴趣的读者可以找来参看。

卖东西了，爷爷只好赋闲在家，百无聊赖，很不开心。

1970年我大学毕业后留在北大，爷爷知道我能挣钱了，就几次写信给我，希望我寄点北京的油炒面给他。他年岁大了，做饭不方便，饿了可以冲着喝点儿。我记得每次写信的头几句话都是一样的："吾孙曹凤岐见字知之……"我没有给爷爷寄过钱，那时我刚毕业，手里没有多少钱，但我隔一段时间就给他寄一包油炒面。1971年夏天我回扶余休假，回来路过长春又住在爷爷那里。爷爷平时很少说话，那次却一反常态，乘没有其他人在场，主动跟我长谈了一次。给我印象最深的是，他说："凤岐呀，你明年再回来休假就看不到爷爷了，因为爷爷的寿限到了。"他还说："年轻的时候扶余很有名的算命先生给我算过，我的寿命是65岁，但65岁时我没有死，后来我找到算命先生说：'你算得也不准啊！'算命先生又掐指一算，说：'曹先生你做了不少善事啊，阎王爷又给了你15年的寿命，也就是说你可以活到80岁。'算命先生还说了一件具体的事情，他说：'在一个雨天，一个妇女抱着一个孩子面对一条一尺多宽的深沟不敢过，你是不是趴在沟沿上让妇女抱着孩子踏着你的背迈过沟去了？'我说是有这么回事。"爷爷继续对我说："我现在已经80岁了，所以你明年休假回来时再也见不到我了。"爷爷还叮嘱我："你一定要做善事啊！"我半信半疑地听着爷爷的讲述，安慰爷爷说："您的身体很硬朗，可以活到100岁。"但爷爷的话还真的应验了，第二年（1972）5月，爷爷在没有任何征兆和痛苦的情况下在睡梦中离去，可以说是无疾而终，寿终正寝。

爷爷膝下有三子，即我的父亲曹会林（长子；曾用名：曹惠霖）、二叔曹春圃（次子）、小叔曹焕林。二叔原名曹沛林，一直在长春电业局工作，1981年因病去世。小叔毕业于清华大学，毕业后留校工作，后来离开清华，曾任首都宾馆总经理，现已退休。

我父亲1921年出生，但具体出生日期他自己也说不清。我看到他在填履历表时，出生日期填的是1921年8月1日（把建军节作为自己的出生日）。我记事的时候父亲没有正式工作，在一家兽医桩子（兽医院，主要给牛马看病、钉马掌）学徒和帮忙。1947年参加了中国人民解放军（四野），但没有扛过枪打过仗，而是在后勤部兽医院（在齐齐哈尔）工作。朝鲜战争爆发后，解放军本来要派遣一支骑兵部队，父亲准备作为随队兽医赴朝参战，志愿军军服已经换好了，但后来因骑兵部队没有过江，就没有去朝鲜。再后来，父亲到中国人民解放军兽医院学习和工作（地点在长春市南关区，1951年母亲曾带我们三姐弟去探亲）。1954年正当准备实行军衔制的时候，父亲复员回家。父亲回扶余后，一直在扶余商业局下属的食品公司工作，主要负责生猪检疫。这个工作是非常辛苦的。当时并没有冷藏设施，生猪都是现宰现卖，工人每天凌晨三四点就开始宰杀生猪，这时我父亲必须在现场检疫（那时农村卫生条件很差，收上来的病猪很多，主要是痘猪，人吃了这种猪肉会得绦虫病），由他同意盖检疫合格章后才能上市。对于病猪，由我父亲决定处置方式，是掩埋、炼油（工业用）还是高温蒸煮，都是由我父亲根据病猪的病情、程度做出决定。父亲的工作非常重要，关系到全县人民的健康。父亲十

父亲年轻时在部队的照片（大约摄于20世纪50年代初）

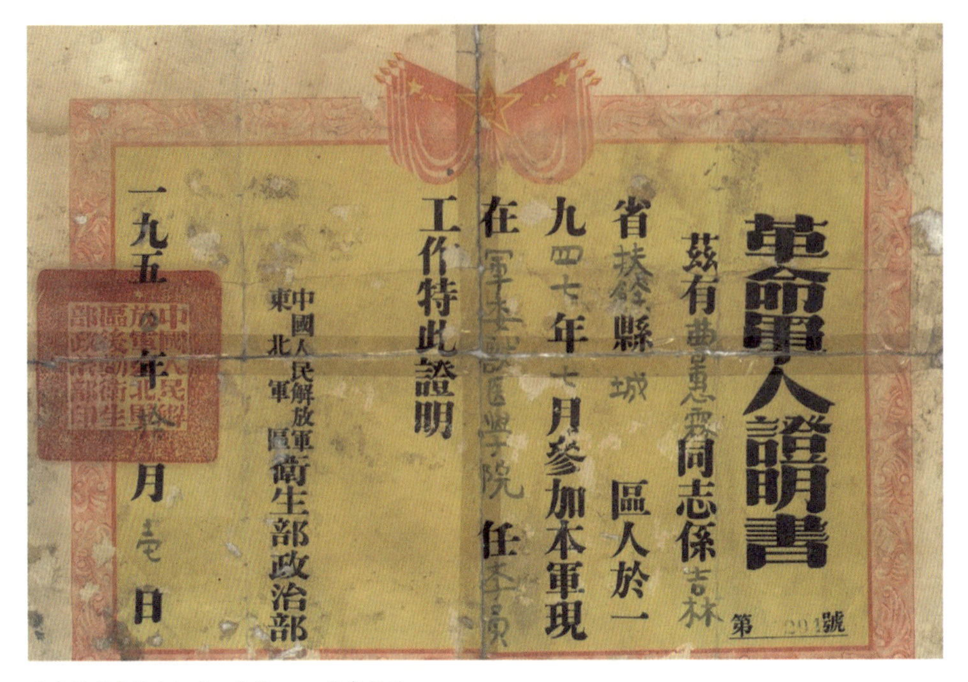

革命軍人證明書

第 [illegible] 號

茲有黄[illegible]同志係吉林省扶餘縣城區人於一九四七年七月參加本軍現在軍[illegible]医學院任教員工作特此證明

中國人民解放軍東北軍區衛生部政治部

一九五[illegible]年[illegible]月壱日

父亲的革命军人证书，他是 1947 年参军的

几年如一日，每天都是起早贪黑地去上班，但他毫无怨言，而是认认真真地履行自己的职责。父亲身体不好，年轻的时候因为照料一位患了肺结核（东北俗称痨病）的朋友，自己也被传染了，整天咳嗽不止。由于每天早起，终日辛劳，一直得不到真正的休息，又由于家庭的拖累，我上大学后父亲又得了高血压。1970 年，父亲因一次医疗事故而去世，年仅 49 岁。

我母亲梁桂芬与我父亲同岁，也是 1921 年生人。但我们这些孩子都不知道母亲的生日，也从来没有给她过过生日。母亲的娘家是扶余的殷实人家，我们小时候得到姥姥家很多的帮助。母亲是典型的贤妻良母式的女人。年轻时父亲参军几年都不回家一次，母亲一个人带着三个孩子过活，很是辛苦。母亲是一个非常老实、不善言辞的人，从不跟人争吵，小时候我即使受到邻居孩子、家长的欺负，母亲也连一句护着我的话都不说。母亲一生中的大部分时间都是家庭妇女，只先后两次出去工作过一段时间，第一次是1958年“大跃进”时期，各单位都大办工厂，母亲也参加了工作，不过是在县商业局幼儿园做保育员，1959年左右回到家里。第二次是1970年我父亲去世后，商业局为了照顾我们家的生活，给我母亲在商业系统的企业里找了一份临时工干。母亲先是在屠宰场搬猪白条肉（重体力活），后来实在干不动了，就被安排在副食商店里扫地。其间刚好赶上中央有一个关于长期临时工转为正式工的文件，以母亲的条件完全可以转为正式工，但商业局的领导欺负母亲老实，以种种理由把母亲转为正式工的名额拿掉了，母亲为此生了一场大病，差点死掉。母亲在精神和身体上长期受到摧残，已经垮掉，1978年得了乳腺癌，1980年3月去世，终年59岁。

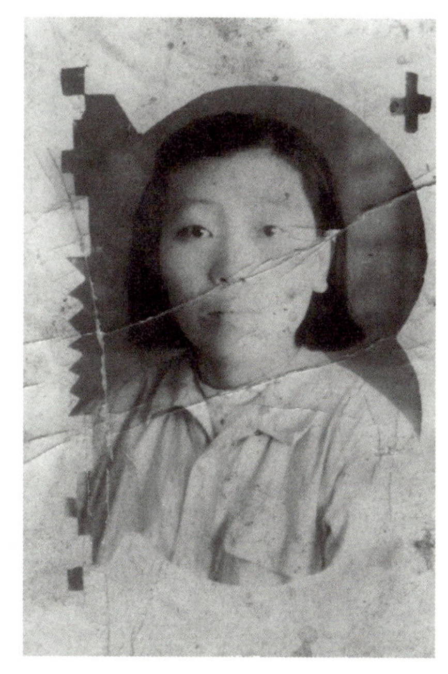

母亲的照片（摄于1952年左右）

父母生了8个孩子（其中一胎是双胞胎，就是我和死去的弟弟），成活7个。大姐曹凤琴1943年生，1995年因病去世，年仅52岁。我排行老二，我下面还有4个妹妹和1个弟弟，最小的是弟弟，比我小19岁。现在我们一奶同胞的姐妹兄弟都已经儿孙满堂，从我们这辈算起，又是三代近四十口人了。第三代人中，已经有人大学毕业，参加了工作。曹氏家族又开始兴旺发达起来了。

现在回想起我的父母真是百感交集，感恩之情和愧疚之情同在。父母没有给我们留下什么遗产（我们曾长期住在父亲当解放军时分的一间半房子

父母结婚照（1942 年）

我 4 岁时照了人生的第一张照片，是同我的大妹妹一起照的，那时她还不到 1 岁

里，1980 年母亲去世后我最小的弟弟还不到 18 岁，一个人很难独立生活，在姐姐们的撺掇下，竟把房子卖了，当时才卖了 3 200 元，以至于他后来连安身之处都没有），但他们给我们留下的是精神财富。父母都是普通人，但都有一颗善良的心，自己虽然生活艰苦，却仍不忘接济比我们更困难的人。他们教育我们这些孩子要老老实实做人、踏踏实实做事，要诚实、讲信用，要诚恳待人。我们的生活一直很苦，揭不开锅的时候常有，但父母从来没有失去生活的信心，尤其母亲比较乐观，做饭时常哼着小曲。他们都认为困难是暂时的，只要坚持，困难总会被克服的。父亲曾是解放军战士，对党、对祖国的感情很深，他常教育我们，一定要好好学习，长大成人后报效国家。父母的教育对我的健康成长起了很大的潜移默化的作用。我现在具有的与人为善的品质和认真做事的作风，与小时候父母对我的教诲是分不开的。

使我感到愧疚的是，我没有机会

这是 1972 年我同妻子孙立军结婚时回家照的全家福。前排中间的是我母亲（怀里抱着的是大姐的大女儿瑛子），左边是小弟曹凤龙，右边是小妹曹凤敏。中间一排左起：三妹曹凤莲，孙立军，我，二妹曹凤华。后排左起：大妹曹凤云，大妹夫及孩子，姐夫及孩子，大姐曹凤琴

2019 年 8 月探亲时与部分家人合影

好好孝敬他们。他们可以说一天福都没有享就早早离去了。我 1970 年 3 月中旬大学毕业，父亲当年 6 月初就去世了，他一生中就花过我在 4 月份寄给他的 15 元钱。1980 年我的生活刚开始有所好转时母亲也离开了。

童年生活

我的童年是在艰苦、病痛和欢乐中度过的。

我同我的双胞胎弟弟出生于 1945 年 7 月 12 日（阴历六月初四，子时）。我满月三天即 1945 年 8 月 15 日日本宣布无条件投降。

我小时候家里很苦，父亲基本没有工作，全凭爷爷的杂货铺过活，生活很拮据。我姐姐是 1943 年出生的，她两岁时，母亲生下我和弟弟。本来生活就很拮据，突然又增加了两个孩子，到了几乎无法养活的地步。母亲要协助爷爷照看杂货铺，还要打柴烧饭，劳累得几乎没有奶水，根本不够我们小哥俩吃，但我家又买不起奶粉，我和弟弟几个月时就开始喝玉米面糊糊。弟弟不肯吃这些东西，活了不到一周岁就病饿而死。母亲告诉我，我之所以能活下来，是因为口壮，无论什么我都吃。当然也只能算是勉强活下来，因为我从小就体弱多病，几次濒于死亡。大概在两三岁的时候（那时我已经记事了），我得了一场大病，已昏死过去，但气息尚存。实际上我已经体会到了死亡的滋味。在临近死亡时，我已经感觉不到痛苦，但十分恐惧。在我尚存的意识中，觉得自己孤零零地走在一个旷野里，周围全是黄沙灰土，天昏地暗，毫无人烟。我非常害怕，不知道向何处去。这时，我听到一个声音在呼喊我的乳名，渐渐地声音大起来了，我回头一看，是我的母亲，就急忙奔向母亲的怀抱。在我苏醒过来后，才发现母亲和姐姐在我身边哭喊着我的乳名。我想，也许是乳名救了我。我的乳名叫“永来”，永远地来（我弟弟的乳名叫“双来”）。我体质很差，腿酸腿疼，晚上腿酸得无法入睡，经常在夜里喊，腿酸啊，腿酸啊！需要母亲给我捶腿才能慢慢入睡。我腿软得不能较长时间站立，七岁才能走路，上小学时是我舅舅家的大哥背着我上学。从初小升高小时，我体重只有21公斤，高小升初中时，体重也才39公斤。上大学那年（1965），我体重还不足50公斤。我从小就患有左侧腹股沟淋巴结核，老是流脓流水，直到十几岁后才基本愈合，现在还是疤痕满布。那时没有人相信我能活到成年，这也是父母后来还要再生几个孩子的原因，他们想再要一个男孩，作为我的候补。在我后面他们一连生了四个女孩，到最后才是一个男孩。他们的身心也都因此垮掉了。

我小时候是在困苦中度过的。每天只吃两顿饭，早晨一般是喝小米粥，稀得可以照月亮，晚上喝高粱米粥。中午没饭吃，有时饿得直发昏。冬天的中午有时在火盆里烧个土豆充饥，有时啃个冻豆包。日子好过些的时候，母亲会偷偷给我五分钱让我到街上买一个馒头或割一块切糕吃。

爷爷开杂货铺时，我家的日子还算过得去，因为每天都有些营业收入。生活虽然困难，但爷爷很重视老礼儿和年节，无论如何都要把日子过得好些，以免被街坊四邻笑话。

我们小孩当然盼着过年了，过年总会吃饺子，穿新衣。我们那里有一句顺口溜，叫作“小孩小孩你别哭，过了腊八就杀猪；小孩小孩你别馋，过了腊八就是年”。就好像对我说的一样。腊月里，就开始忙起来。第一件事就是包豆包。爷爷从农村买来大黄米，用水泡后，磨成面，和好，在炕头上发酵，两三天后，包入熟豆馅，做成豆包，放锅里蒸熟，金黄色的，十分诱人。东北有一个好处，就是可以把豆包冻起来。我们包了很多，放在外面的大缸里冻起来，随时可以在火盆里烤热了吃。实际上有时我们饿了，直接就啃冻豆包。到年根底下，还要发面，包面馍馍（里面包入豆馅）、枣糕等。家里有馍馍模子，扣出各种花样的馍馍，我们都很喜欢吃。母亲把面做成枣山，放在神仙排位前做供品，过了正月十五后再撤下来，重新蒸着吃。

到了腊月二十九左右，爷爷打开箱子，拿出使用多年的供器，有香炉、供盘、蜡座等（可惜这些供器在爷爷去长春居住时全部作为废铜烂铁卖掉了，估计里面有不少珍贵的古董）。墙上挂上财神爷的画像。三十晚上烧香、点蜡，供上水果、点心等供品，给人一种神圣和神秘的感觉。我们家有两根很粗的蜡烛，只有三十晚上才点上，点一会儿就吹灭，怕烧没了。这两根大蜡烛可能已经用了很多年了。

三十晚上全家开始包饺子，会包很多，包完一盖帘就放到外面冻起来。小偷会乘机来偷饺子。那时我们那里有一条不成文的规矩，就是知道小偷来偷饺子也不去抓，因为小偷也要过年呀！实际上小偷也不会把一家的饺子都拿光，他们会各家拿一点，吃百家的饺子。饺子里要包几枚硬币，年夜饭要吃饺子，谁吃到了包有硬币的饺子就代表谁有福气。为了吃到硬币，我们都会多吃不少饺子。我还真有运气，吃到硬币的时候最多，姐姐为此很生气，但她不知道硬币把我的牙硌得生疼。

三十晚上十二点，要接财神。爷爷会把门打开，燃放鞭炮，院子里点着一盆火，爷爷对着火堆磕头，还念叨着："财神爷到我家来吧！财神爷到我家来吧！"我当时觉得好笑，放鞭炮不是把财神爷吓跑了吗？他怎么还敢到我家来呢？后来才知道北方的财神爷是《封神榜》里的比干，他是一个无心的人，谁恭敬他，他都不领情！我爷爷是典型的多神论者，除了供财神爷，最重要的是供灶王爷和灶王奶奶。据说灶王爷主管一家的饮食起居。家里有什么事情都要给灶王爷上供、烧香、磕头，求其保平安。每年腊月二十三，都要送灶王爷回西天向玉皇大帝汇报工作（传说灶王爷是玉皇大帝的三弟）。因此每年那时，母亲都要跪在灶坑前，把旧的灶王爷画像烧了，顺便向灶坑里扔些灶糖（据说是为了让灶王爷嘴甜些，到玉皇大帝那里多说些好话）。母亲边烧边念叨："灶王老爷本姓张，上上方见玉皇，好话多说，坏话别讲。"我们小孩当然高兴了，因为那天可以吃到黏黏的灶糖。腊月三十家里会换上新的灶王爷画像供在厨房。灶王爷佛龛上的对联是：上天言好事，下界降吉祥（或保平安），横批：一家之主。我们家还有一个神位，供奉的是狐（狸）黄（鼠狼）二位大仙。东北好多人家都供狐黄大仙，据说狐黄在深山中修炼成仙后，会帮助人们驱邪解难。东北老有狐黄大仙显灵助人的传说。狐黄大仙的牌位每年都要用红纸重写：狐黄二位大仙之位。神龛上也配有对联，上联：在深山修身养性，下联：出古洞四海扬名，横批：有求必应。我们家还供观世音铜像、眼宫娘娘画像（如果害眼病，可以求她保佑治愈）等。那时我们家和其他人家供那么多位神仙，与其说是迷信，不如说是人们对美好生活的向往，希望有人来保佑家人平安无事。过年时把这些神仙请出来朝拜，我们小孩子的事就多起来了，要在每个神位前都磕头，回报是可以得到一两个供果吃。

最热闹的是大年初一。早上我们这些小孩子都换上新棉袄，到亲戚家拜年。见着大人们就磕头，嘴里喊着过年好！大人们乐呵呵地往我们手里塞压岁钱，那时的压岁钱也就一两毛，但那也让人高兴得很，至少可以买几块糖吃。

记得 1949 年中华人民共和国成立后，老扶余街上每年春节都要举办秧歌会，踩高跷，跑旱船，耍龙灯。鞭炮、锣鼓、喇叭声震天响，人山人海热闹非凡。很幸运的是我父亲是解放军，我家是军属，门上会挂上"光荣军属"的灯笼。爷爷的杂货铺刚好在大街旁边。每个秧歌队过来都要在我家门前摆开架势，表演秧歌、旱船等。带头的喊："向军属大爷、大妈致敬！"围观的群众热烈鼓掌。我爷爷抱着我，对我说这是专门为我家表演的，我感到特别幸福、光荣、骄傲和自豪！

小时候还有一个节日我印象比较深刻，那就是阴历五月初五端午节，我们那里叫五月节。我小的时候松花江水清得很，水里的小鱼都看得很清楚。早晨起来人们纷纷到江边用江水洗眼睛，据说那天在江边洗眼睛一年都不会害眼病。我也去江边洗过眼睛。后来松花江上游的吉林市建了三个化工厂，废水直接排到江里，江水严重污染，再去洗眼睛，好眼睛也会得红眼病的。这项活动只好取消。在江边洗完眼睛后，我们便去采些艾蒿，捆好放在门框上，据说有驱逐蚊虫的作用。最让我感兴趣的是那天早上要吃面片，里面打上荷包蛋，而且荷包蛋可以随便吃，想吃几个就吃几个。那时我虽小，但有一次竟然吃了五六个，把母亲都吓着了。我们还自己包粽子。我们那里端午节时门上要挂上用彩纸做成的各式各样的葫芦，都带穗，还要挂上风铃，风一吹，葫芦穗飘扬，风铃作响，别有一番情趣。

小时候东北的风俗、风情给我留下了深刻的印象。

最困难的时期是 1953 年爷爷的杂货铺歇业，爷爷和奶奶去长春我二叔家，我家几乎没有了经济来源［父亲在部队（那里是供给制），没有办法给家里寄钱］，母亲因为没有工作也没有任何收入，生活几乎陷入绝境。母亲差不多卖掉了能卖的所有东西。她曾同姐姐和我商量，把家里的炕柜连同被垛阁子卖掉，这样可以换二三十元钱，维持一段时间的生活。炕柜是母亲出嫁时的嫁妆，是我们家唯一的固定资产了。炕柜比较精致，四扇门上都镶着带花的瓷砖。我和姐姐都不同意卖，舍不得，而且用卖炕柜的钱维持生活也不是长久之计啊！后来母亲就再没提此事。

有一件事我至今也无法忘怀。爷爷在扶余时，母亲和姐姐、我及大妹住在爷爷铺面后面的房子里。爷爷走时退掉了铺面房，我们才到土改时分给我们的房子里去住。那是过去一个大户人家的房子，三间一开门，我们住一间半，另一间半住另一户人家，两家走一个门。前面有院子，有砖砌的院墙（我们住进去时院墙已经被人拆得残缺不全了）和小院门。一天早上，母亲做了一锅很稀的玉米面糊糊让我们姐仨喝了（我们都没喝饱），之后对我们说："咱们家连一粒粮食都没有了，中午饭肯定吃不成了。你们今天就不要出去玩了，躺在炕上节省体力。我想办法出去给你们弄点粮食吃。"到了中午，我饿得肚子咕咕叫；到了下午，饿得头昏脑涨，浑身无力，甚至爬不起来了。下午三点左右，母亲背了半袋玉米面回来（五公斤左右），对我们说："孩子们，有吃的了！"接着，她给我们贴了一锅玉米面饼子。我们大口大口地吃，我一下子吃了两个！

原来，母亲把我们院墙上的青砖拆下来了一百多块，卖给了一个工地，换了两元钱，给我们买了玉米面。但没想到的是，母亲拆院墙砖的事被邻居告发了。下午四点左右，有一个政府工作人员模样的人来了。母亲赶紧迎了上去，我也跟了出去。那人看了看被拆的院墙，严厉地对母亲说："房子是你们自己的没错，但院墙是公共财产，你们把院墙拆了就是破坏公共财产。现在的解决办法是你把钱退给人家，把砖拉回来，把墙重新砌好，要不然我们就要向上级报告罚你的款！"母亲是个老实人，平时连一句完整的话都说不出来，那天可能气急了，一反常态，像一头发了疯的狮子一样对那人大吼道："你们看看那墙是我拆的吗？已经被别人拆得差不多了，我只是在墙基上拿了一百多块砖，为什么不罚别人单罚我呢？我们家连一粒粮食都没有了，我的孩子都饿得起不来炕了，我就是用卖墙砖的钱换点粮食给孩子们吃，有什么错？卖砖的钱我都花了，罚款我也没有！我看这样吧，你们把我连同孩子一起关起来吧，给我们找一个吃饭不要钱的地方！你知不知道我们家是军属，我们没有吃的了，就这样我们都没有找政府的麻烦，没有找政府救济，现在你们竟然要处罚我，你们的良心哪去了？"那人听了以后，连忙说："误会！误会！下不为例，下不为例！"就悻悻地走了。那人走后，我抱住母亲的大腿痛哭流涕："妈妈，你太勇敢、太伟大了！为了你的孩子，你豁出去了！"

母亲有时打零工赚点钱，有时靠给人家糊纸盒、糊信封、纳鞋底维持生计。我虽小但也能做些力所能及的事，比如帮母亲糊纸盒、糊信封。有一次我对母亲说："我也帮你挣点钱吧。"母亲问："怎么挣啊？"我说："我看到有人在暖水瓶里装着冰棍卖能挣点钱，咱家刚好有一个竹皮暖水瓶，我批发点冰棍卖吧。"母亲看着我半信半疑地说："你那么小能行吗？"（我那时8岁）我说："我试试看吧。"在我的软磨硬泡下，母亲给了我点钱。我到冰棍厂批发了10根冰棍。那时冰棍的市场价是5分钱1根，而批发价是4分5厘1根，也就是10根冰棍才能赚5分钱。我抱着装满冰棍的暖瓶沿街叫卖："冰棍！白糖牛奶冰棍啊！"我感到自己喊出的声音是胆怯甚至凄凉的。我很快卖出了3根冰棍。买第4根冰棍的是一个小伙子，可能他成心欺负我，我倒出1根给他，他说已经化了，要换1根，我只好放回去又倒出1根，他还是不满意，连倒了3根后他竟然说不要了。本来冰棍并没有化，这么一折腾真的化了，后来再没人买我的冰棍了，最后我的冰棍全部化得几乎只剩下棍了，我只能自己把冰棍水喝掉。4角5分钱批发的冰棍收回了1角5分钱，赔了3角钱。第一次做生意以失败而告终。回家后我被母亲痛骂了一顿。

我们那时喝高粱米粥时都没有菜吃，母亲为了让我们吃得香些，把咸菜疙瘩切成条，淋上点油在锅里蒸一下，我们姐弟三人每每都把一大盘咸菜吃得精光，咸得我们大口大口喝凉水。有时没米下锅了，我们三个孩子饿得两眼发黑，都起不来炕了，母亲只好硬着头皮到我姥姥家或姨家拿点米面来。玉米面糊糊加野菜我能喝好几碗。

1954年父亲复员回家，带回几百元复员费，后来又有了工资，我们的生活才有所好转，但好景不长，因为孩子越来越多，负担越来越重。最后到了寅吃卯粮的地步，靠单位互助金维持，发了本月工资后几乎全部用来偿还上月欠款，然后再借一笔维持本月的生活。

我小时候家里从来没有给我买过一件玩具。我记得自己到处捡碗碴（碗的碎片），作为跟别的小朋友玩石头剪子布时的筹码。如果赢了可以从对方手中得到碗碴，如果输了就把自己的碗碴给对方。碗碴上的花好看的比较值钱。我唯一喜欢的一件玩具是我的一个远房小哥哥送给我的一个冰猴（陀螺，可以在冰面上或坚硬的地上旋转）。我的小冰猴小巧精致，表面漆成红色，我非常喜欢它。小时候老和小朋友们比赛看谁的冰猴旋转的时间长，我多数时间都是胜利者。我还有一个绝招，就是使他们的冰猴在旋转时突然倒掉。他们在冰猴快倒掉时再抽一鞭子冰猴就会继续旋转，而我一抽，他们的冰猴立刻就会倒掉。每到这时，他们都会很吃惊地看着我，不明白我为什么会那么厉害。其实他们不知道，秘密就在于我是左撇子，我用左手抽冰猴改变了冰猴旋转的方向，冰猴当然会倒掉。很多孩子都喜欢我的冰猴，想拿东西跟我换，我一直没答应。后来有一天，我的冰猴生生被一个我不认识的比我大一些的孩子抢跑了，我大哭着跑回家告诉母亲，母亲非但没有安慰我，还骂了我一句“没用的东西”，使我的自尊心受到很大的挫伤，此后再也不敢跟比我大的孩子玩了。

时代的变迁给我的成长打下了深深的烙印。我从小就对共产党、毛主席有着深厚的感情，打心眼里感谢共产党、毛主席、解放军把我从旧社会解救出来。由于我父亲参加了解放军，我家是军属，因此给我家分了房子，我们后来住的房子就是分到的。年节时政府还会派人来慰问，送来一些米面。学校还组织一些学生帮我家打扫卫生。

我两岁多就开始记事了。当时老扶余是解放区，我因此见到了我们自己的队伍——八路军。他们列着队，唱着“八路好，八路强，八路军打仗为老乡”的歌曲，帮老百姓挑水、干活。对我们小孩也是和蔼可亲。父亲就是在那个时候参加八路军（后来改称解放军）的。我从小就对解放军有着敬爱之情，想长大后也当解放军。

我小的时候，东北的生活很清苦，要饭的人比比皆是，我爷爷开的杂货铺前老有来要饭的。要饭的跪在爷爷的小铺前，叫着爷爷、奶奶、大叔、大婶给点吃的吧。看着他们衣衫褴褛、骨瘦如柴的样子，我的怜悯之心油然而生，每次都让爷爷拿点东西给他们吃（尽管我们自己也吃不饱）。在杂货铺前面有木制的垃圾箱，每到晚上，一些无家可归的孩子就抢着在垃圾箱里睡觉。我也看到过有些孩子冻饿而死，暴尸街头，我幼小的心灵被深深地震撼了。

我还记得1949年10月1日中华人民共和国成立时扶余县城庆祝的场面。在扶余县仅有的一条不长的主街道上，对面开来彩车，后面紧跟着游行的队伍，人们载歌载舞，欢笑歌唱。连五音不全的爷爷也学唱《义勇军进行曲》："起来，不愿做奴隶的人们，把我们的血肉筑成我们新的长城……"我幼小的心灵产生了一种莫名的兴奋感。我也学会了唱《义勇军进行曲》。每当我唱起《义勇军进行曲》时，都会感到热血沸腾。

1950年朝鲜战争爆发，整个东北地区都很紧张，说美国会打过鸭绿江侵占东三省。首先要防止美军的飞机轰炸。家家户户的窗户上都贴上米字条，这样能防止玻璃被震碎后伤人。另外，要求各家都挖防空洞，飞机要是来轰炸，必须躲进防空洞里。我家也挖了防空洞。飞机来时，警报响起，大人带着小孩钻进防空洞里。我记得母亲带我钻过一次防空洞，但飞机并没有在我们那里扔炸弹。警报解除后，我们从防空洞里爬上来。我倒没觉得害怕，反而觉得好玩儿。1951年，我们那里建立了朝鲜学院，收留朝鲜孤儿。他们都是学龄儿童和少年，住的是临街的房子，我们从外面可以看到他们的起居情况：每个房间都有几张双层床，统一的被褥，统一的服装，早上要统一出操。他们战争孤儿的身份，激起了我的同情之心。1952年，我上小学一年级，还和朝鲜小朋友搞过联欢。老师还教我们用朝鲜语唱《金日成将军之歌》，并在联欢会上表演，博得热烈的掌声。朝鲜学院直到1958年才被撤销。

1951年起，志愿军伤病员开始多起来了，为此扶余建立了荣军医院，为志愿军伤病员治伤治病。志愿军伤病员有的拄着拐杖，有的头上缠着纱布，但都很乐观。我们这些小孩儿总是缠着他们给我们讲朝鲜战场上的战斗故事，我们听得津津有味，敬佩之情油然而生。

我对抗美援朝有着深刻的记忆。那时，我对美国鬼子充满了仇恨，也认为中朝人民用鲜血凝成的友谊是牢不可破的。那时我会唱一首歌："嘿啦啦啦，嘿啦啦啦，天空出彩霞，地上开红花，中朝人民团结紧，打败了美国兵，全世界人民拍手笑，帝国主义害了怕！"还学会了《中国人民志愿军战歌》："雄赳赳，气昂昂，跨过鸭绿江。保和平，卫祖国，就是保家乡。中国好儿女，齐心团结紧，抗美援朝打败美帝野心狼！"在我的心目中，志愿军就是最可爱的人。

1951—1952 年开展的"三反五反"运动我也有些印象，那时反贪污、反浪费、反官僚主义的大标语满街都是，也听说过毛主席亲自下令枪毙了两个贪污公款的大官刘青山、张子善，我们县也枪毙了一个干部，他贪污了 3 万元钱。可以说我从小就挺恨贪官的。

欢乐的少年时期

少年时期，我也有欢乐的时候，那是在上小学以后。我是 1952 年上小学的，那年我七周岁。我上的小学是扶余当时最好的小学，叫扶余县第三小学，后来改名为扶余县中心小学，再后来又改名为扶余县实验小学（现在为松原市宁江区实验小学）。那时条件很艰苦，学校都是平房，操场也不太大，但上小学的那段时光却是我最欢乐的时光，尤其每年"六一"国际儿童节都是我最快乐的一天。学校非常重视"六一"国际儿童节，每年过节时都要组织庆祝活动。那天，我们会穿上白衬衫、海蓝色的裤子，戴上鲜艳的红领巾，打起大洋鼓，吹起嘹亮的军号（我曾是伴奏小鼓鼓手），参加少年先锋队队日活动，感到特别幸福与自豪。在队日里，我们大都有宣誓的活动，誓词是：时刻准备着为共产主义事业而奋斗！每当喊出这样的口号时，我都觉得热血沸腾，一种神圣的责任感、使命感油然而生。那时加入少先队是很严格的，必须学习好、身体好、道德好。我是到三年级才加入少先队的，倒不是上述三项不好，而是我的卫生状况不好，衣服破不说，而且很脏，脸也洗不干净，有时鼻涕竟然流到嘴里。那时把红领巾看得很神圣和重要，因为它是红旗的一角，是用革命烈士的鲜血染红的。少先队员上学时必须戴红领巾，见到老师要行队礼。一个学校是少先队的大队，班级是中队，班组是小队。大队长（委）、中队长（委）和小队长胳膊上分别要佩带“三道杠”“二道杠”和“一道杠”。我没有担任过大队长，但担任过中队委（学习委员），每当出门的时候我都要把两道杠的标志别在袖子上，当路人投来羡慕的目光时，我会暗自高兴。

20世纪50年代的少先队队歌不是现在的《我们是共产主义接班人》，而是郭沫若作词的《我们是新中国的儿童》，第一段的歌词是：我们新中国的儿童，我们新少年的先锋，团结起来继承着我们的父兄，不怕艰难不怕担子重，为了新中国的建设而奋斗，学习伟大的领袖毛泽东。现在仍然传唱的《快乐的节日》（管桦词、李群曲），是我在小学三年级时开始唱的一首歌曲。我现在仍清楚地记得歌词，有时自己还会哼唱：“小鸟在前面带路，风啊吹向我们，我们像春天一样，来到花园里来到草地上，鲜艳的红领巾，美丽的衣裳，像许多花儿开放。跳啊跳啊跳啊！跳啊跳啊跳啊！亲爱的叔叔阿姨（当时的歌词是‘亲爱的父亲毛泽东’），同我们一齐过呀过这快乐的节日！”20世纪50年代中期的一部少儿电影《祖国的花朵》对我产生了很大的影响，我不仅从中学到了团结友爱的精神，也产生了对美好生活的向往。影片中的主题歌《让我们荡起双桨》，脍炙人口，几代人都在传唱。

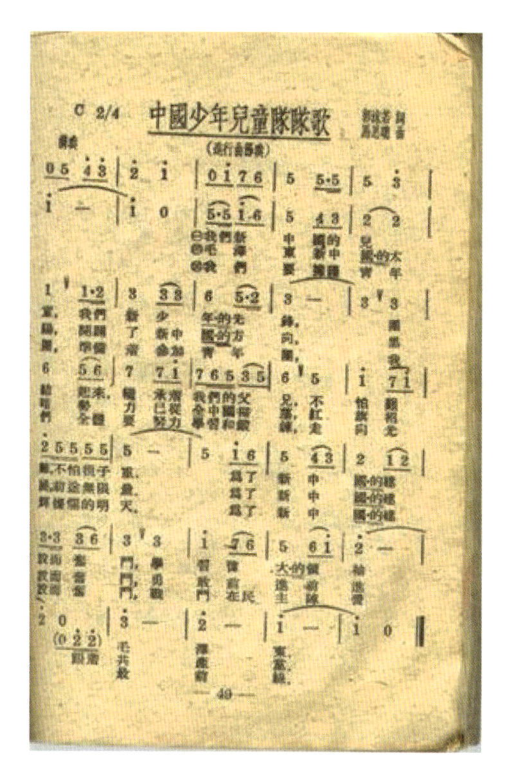

当时的歌本

小学阶段为我后来人生的发展打下了坚实的基础。现在的孩子获得知识的途径很广，包括托儿所、幼儿园、广播、电视、网络等，而我既没有进过托儿所，也未上过幼儿园，上小学前基本处于荒蛮状态。是小学老师教我们知识，给我们讲做人的道理，使我们从混沌走向明白。我在学校时很顽皮，总惹老师生气，但老师却耐心地教导我。小学教育，就是把一棵棵弱小的树苗修剪整齐、扶正，使它们都能够长成参天大树。我就是在老师的启蒙和教导下成长起来的，是学校和老师放飞了我的梦想。

那时的条件非常艰苦，教室中没有暖气，只生了个很难点着火的炉子。数九寒天上课的时候，手冻得拿不住笔，脚冻得像被猫咬过一样。上课时老师有时会停下来，让我们搓手、跺脚取暖。在那样的条件下，师生们都保持了非常乐观的精神。我们学校集中了扶余县最雄厚的师资力量，教我们语文、数学、自然、地理和历史等知识，最重要的是这些老师教我们做人的道理，他们对我们的关心和关怀无微不至。我和姐姐曹凤琴小学一到六年级都在一个班（她上学比较晚），低年级时我们的班主任是陈老师，高年级时，班主任是赵成德老师。记得小学二年级时，陈老师自己住得不太宽敞，带着一个一两岁的孩子，却还经常让我们到她家写作业、吃东西，教我们唱歌、跳舞，排练节目。上三年级的时候，她还指导我们排练了一部反映中苏儿童友谊的小话剧，我在剧中扮演了一名苏联小朋友，名叫米拉。我们的演出受到大家的好评，掌声十分热烈，我暗自高兴。

我上小学时不用功，很贪玩。老师布置的寒暑假作业基本完不成。大都是在开学前几天，我姐姐和邻家的一个小女孩帮我突击完成作业。但是我很聪明，小学考试我大都名列前茅，尤其数学竞赛，大多数时候我都没下过前三名。班里的同学都很吃惊和羡慕。五六年级时，我还担任了中队学习委员！

上六年级时我们的班主任赵成德老师克服家里的困难，帮我们好好复习功课，使我们都顺利地升入了中学（那时很多人都上不了中学）。尤其是他一直要求我们要诚信、善良，做一个对国家有用的人。赵老师对我的成长起了很大的启蒙作用，为我后来的健康发展奠定了良好的道德基础。1958 年，我以优秀的成绩小学毕业。记得小升初发榜那天，刚好他的一个弟弟在江里游泳时淹死了（松花江是一条吃人的江，每年夏天都有一些孩子在江中游泳时淹死，家长和老师一直告诫我们不要到江里游泳），赵老师眼睛哭得通红，很是悲痛，但还是给我们念录取名单，还不忘叮嘱我们不要学他弟弟，千万不要去江里游泳。现在回想起来，我对母校、对老师只有感激之情！

前排中间的是陈老师，老师的左边是姐姐

我们还和两位班主任老师合过影！只是我

和他们合影的照片找不到了，只找到两张我姐姐与他们合影的照片。

前排右边的是赵老师，后排左边的是姐姐

我曾就读的松原市宁江区实验小学，具有悠久的历史，2006年迎来了百年华诞。一百年来实验小学培养了大批的优秀人才。2006年9月我回到母校，看到宽阔的操场、现代化的教学楼，看到学校发生的翻天覆地的变化，真是感慨万千。实验小学走出了很多名人，包括著名科学家、教育家和社会活动家周培源的爱人王蒂澂。在校史展览馆里，我看到自己的名字和照片竟同王蒂澂的照片并排放在一起，看来我也算是母校培养出来的名人了！我在校时的老师大部分已经过世，让我非常高兴的是我见到了当年的老校长邱景云先生，她已经82岁，身体还很硬朗。我们进行了亲切的交谈。

毕业证书

学生曹凤岐系吉林省扶余县(市)人，现年十二岁，在本校六年修业期满，具备毕业条件，准予毕业。此证。

照片

扶余县实验小学校校长邱景云

1958年七月十三日

小学毕业证书

学生学业成绩及思想品行评定表

学科＼成绩＼学年		第一学年	第二学年	第三学年	第四学年	第五学年	第六学年	毕业成绩
语文	阅读					5	5	5
	作文							
	写字							
算术	笔算					4	5	5
	珠算							
历史						4	5	5
地理						5	5	5
自然						5	4	4
农业常识							4	4
体育						5	5	5
唱歌						4	5	5
图画						4	5	5
手工劳动						4	5	5
思想品行						甲	甲	甲

小学毕业证书背面成绩显示我是一个优等生

母校百年华诞庆典请我回去参加，我因上课未能回去，但写了一封贺信。贺信全文如下。

松原市宁江区实验小学程校长并全体老师和同学：

值此母校百年校庆之际，我表示热烈祝贺！

9月初我曾回母校一次，看到母校翻天覆地的变化，非常高兴和激动。我之所以能取得今天的成绩，与在母校期间打下的牢固基础是分不开的，与在母校期间各位无私奉献、辛勤耕耘的老师的启蒙和教育是分不开的。在这里，对培养过我的母校、对教导过我的老师表示深深的谢意和崇高的敬意！一百年来，母校艰苦奋斗、奋发图强创建名校，为国家培育了大量的优秀人才。母校功勋卓著，与日同辉！祝愿母校传承百年伟业，光大百年文化，开创基础教育的新天地，再铸世纪辉煌！

曹凤岐

松原市宁江区实验小学 1952 级校友

北京大学光华管理学院教授、博士生导师

2006 年 9 月 23 日

2006 年 9 月我曾写过一首诗祝贺母校百年华诞——《实验小学建校一百周年记》：实验小学一百年，培养人才有万千。儿时屋低校园窄，现今楼高操场宽。老师沥血红烛泪，学生调皮童心顽。老来回校寻旧梦，感恩启蒙报涌泉。

童年，不可忘却的记忆！

在实验小学校史馆里，有周培源夫人王蒂徵的照片（墙上中间）和我的照片。陪同我参观的是刘国良老师（我高中的老师，右一，时任松原市教育局局长）

同老校长邱景云（右一）和时任校长程秀琴交谈（2006年）

在实验小学百年校庆庆典上，学生表演舞蹈《小松树》（实验小学提供）

在实验小学百年校庆庆典上，学生表演武术（实验小学提供）

第二章

中学时代

因病休学

1958年我12周岁，考入扶余四中。扶余四中离我原来就读的小学不远，原来是朝鲜战争期间接收朝鲜孤儿的朝鲜学院所在地。大约在1957年时，所有朝鲜孤儿都返回朝鲜，扶余四中就搬到此地。校园很大，操场也很大，运动设施比较齐全。

1958年的秋天是多事之秋。当时正是贯彻执行“三面红旗”之时，现在的年轻人可能已经不知道什么是“三面红旗”了，其实就是总路线（完整的表述是：鼓足干劲、力争上游、多快好省地建设社会主义，即社会主义建设总路线）、“大跃进”和人民公社。作为初中生的我也被裹挟其中，并对我后来的生活和学习产生了很大的影响。

入学后我们按部就班地上课。我的学习成绩很好，尤其数学很好，公式都记得很牢。当时学的外语是俄语，我学得也很好。但我们没有上多长时间的课，就赶上了“大炼钢铁运动”。1958年，中央提出当年要完成1 070万吨的钢铁任务，动员全民大炼钢铁。人们用土法炼铁，结果土高炉到处都是。街道动员各家各户都交出废铁器集中起来炼铁。我家当时没有废钢铁，只有房檐上的排水管是铁的，我不顾母亲反对，上房强行把排水管敲掉，交上去炼铁了。结果导致我家房子不仅屋顶漏水，而且一下雨，雨水便沿着窗棂倒灌到屋里。炼钢铁的场面很壮观，也很热闹，当街搭起小高炉就炼起来，好多是烧木头和树枝。小锅炉比比皆是，火光冲天。当时有一幅漫画，画的是孙悟空站在云端，想用芭蕉扇来煽灭炼钢炉的火，但一见火光遍地，便哀叹道：如此多的火，俺老孙如何煽灭也！很形象地表现了当时大炼钢铁热火朝天的景象。实际上炼出的“钢”根本无法用，后来满街都是废铁疙瘩。

我们虽是初一的学生，也就 12 岁左右，但也被分配了炼钢任务。我们不是直接炼钢，而是炼炼钢用的焦炭。我记得人们在松花江边砌了两座炼焦炉，把湿煤泥倒进炉里，然后封闭起来烧，烧两三天后开炉取烧好的焦炭，送到别处去炼钢。我们的任务是和煤泥和往炉里倒煤泥。那时用柳条筐装煤泥，然后用扁担挑着送到炼焦炉里。两筐煤泥至少有五十公斤，我瘦小的身躯几乎挑不起来，但还是坚持挑，而且还要爬到炉子顶上。一天下来，腰酸腿疼，连上炕的力气都没有了。但那时我根本不懂得偷懒，而是拼命地去干。干了一个月左右，我们回到了学校。其实我那时已经累病了，主要是腰疼，几乎直不起身来，过了一段时间才好些。

回校后不久，大概是 10 月初，学校开展勤工俭学活动，到下坎打柴火卖钱补充学校的经费。这里要介绍一下老扶余县所处的位置和地形地貌。扶余县分坎上、坎下两个部分，县城在坎上，在第二松花江的北岸，松花江在扶余县城南面是向西流的，而到了县城西侧则转弯向北流（西江），流到三江口，即第二松花江、嫩江和第一松花江的交汇处后向东北流去，经过哈尔滨最后汇入黑龙江。第一松花江在扶余段的部分我们称之为北江，它是扶余县同黑龙江肇源县的界河。所谓下坎实际上是北江的故道，在涨水时会淹没大片土地，在落水时则是一片大平原，现在看来实际上是松花江湿地。

我们打柴火的地方在北江的江边，离县城有 25 公里以上。10 月初的一个早晨，我背起一个小行李卷，跟着全校大约几百名学生（有带队老师）步行出发了。到了中午，我们走到一个叫伯都的地方。伯都在坎上，过了伯都就是坎下了。站在伯都的高坎上往下面看，高耸的土崖连绵不断，而坎下则是一望无际的大草原。走下坎后，根本没有路，只好沿着车轧过的印记走。路边的草越来越高，比我的个头高多了，路也越来越难走，到后来已经没有路了，我们只能踩着（草根形成的）塔头墩子走，塔头墩子底下都是水。我从来没有走过这么远的路，腿已发软，几次掉下塔头墩子，裤子都湿了，被同学拉起来。当我们到达宿营地时，天已经完全黑了。

我们宿营的地方当时叫大青山，紧挨着北江边。当时只有打草人留下的几间土坯房，我们用两间正房做厨房，其余大约三间偏房做女生宿舍。男同学在外面两三个人一组搭草窝棚住。记得头一天晚上来不及搭窝棚，就用干草铺上露天睡觉。晚上躺着仰望天空，繁星点点，银河两旁的牛郎织女星非常明亮，我试着寻找北斗星和北极星，别有情趣。没想到后半夜竟然下起雨来了，我们急忙跑到女生宿舍躲雨。既然已经无法睡觉，大家就坐在一起讲故事直到天亮。我记得一位大舌头的同学给我们讲故事，他说，一个人走（zhǒu）啊，走（zhǒu）啊，走（zhǒu），走（zhǒu），走（zhǒu），突然见到一个鬼！我们大家顿时毛骨悚然，但也觉得他的发音很可笑。第二天晚上，由于已经搭好的帐篷（用草捆搭的）不够所有男生住，老师就把我们几个小个子男生安排在女生宿舍的地下住（女生住炕上），觉得那样会暖和些（其实也不暖和）。早上起来我们几个遭到了同班男同学的嘲笑："听说你们昨晚上了女生的炕了？"弄得我们几个人很尴尬。我再也不肯到女生宿舍住了，而是自己搭了一个小帐篷，住在里面还挺舒服的。晚上听到远处的狼嚎声，老师告诉我们不要害怕，有人值班打更，狼是不敢靠近的。

我们打草的地方离驻地大约要半个小时（驻地近处的草已被打光），每天早上六点多就要起床去打草，九点左右回来吃早饭，吃完饭后再去，下午大约四五点钟返回来吃晚饭。

草很高很深，隔着几层就看不见人了。我们每人发一把镰刀，分片包干，每人打一片。我是左撇子，用的却是适合右手用的镰刀，镰刀不快，我割得也很慢。有一次镰刀还一下子割到右手的小拇指上，幸运的是镰刀不快，否则我的手指可能就被割掉了。至今我的右手小拇指还留有明显的疤痕。

有一次，我差点走丢或者被狼吃掉。班干部说，今天每人必须打20捆草才能回驻地吃早饭。有的同学偷奸耍滑，每捆很细，很快就打了20捆，回驻地吃饭，而我打得慢，而且捆很大，当我完成20捆任务的时候，发现草场除我之外，已经空无一人了。我找不到回驻地的路了，找了很多条，但条条都被江水淹没，走不出去了。我曾试图爬到草垛上去看方向，无奈草垛太高也爬不上去。那时狼很多，晚上睡觉时常听到狼群在嚎叫。我想如果碰到狼群我的小命就交代了，于是拿着镰刀准备自卫（给自己壮胆而已）。正当我十分着急、无计可施时，忽然听到在草场周围有人高喊我的名字，原来在吃饭时班里发现少了一个人，于是向校领导汇报，校领导发动全校学生来找我，终于把我从困境中解救了出来。回想当年，我若被狼吃掉，北大就少了一个经济学、金融学教授！

我们住的地方实际上是松花江湿地，平时是平地，水面上涨后就可能被淹掉。我们住的窝棚离江边很近，因此时常到江边去玩。江里有鸡头米、菱角，鱼很多。水很清，能清楚地看到鱼儿在游动。那里的鱼可能很少见到人，所以根本不怕人，很傻。我们把大头针弯过来，放上小虾做鱼饵，用一根一米长左右的线牵着，直接放到水里，看着鱼儿抢着咬钩，很好玩。我用这种办法钓上来好几条鱼（当然不太大了）！

大约打了半个多月的草后，我们返回学校准备上课。我们打的草陆续被拉回县城卖掉。那时做饭都烧柴禾。后来我听说，卖草的钱相当一部分都被一个姓马的教导主任贪污了！这件事对我的心灵有所触动，我们拼死拼活地干，我自己甚至都累病了，这样的话不是白干了吗？没想到在教师队伍里也有如此贪财者！回校后我们开始正常课程的学习。当时我的身体已经不太好了，经常莫名其妙地发烧。

1958年的“大跃进”，使人们头脑发热，出现了严重的浮夸风，除了全国土法上马大炼钢铁，10月份各地还纷纷成立人民公社，提出的口号是“共产主义是天堂，人民公社是桥梁”，而且到处“放卫星”，宣传粮食大丰收，亩产两万斤，《人民日报》上刊登照片，小孩可以坐在丰收的稻穗上不掉下去（完全是造假）。小小年纪的我不知如何是好。

1959年的春天，我们又参加了“深翻地运动”。不知哪位“科学家”提出“深翻地”理论，说“深翻地”可以使庄稼的根系发达，提高产量，不过得深翻两米才能起作用。于是学校组织学生去深翻地。我们当时个子都很矮，挖到两米时，挖的土根本扬不上去。于是在一米处先留一个土台，下面的人先把土扬到一米处，上面的同学接着再把土扬到地面上。现在看来“深翻地”是完全违背科学的做法，把黑油油的熟土全都翻到下面，把一点没有营养的生黄土全都翻在上面，实际上会使产量下降。

大概进行了一个月左右的“深翻地”后，我彻底累病了。主要是腰痛，小便时刺痛，而且尿脓尿血。到中医院检查后按尿道炎治，但没有好，而且发烧不止，尤其下午烧得厉害。中医院一位姓崔的大夫建议我到县医院检查一下。那时没有B超，到县医院时，也不能做深入的检查，医生根据我的症状，首先确定我患了结核病，最后确诊为肾结核。后来就给我吃雷米封（异烟肼的俗称）、打链霉素，病情很快得到控制。一般来说，肾结核都是双肾结核，结核菌会通过输尿管和尿液将结核菌传到膀胱再传到另一个肾里，我比较幸运的是，可能因为炎症把输尿管快堵住了，结核菌并没有从膀胱进到另一个肾里边，因此我还保留了一个好肾，据说这在肾结核史上很少见（肾结核的结核菌对肾组织的损害是很大的，如果我是双肾结核，当时就死掉了）。当时是自费，链霉素是进口的，非常贵。有一次我跟父亲到他们单位去商量能否给我的医疗费报销一部分。那天，父亲让我在外面等着，他自己进办公室同人商量。我在外面等了一个多小时，终于看见父亲铁青着脸出来了，拉着我说：“走！回家！”我知道我药费报销的事肯定不顺，也没敢多问。过了一会儿，父亲自己说了：“单位说可以给职工报销药费，但家属的药费一分钱都不能报!”父亲又说:“凤岐，你放心吧，爸爸就是砸锅卖铁也给你治病!”看到父亲为难的样子，我对他说:“我以后就吃雷米封，不打链霉素了!”后来，我就不让医生给我开链霉素了。因为病情刚有所好转就停止打针，所以肾结核并未完全治愈。后来听别人说，只要我多打一个月的针，肾就能保住了。

从十二三岁开始，我老觉得腰酸腿疼身子凉，但是我自己并不知道原因，直到1990年在北医三院做B超，医生说找不到另一个肾，才发现右肾已经萎缩了。医生说我的右肾已经完全失去了功能，而且肾里仍有结核菌，不知道什么时候会发作，建议我拿掉。于是1991年我做了右肾切除手术。当时我是半身麻醉，头脑还清醒，医生将肾取出来后割开让我看了一眼，里面全是同蜂巢一样的黄色组织，肾组织已经完全被破坏了。医生吩咐护士把我切下来的肾拿到标本室做成标本供医学教学用。实际上，我从十二三岁开始一直到现在都是靠一个肾在生活！这就可以解释我为什么老是腰酸腿疼、浑身没劲、近些年肾指标不正常了，我只有一个肾在工作，负担太重了!

1959年春天我因病休学。

加入共青团

1959年秋季学期我复学了。因为缺课较多，如果跟原班学习怕跟不上，所以我主动降了一级。

从1959年开始，学校的学习步入正轨。我由于有原来的学习基础，因此学习成绩很好，被选为学习委员。

那时学校组织了很多活动。几乎所有活动我都积极参加。当时学校开展灭鼠运动，主要是秋天到田地里挖田鼠。学校有指标，每人要交多少条田鼠尾巴（打死田鼠后割下尾巴）才算完成任务，我每次都超额完成任务，且交的都是真田鼠尾巴，而有的同学为了完成任务，不惜用萝卜须子（外形酷似田鼠尾巴）来冒充。学校还组织了捡粪活动，我们每天上学路上背上篮子，拿一个铁叉，捡路上的马粪和牛粪，交到学校育肥后再转交给农村生产队。

夏锄期间我们都下乡帮助农民锄地。记得有一年夏天，学校组织我们去下坎帮助农场（那时下坎的地相当一部分已经开垦为田地）锄地。由于都是拖拉机开出来的，田垄非常长，因此我们不是用大锄头，而是用小锄头，人要趴在地上锄草。干了一天，累得腰都直不起来了，却还望不到垄头。干了一个月，给了我们每人两元钱，说是报酬，还奖励了一支钢笔。

我还是班级文艺活动的积极分子。每当学校组织文艺节目演出时，我都上台表演，自己编快板，和同学一起说相声。每年过元旦，各班都组织联欢会，自编自演节目。记得有一次我学说刘宝瑞的单口相声《假行家》，逗得大家哈哈大笑。那时葵花籽、花生、糖果都凭票供应，联欢会没什么吃的，老师就让我们每人带一小碗黄豆，在炉子上爆炒后吃。那时我们班有一个家庭富裕的学生，家里有一台六管收音机（带一个绿色的猫眼，收音机里一有说话声或音乐，猫眼就会闪，很好看），我们让他带来，大家一起收听文艺节目。由于我们吃黄豆喝凉水，第二天几乎所有人都拉肚子，课都没法上了。现在回想起来仍觉得很好笑。

那时我们班掀起读书的热潮，老师让我们带一些健康的课外书到教室来，放在墙角的桌子上，办一个“读书角”，同学们可以借阅。很快大家就带来不少课外书，我记得有长篇小说《林海雪原》《铁道游击队》《地道战》等，父亲从部队带回来的毛主席著作的一些单行本，我也带来了。“读书角”办得红红火火，很受同学们的欢迎。

初中三年级部分同学与班主任郑文忠老师合影，前排左二为郑文忠老师，右一为我

1961 年我加入了共青团，在班里是第一个加入的，当时戴着团徽走在路上感到很光荣。记得共青团员宣誓大会是在学校礼堂举行的，有几十个人参加。除了一些学生团员，还有青年教员。有人领誓，誓词我已经记不住了，大概的意思是共青团是共产党的忠实助手，共青团员要严格要求自己，为完成党的事业而奋斗。我当时很激动，完成党交给我的任务的热情和决心受到了激发。

三年困难时期

我上初中时正赶上三年困难时期（1960—1962），困难是天灾还是人祸造成的自有公论，但这个时期给正在成长的孩子们造成的伤害可能是终生难以弥补的。我那时很瘦，细长的脖子三角脸，浑身没劲，医生检查也没看出大毛病，诊断书上就写了四个字：营养不良。

当时家里最大的问题是粮食不够吃。家里孩子多，粮食定量很低（大人

14 公斤，孩子更少，我上了中学后定量 17.5 公斤，是政府对青年学生的照顾，在家里我的定量是最高的），根本吃不饱。掺上野菜的玉米面饼子每顿饭只能分到一个，我上学带一个玉米面饼子中午吃，不到下第四节课已经饿得两眼发黑，课都听不进去。冬天中午在炉子上烤烤吃，其他季节就凉着吃，几口就吃完了，连半饱都不够。当时我们吃过豆饼（榨豆油剩下的豆渣做成的饼子），也吃过葵花籽饼（里面都是葵花籽壳）。春天到田地里挖野菜，东北的地里长一种小根蒜（上面同蒜苗差不多，地下有像蒜头一样的根茎），是当时能挖到的最好的野菜了，剁碎后掺到玉米面里贴饼子。秋天到地里去拣拾地瓜秧子，然后晒干，到用的时候，先用水泡软，再放到锅里煮烂，之后剁碎，掺到玉米面里贴饼子吃。贴出的饼子是黑色的，拉出的大便也是黑色的，最大的问题是造成便秘，有时要用手抠才能便出来。

我后来发现了一种可吃的东西，就是大白菜的根。当时在我们家附近有一家工厂，有工人宿舍和集体食堂，每天早上食堂要倒煤渣等垃圾，里面就有切下的白菜根（有时还带点菜帮）。我当时每天早上去捡煤核，也把白菜根捡回来，把上面残存的白菜帮割下来做菜，将根切开，去掉外面坚硬的部分，留下中间的芯，然后把根芯放到锅里煮，煮熟后拿出来吃，有点甜丝丝的，不难吃。

农民有时进城办事就住在大车店里，他们会带自留地里产的一些粮食，偷偷地卖给城里人（当时属于投机倒把行为，如果被市场管理人员抓住，没收不算，还要罚款）。母亲看我们饿得不行，夜里就到大车店，偷偷买些粮食回来。

当时家里孩子多，再加上要花钱私下买粮食，父亲一个月的工资根本不够花。从初中开始我就利用寒暑假、星期天和下课后的时间去打零工挣钱贴补家里。我可能是中国最早的钟点工之一。当时是通过菜窖储存大白菜、萝卜和土豆，以便冬天食用。将菜入窖是一项重要而繁杂的工作，储菜单位要招临时工做这项工作。每年秋冬之交我都会去做冬储菜的临时工。大白菜入窖前要先整理，去掉老帮和黄叶，我们称之为“削白菜”的工作。我做过这项工作。深秋天很冷，又没有保暖的手套，手指冻得像被猫咬过一样疼，感觉要掉了似的，整个手背都冻得肿起来。白菜削完之后接着就是入窖。东北的公共菜窖很深，通道很长，得用柳条篮子装着白菜往窖里送。记得 1961 年秋冬我干了很多天入窖工作，每天下午放学后，晚 6 点开始干，到 10 点收工，4 个小时要挎着篮子往返多次，累得满头大汗，但我不敢偷懒，怕人家不要我，而工钱只是可怜的 5 角 5 分钱。那时窖里没有电灯，只是隔一段距离在墙壁上抠个小洞，放一盏煤油灯，灯光很暗，看不见路，有时会和对面的人撞个满怀。我对大伙说：“咱们把灯光弄亮一点好吗？”大伙说好啊，可怎么弄呢？我说有办法！我拿来一个萝卜，将顶削平，然后把萝卜切掉一小半，剩下的部分掏空，倒上煤油，再将棉絮捻成灯芯，点着以后非常亮。后来我们把所有的小油灯都换成“萝卜灯”，照得窖里通亮。有人夸我这个小孩真聪明。据说后来窖里普遍用“萝卜灯”照明。这可能是我在初中时期“最大的发明”了吧。现在想起来还有些自豪。

有人认为我出身于县城，肯定是肩不能担担，手不能提篮，眼不识五谷杂粮。这就小看我了，我属于“穷人的孩子早当家”。我家是在扶余县城，但那时县城很小，就一条主街道，从东街走到西街也就十分钟。出城一公里左右就是田野村庄。那时饮用水要在深井里打，井深有七八十米，要摇辘轳，辘轳很重，井绳下面有一个大的水桶，摇起来很吃力，如果一松劲可能会打折胳膊或把人打到井下。后来饮用的是压水井里的水，很小的时候我同姐姐一起抬水，大一点就自己挑水，一担水有三四十公斤重，路上要歇多次，我被压弯了腰，现在有些驼背，也许就是年少的时候挑水压的。我和农民接触得很多，主要是学校组织学生帮助生产队夏锄和麦收。夏天、秋天我们自己也去地里拾麦穗和遛土豆（捡拾生产队起土豆后剩的残余土豆）。秋天的时候学校还组织学生参加“小秋收”，就是采到草籽后交到学校，我也积极参加。那时家里做饭烧炕主要是烧柴禾，我就自己去割茅草、蒿子，秋天搂树叶，冬天打茬子（高粱、玉米茬）。为了贴补家用，家里养鸡、养鸭，有时还养猪，需要打猪草（灰菜、野苋菜）、拌鸡食和鸭食，这些活儿主要是我完成的。那时，油盐酱醋主要不是用钱买来的，而是用鸡蛋、鸭蛋换来的。虽然家里养了不少鸡，但很少吃鸡肉，只是得鸡瘟时，在鸡还没死的时候才宰了吃（母亲知道得了鸡瘟的死鸡是不能吃的）。我们才不管吃了病鸡会不会得病，都大口大口地吃（因为平时很少见到荤腥）。

1961—1962 年是国家最困难的时期，出台了“调整、巩固、充实、提高”的政策。教育经费很紧张，县里决定撤销扶余四中，并将它合并到扶余一中。我很高兴，因为扶余一中是当时县里最好的学校。它的历史比较悠久，有好的师资队伍，校园也很大，里面有三棵百年以上的大柳树，现在还在。最大的好处是离我家很近，走路五分钟就到了。我是在扶余一中读完初中的。在这所学校里也遇到了一些很好的老师，我记得一位叫付成寅的语文老师，他的文学尤其是古文功底很深，对我影响很大。

奖状

学生曹凤岐在初中第三学年学品兼优，具备优秀学生条件，特发奖状以资鼓励

扶余县第一中学
校 长 来益春
副校长 张爱斌
1962年6月23日

初中毕业前获得优秀学生奖状

在一中期间可以说是平淡无奇的。主要是早晨上早自习，白天上课，晚上上晚自习，回家后还是学习和做作

业。那时我真知道用功了，因为所有中等专业学校都停止招生了，全县就一所高中，也就招 200 人。如果考不上高中就没学可上了，岁数又小，无法参加工作。农村的学生要回农村。那个阶段我是拼命地学、拼命地背。幸运的是，我考上了我们县唯一的一所高中——扶余七中。初中时我们班有 51 个人，只有 7 个人考上了，也就是 7 个人里只有 1 个人有学上，其他同学，城里的回家待业，农村的回乡种地。

2006 年 9 月恰逢初中母校松原一中（原扶余一中）建校 60 周年，我应邀回去参观访问，受到校领导和师生们的热烈欢迎。校园里的三棵百年柳树还很茂盛，只是过去的平房都变成了楼房。校领导介绍了学校的变化，带我参观了校史馆。校史馆里竟然有我的宣传板。学校的变化太大了，参观后我感慨万千。

回到一中母校受到热烈欢迎

校领导向我介绍校史

校史馆里陈列着关于我的宣传板

高中阶段

1962 年 9 月，我考入扶余七中（后来改为扶余三中，现为松原市实验高中）学习。扶余七中是 1957 年成立的，当时在扶余县城的北门外，我考上的时候，学校四周还是田地。由于是全县唯一的高中，因此县里很重视，很多优秀的老师都来到扶余七中，师资队伍较强，教学设备比较齐全，还有物理、化学、生物实验室。大概在 1963 年，扶余七中就被评为吉林省重点中学。在这所学校里我受到了良好的教育。

1962 年入学时全年级有 200 人，分了四个班，我被分到一班，班里有 40 多人。我在班里一开始就当干部，三年里我当过班长、团支部委员和副书记。

那时学校的条件还很艰苦。当时学校周围还都是田地，无论是老师的办公室还是教室都是平房。冬天非常冷，但教室里没有暖气，偌大的教室只靠中间生一个火炉取暖。每天早上都要现生火，有时生不着，满屋浓烟，还要开门放烟。大家冻得手指僵硬，拿笔都很困难；脚趾冻得像被猫咬过那样疼，有时老师不得不暂停讲课让大家跺脚取暖。在那样艰苦的条件下，我们可敬可爱的老师们一丝不苟地备课、讲课，毫无保留地传授知识给我们。当时教我们课的一些老师的音容笑貌至今还深深印在我的脑海里，他们之中有赵久礼、左永山、王凤迟、刘国良、张文印、周韵声、徐念庸、于太福、高长隆……他们之中有几位已经仙逝。老师们真是为我们呕心沥血，默默奉献。当时的校长孙海庭、教导主任高权等领导时时鼓励和激励我们一定要好好学习，不仅要考上大学，更要考上好大学！给我印象最深的是作为民主人士的老副校长范英夫先生，他每次在开学典礼上都要讲一次话，介绍我们学校有谁考上了北大、清华、中科大等，接着就用浓厚的东北口音说：“你们一定要好好学（xiao）习，争取考上有名的学（xiao）校，考上北大和清华！”这些话点燃了我们心头向往和努力的火焰！

教我们班语文的左永山老师（现已过世）对我影响很大。我入学时他已经40多岁。他的文学水平很高，是老扶余人（左氏家族在扶余是一个大家族）。他为人和善，对学生十分耐心，但要求很严。我入学第一次作文是写参加麦收的体会，我的文笔还不错，描写麦收场面热火朝天，人欢马叫。左老师在课堂上表扬了我，说我写得好。但作文发下来后，我发现自己才得了42分。怎么回事，我不理解。一看，内容90分，但一个病句、错句扣5分，一个错字、白字扣2分，用错一个标点符号也扣2分。七扣八扣就剩42分了，可笑的是有的同学竟然得了负分！左老师的严格要求对我后来写文章注意用词规范，不写或少写错字、白字有很大帮助。由于我也爱好文学和历史，因此他对我疼爱有加，老给我开小灶，把自己喜欢的文学书籍借给我看。我的文学尤其是古文水平的提高，与左老师对我的言传身教是分不开的。

我一直对左老师心存感激，毕业留京后，我每次回乡探亲必去看望他。我们还用互相赠诗的形式表达师生情谊。1993年夏天，我回松原探亲，又到他家去看望他。左老师很高兴，说我已经事业有成了，还不忘来看他，尤其是我还送给他一本书——《中国经济学希望之光》，这本书里有一篇关于我的学术传记——《不需扬鞭自奋蹄》（我的学生郭世邦执笔，厉以宁老师推荐），在传记中我还提到左老师对我的教诲。“他还清楚地记得，自高中起，他就对哲学和社会科学产生了浓厚的兴趣，高中时期的老师左永山先生对他的循循善诱，更使他终生难忘。”左老师看到这段话后很是激动和感动。第二年春天，我收到了左老师寄给我的三首诗，其中一首《见曹君凤岐传记〈中国经济学希望之光〉感赋》写道：三更灯火五更鸡，不必扬鞭自奋蹄。远瞩高瞻临高境，励精图治绘图奇。凌云不忘人梯矮，鼓翼尚嫌天路低。经济腾飞赖俊秀，中华强富大可期。表达了他对于弟子不忘“人梯矮”的感慨。我马上和了他两首诗，其中一首《恩师赋》表达了我对左老师的感激之情：卅载旧事未能忘，恩师教我读华章。字斟句酌用心苦，言传身教真情长。莫道漫路人梯矮，更思满园桃李芳。弟子终能成大器，基石牢固始做梁。

值得一提的是，从那时起，我正式开始写作诗词。

学习雷锋和革命化运动

1963年毛主席发出了“向雷锋同志学习”的伟大号召，学校组织学生开展学雷锋运动，主要号召大家做好人好事不留名，树立全心全意为人民服务的思想。我是真心实意地向雷锋同志学习，针对当时提出的“学雷锋见行动”的口号，组织班上的同学帮助军属大娘干家务，到“三不管”的街道打扫公共卫生。还有一件事，就是利用放寒假的机会，组织几位同学到电影院服务，按现在的话说就是做志愿者，主要是维护影院秩序，帮已经开演但还没有找到座位的人找座位。另外就是出黑板报宣传电影。我被推选为服务队的队长。我们在电影院服务了半个多月，受到了影院领导和观众的好评，心里美滋滋的。

我在自己的日记本上贴上雷锋的照片，写上“向雷锋同志学习……读毛主席的书，听毛主席的话，按毛主席的指示办事，做毛主席的好学生”，现在有些人可能觉得这样很幼稚或很可笑，但当时向雷锋同志学习确实是真诚的。

1964年开展的青年人革命化活动，对我也产生了很大的影响。所谓革命这个假期也存在一些缺点。例如：工作有时不能雷厉风行。未能抓紧时间复习功课。很少帮妈妈做家务事，没坚持经常锻炼身体等等。今后注意改之！

总之，这个假期过得还不错。成绩的取得应归于党，都是党对我们青年教育的结果。

总结成功经验、吸取失败教训，争取更大进步。

一九六五年三月二日

今天是毛主席发出“向雷锋同志学习”的伟大号召两周年纪念日。

两年来，自己认真学习雷锋同志，对促进自己实现革命化起了一个极其重大的促进作用。

自己真正用主席著作解决思想问题，主要是学习雷锋的结果。

自己无产阶级立场站得更比较稳了，遇事能用阶级观点分析其实质。如费代工作、处理信件等。

更加坚定了为人民服务的决心，使自己能自觉逐步树立雷锋的人生观：“活着是为了别人活得更美满”——即共产主义的人生观，愿意进行思想改造。

使自己能保持艰苦朴素作风，二年来，未曾计较过穿戴及没买过一次零嘴、乱花过一文钱。

要深入开展向雷锋同志学习活动，要大树雷锋之风。

我一定更踏实地以实际行动向雷锋同志学习，认真学习主席著作，使自己早日实现革命化。

读毛主席的书，听毛主席的话，按毛主席的指示办事，做毛主席的好学生。坚决响应毛主席的伟大号召“向雷锋同志学习”，使自己早日实现革命化，做可靠的、坚强的无产阶级革命事业的后来人。

1965 年 3 月 2 日写的学习雷锋同志日记

化活动，是指当时共青团中央提出每个青年人都要用“革命化”要求自己，做一个合格的无产阶级革命事业接班人。现在看来要求青年革命化的号召确实很“左”，但对我们青年人树立为国家出力、有宏伟的抱负和理想的人生观客观上起到了积极作用。

1964 年 6 月召开了共青团第九次全国代表大会，当时的团中央书记胡耀邦同志在大会上做了《为中国青年革命化而斗争》的报告，对当时包括我在内的青年人起到了很大的鼓舞作用。

后来我们又学习了毛主席提出的革命接班人的五项条件。我至今记得五项条件的内容：①他们必须是真正的马克思列宁主义者。②他们必须是全心全意为中国和世界的绝大多数人服务的革命者。③他们必须是能够团结绝大多数人一道工作的无产阶级政治家。不但要团结和自己意见相同的人，而且要善于团结那些和自己意见不同的人，还要善于团结那些反对过自己并且已被实践证明是犯了错误的人。④他们必须是党的民主集中制的模范执行者，必须学会“从群众中来，到群众中去”的领导方法，必须养成善于听取群众意见的民主作风。⑤他们必须谦虚谨慎，戒骄戒躁，富于自我批评精神，勇于改正自己工作中的缺点和错误。毛主席的这段话虽然是在当时与赫鲁晓夫的论战时说的，但是无论对干部的作风还是对青年人的成长都是有积极作用的。当时我们都暗暗用革命接班人的五项条件要求自己。

1965 年 5 月 4 日我写了一篇日记，现在看来确实有点“左”，但反映了我当时的真实思想——做坚强的革命后代！

总之，1963 年开展的学雷锋运动和 1964 年开展的青年革命化活动，对我的健康成长起到了催化剂的作用。我不仅树立了全心全意为人民服务的思想，坚定了要为国家的发展贡献自己力量的信念，而且对自己后来形成谦虚谨慎、勇于自我批评、能团结同志一道工作的作风产生了至关重要的影响。

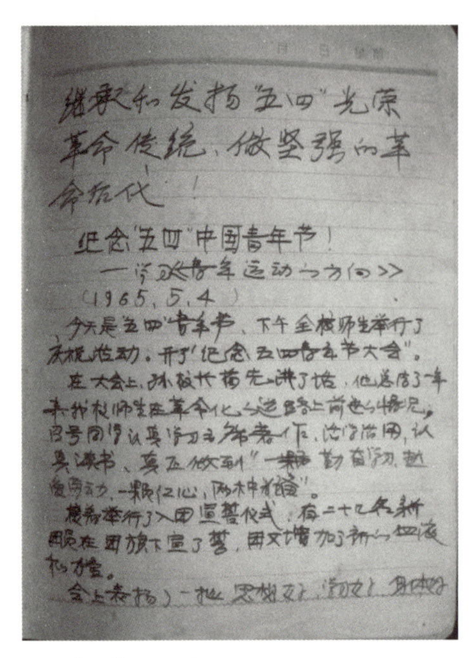
继承和发扬"五四"光荣
革命传统，做坚强的革
命后代！

纪念"五四"中国青年节！
——学习《青年运动的方向》
(1965.5.4)

今天是"五四"青年节。下午全校师生举行了庆祝活动。开了"纪念五四青年节大会"。

1965 年 5 月 4 日日记

可以说在高中阶段我是品学兼优的学生，不仅学习成绩好，还担任班干部，抽出很多时间做社会工作，编排和演出文艺节目。在高中时期我多次受到奖励，如优秀共青团员、三好学生、学习毛主席著作积极分子等。

奖状

学生曹凤岐团员模范作用突出被评为优秀团员特发此状以资鼓励

共青团扶余七中委员会

1965 年 5 月 4 日被评为优秀共青团员

毕业証书

学生曹凤岐是吉林省扶余县(市)人，现年十九岁，在本校高中三年修业期满，合乎毕业条件，准予毕业。

校长

1965年7月

高中毕业证书

考入北大

到高中阶段，我才真正在学习上用功，因为我觉得自己必须要考上大学，只有考上大学我才能实现我的理想，才能改变我的现状和命运。

我刻苦学习，夜以继日，但那时的学习环境很差，我们家的条件也很艰苦。由于孩子多，生活很困难，而且仅有的一间屋子冬冷夏热。一进屋，门口有一个木头箱子，上面没有盖，搭了两块破木板就是我的书桌。家里只有一个方凳，用来当读书、写字用的“椅子”，当方凳被占用时，我就坐在炕沿上伏在木箱上学习。这就是我在一首诗中所说的“炕沿为凳，木箱当桌”。当时我几个妹妹、弟弟都小，在我看书时，他们经常在一旁打闹，我没办法，只好用棉花把耳朵堵上。我就像没有听到一样，还是沉浸在书本里，心无旁骛地认真学习。

我的二妹在本书第一版的读后感中写道：“记得大哥每天都学习到深夜，一盏 15 瓦的小灯泡又灰又暗，为了不影响家人睡觉，大哥还在灯泡上罩了一张旧报纸。我在睡梦中总能听到妈说：闭灯吧，睡觉吧，都几点了，明天还得早起呢。我倒是翻个身又迷迷糊糊地睡着了，大哥却还是在昏暗的灯光下继续刻苦读书。第二天清晨，天还没亮，我们几个弟弟妹妹都还在熟睡中，大哥已经走出家门去上学了。学校离我们家很远，有四公里路，中午只能带口饭到学校去吃。那个年代物资匮乏，大哥每天都带一个苞米面饼子和一块咸菜疙瘩，这就是一天的午餐。根本没有书包，书只是用一块白布包裹着。夏天酷热难耐，冬天北风呼啸，都没有动摇大哥每天早起上学的决心。夏天还好说，冬天寒风刺骨，大哥只穿着薄薄的棉袄、棉裤，戴着父亲从部队复员时留下来的栽绒军帽。军帽很大，风照样吹打面庞和耳朵，耳朵被冻得又青又紫。后来，大哥先用围脖包住头，再戴帽子，就会好一些，但手脚还是被冻得像馒头似的。寒冷和炎热都被大哥踩在脚下，困难和艰苦也从不惧怕。大哥聪明智慧、勤奋好学，这在那个时代显得尤为可贵，因为大哥的内心中始终不忘的奋斗目标就是一定要考上北大。”

有些事我说出来现在的孩子甚至年轻人可能都不会相信和理解。从小到大父母没有给我买过一个书包，就是用一块方的豆包布包着书上下学。从小学到初中我一直用蘸水笔写字，而且墨水也不是买成瓶的，而是买墨水片加水放到药水瓶里，瓶子一不小心就会倒掉，我就用硬纸板把它支起来。草稿纸先用铅笔写，再用蘸水笔写，而且正、反两面都用。我很羡慕现在的孩子包括要高考的高中生，家长和学校给他们创造了多好的学习条件和环境，像保护熊猫一样把他们保护起来。

我之所以在那样艰苦的条件下还能刻苦学习，就是有一个坚定的信念和目标：必须考上大学，而且要考上一所好大学！

那么我为什么要选择报考文科院校呢？

中学时期我开始对文学尤其是古文感兴趣。我对古文有特殊的爱好。从最初的《苛政猛于虎》《曹刿论战》《师说》到《岳阳楼记》，我都很喜欢。我认为古人语言精练，用很短的话语就可以表达深刻的寓意，不像现代人说话如此啰唆，有时说了半天还是不知所云。

我对文学的爱好最初得益于我父亲，他 1954 年从部队复员回家后，就从县图书馆借些图书给我们姐弟看，开始时借些儿童读物，后来就借些大部头的著作。我记得我看的第一部长篇小说是曲波的《林海雪原》，那是 1956 年我上小学四年级的时候，后来又看了《地道战》《平原枪声》《铁道游击队》《红旗谱》《青春之歌》等。我还看了一些古典小说，如《彭公案》《施公案》《包公案》《隋唐演义》等。我接触名著《水浒传》《西游记》《三国演义》和《红楼梦》也很早，开始时是通过连环画系列（当时出版的连环画册很系统），到了高中阶段已经开始阅读原著。我很小的时候就开始读“小人书”（连环画册），那时的“小人书”不像现在这么讲究（彩色画册，纸很厚，价格很贵），而是普通纸，128 开的小册子，黑白工笔画，但画得很精致。现在这样的“小人书”已经很难找到了，据说央视原主持人崔永元还保存着不少。一本“小人书”也就一两角钱，但我还是买不起。不过专门有租看“小人书”的书屋或书摊，可以坐在那里看，一分钱看一本，看完当场还回；如果再看，就再交钱。我老央求母亲给我几分钱让我去看“小人书”，母亲最多给四五分钱，所以我一次最多只能看几本，别说，我的很多课外知识最初大都是从这些“小人书”中得来的。

小学四年级时，我们县建成了儿童图书馆，父亲给我办了图书证，每天放学我几乎都会去看书。我们家附近就是县图书馆，从初中开始我几乎每个晚上都泡在图书馆里。我看了很多杂志，不仅看文学杂志，历史、哲学甚至科技杂志都看。晚上我在图书馆里一般会坐到快闭馆时才走（大约九十点钟）。那时我家住在老城城壕沟边，晚上没有路灯，漆黑一片，借着微弱的星光摸索着往家里走时，心里害怕得很。我倒不怎么怕鬼（我们那里闹鬼的传说很吓人，说一个人走夜路时鬼会出来阻拦，让人看不清方向，叫作“鬼打墙”），却怕突然窜出一个人或一条狗来。我们住的那片，院墙或屋墙离沟边很近，能走的小路最窄处不到一米，一不小心就会掉到城壕沟里，而壕沟有四五米深，里面都是臭烘烘的污水，尤其阴天下雨路很滑，我几次滑下沟去，幸亏沟坡较缓，自己爬了上来。即使是这样，我还是坚持晚上有空就去图书馆看书。

我的很多知识都来自中学尤其是高中阶段，主要是自学来的。我很喜欢《人民文学》里的小说。那时有一本专门刊登新诗的杂志叫《诗刊》，是臧克家主编的，在那本杂志里我接触到了郭小川、贺敬之的诗。在高中时期我就试着写诗，1964 年我曾学习贺敬之《祖国颂》那样的长诗的写法，写了 200 行的长诗《祖国之歌——庆祝中华人民共和国成立十五周年》（我把这首诗抄在一个笔记本上，可惜后来笔记本因搬家弄丢了），我还记着其中的几句：“从漠河到曾母暗沙，从东海之滨到喜马拉雅，人民奋发图强，祖国蒸蒸日上！”我在高中阶段还写过一篇小说，题目我已经忘记了，是描写一些学生在一户人家失火时参与救火的情况，刻画出了各个学生的不同表现。这篇小说寄给了吉林省的一本文学杂志《长春》，后来当然是泥牛入海无消息了。今天想起来这真是很幼稚可笑的事。

到高中阶段我对文学、历史以及其他社会科学产生了浓厚的兴趣。学习了中国古代史，对五千年的中华文明史和灿烂悠久的古代文化，有了一种自豪感；学习了中国近代史，对西方列强瓜分中国产生了一种屈辱感；学习了世界历史和社会发展简史，了解了人类社会发展的历史进程；学习了艾思奇先生的哲学书籍，对人类社会的发展历程、西方文明的发展和马克思主义有了初步的认识。

从高二开始我就决定考大学时要报考文科专业的院校，但我与北大却差一点失之交臂。在高考报志愿时，由于家庭困难，父母让我报长春的学校，因为我的爷爷、奶奶和叔叔在长春，他们可以照顾和接济我，因此我第一志愿报了吉大。志愿表已经交到学校了，班主任赵久礼老师拿着表匆匆找到我，问我为什么不报北京的名校？我说家庭困难。赵老师说："像你家这样的情况，大学会给你助学金的，北京和长春不就差一个路费吗？你的条件完全可以上北京的好大学，我替你报北大，就报政治经济学专业。"我问："什么是政治经济学专业啊？"赵老师说："你不是学过社会发展简史吗？社会发展简史讲到马克思主义由三个部分组成，就是辩证唯物主义、科学社会主义和政治经济学。政治经济学主要是研究经济发展的，这个专业对中国经济的发展很重要。"于是我重新填表，一表（重点院校）第一志愿报了北大，当时允许报三个专业，除了政治经济学专业，我还报了哲学和中文专业。第二志愿还是报的吉大。回过头来看，如果不是赵老师建议我报北大，我肯定就和北大失之交臂了，当然也不可能成为北大的教授了！ 2007 年庆祝扶余七中成立 50 周年座谈会上，我提到此事，对赵老师表示感谢。赵老师激动地流出了热泪。他说："是有这么回事，没想到曹凤岐这么多年了还记得！"

我记得当时高考文科考语文、作文、古文、历史、政治和外语，另外加试数学（不计分）。第一门考的是语文，我的语文基础很好，考完后我很乐观；作文单独考，出了两篇作文题：一篇是谈理想的，另一篇是写给进行抗美斗争的越南人民的一封信（应用文），任选其一。其实这两篇作文题基本是我们学校期中和期末的作文题。我这两篇作文都得了高分。拿到作文题目后我暗自高兴，选择了给进行抗美斗争的越南人民写一封信。可以说是一气呵成，连越南军民击落多少架美军飞机都写到了。考完作文后我的信心增强了。古文对我来说也不在话下，两篇翻译文章，一篇是描写自然的文章，大意是由于把山上的树木砍光了，造成水土流失。整篇文章我都翻译完了，就是对其中的一句话“童其山”不解其意。琢磨了半天，终于明白了，就是把山上的树木都砍光了，使山像儿童的头一样秃了（出来后问老师，老师说我翻译对了）。第二篇是三元里人民抗英的文章，这是晚清的文章，近乎白话文，太好翻译了。历史对我来说也没问题，无论是中国史还是世界史我都背得滚瓜烂熟，尤其对于中国史部分的每一个朝代，以及每个朝代中的政经大事（包括发生的年代、年份），我都很清楚。我还能一口气按顺序说出中国朝代的顺序。唯一觉得考得不太好的是外语（俄语）。值得一提的是，由于数学只加试不计分，因此绝大多数文科考生拿了卷子写上名字就交卷，准备下一门考试去了，三间文科考场就我一个人在认真答题，六位监考老师就监考我一个人，我一直答到考试时间结束，铃声响起。监考老师都用诧异和亲切的目光看着我。我虽未复习，但算分的话，也可能会及格。为什么把我录取到经济系可能与我数学题答得好有关吧。

我们那时高考，不能查分，对如何录取不清楚，也不懂得找人去打听，更不懂得找负责到吉林省招生的老师通融，只是干等着发榜的那一天。8 月上旬的一天下午，我正在家里脱坯（铺炕面用的），两脚都是泥，突然有一个同学气喘吁吁地跑到我家，对我说：“曹凤岐，你考上大学了，是经济系。”我忙问：“是哪所大学?”这一问，倒把他问蒙了。他说：“我太着急了，也没弄清楚是哪所学校。”因为北大和吉大我都报了经济专业，所以不敢想自己会考上北大。我们高中自成立以来，就是我上一届有一名学生考上了北大，还是理科无线电系。于是我急忙洗了脚，往学校跑。到了学校，老师说："祝贺你，你考上了北大，还有一名同学也考上了北大，是数学力学系。你们可为咱们学校争光了！"

我当时也激动得不知说什么好了。上北大是我心中的梦，没想到梦想成真了！我从学校拿到了北大寄来的一个大信封，里面有录取通知书，有北大给被录取的学生的一封信，还有行李签。北大的信写得非常亲切和深情，我现在记得有"博雅塔下、未名湖畔朗朗的读书声"的字句。这更使我对北大充满了向往和憧憬。

激动之后现实问题又摆在面前，那就是到北京读书需要钱，首先要筹措路费。父母商量先买票到长春，到我二叔家，看二叔能否给我解决从长春到北京的路费。

母亲帮我准备了行李，给我做了一套新被褥，买了一个洗脸盆包在行李里。

8 月下旬我踏上了从扶余到北京的征程。那时扶余还没有直通北京的火车。我从扶余乘长途汽车往东行驶五十多公里，到三岔河镇（现在的扶余县），然后乘上从三棵树（哈尔滨）开往长春的火车。我早上从扶余出发，中午到三岔河，晚上 6 点多搭上了从三棵树开来的 66 次快车。晚上 8 点多我到了长春，费了不少时间才找到二叔家（事先已经写信告诉了他们）。爷爷奶奶、二叔二婶知道我考上北大都非常高兴。我已经多年没见到他们了。二婶见到我很感慨地说："你小时候身体很不好，夜间老喊腿酸腿疼，还要别人给你捶腿，真没想到现在能出息成这样！"

在长春住了两宿后，我踏上了 60 次直达北京的列车。到北京站出站时检票员把我拦住，要我补票，原来二叔给我买的是儿童票。检票员要我补全票，我拿出了北大的录取通知书，他就让我补了半票。

第三章

北大风云

北大第一年

坐了一宿的火车，8 月 30 日上午到了北京。出站以后，看到很多大学的接站牌，竟然没有找到北大的接待站（可能是因为我当时太紧张了）。我只好根据《入学通知书》上给的北大乘车路线，自己前往北大。先是乘 103 路无轨电车，到西直门后改乘 32 路公共汽车到中关村下车。可笑的是，到了中关村我还是不知道北大在哪里，后经人指点，我才从北大南门进入学校。那时各系的接待站没有设在南门内的路两旁，而是设在一教，于是我又找到经济系在一教的接待站，见到一位女老师（后来知道她是姜明老师），她非常和蔼地给我办了入学手续。有一个高年级的同学带我去宿舍，经济系的宿舍楼是 37 楼，我被分配到 136 房间。到吃晚饭时，还是那位同学领我去小饭厅（现已拆掉，在“三角地”的北面）用临时餐票吃饭。我吃了烙饼、一碗白米粥以及咸菜，觉得这样已经很好了，因为在东北时，每人一个月只供应半公斤白面和半公斤大米，吃的基本上都是玉米面和高粱米。当天我没有找到托运到学校的行李，只好在铺有草席的床上和衣睡了一宿。

第二天早晨吃过早饭后，我迫不及待地逛北大校园。早就听说北大校园非常美丽，但没有见过，甚至连照片都没有见过。一位高年级的同学主动给我当向导。我们从 37 楼（校园最南端）出发，经过其他学生宿舍楼，一斋到十几斋（大都是阅览室、图书馆等），大饭厅、小饭厅，还到老二教看了一下（共两层，每层都有三间大的阶梯教室，每间教室有 200 多人的座位），同学告诉我各系开大会和上大课大都在二教。

再往前走，眼前出现了典型的大屋顶楼群，同学告诉我这些楼大都是教室，也有各系的办公室，有哲学楼、地学楼、生物楼，以及一教等。这些古朴又庄重的楼群让人感觉北大有一种传统和现代相结合的文化气息。再往前走，就到了我一直向往的未名湖畔。首先映入眼帘的是一座高高的塔，同学告诉我这座塔叫博雅塔，虽然造型是古塔形，但建造的年头并不是太久。其实它是一座水塔，北大主要用它来抽地下水。再往前走，眼前呈现出一片宽阔的水面，不用他介绍我就非常兴奋地说，这肯定是未名湖了！未名湖真是美极了！它镶嵌在绿树古建之中，从东岸望去，湖心岛上的岛亭若隐若现，岛边有一座石舫，同学告诉我，那是清朝和珅花园中的遗物。从北岸看去，湖光塔影，红房青坡，美不胜收。在北岸的正中央矗立着四面石匾，中间有描写风光的字，同学说那是圆明园的遗物。在未名湖北岸有一些仿古建筑，就是德、才、均、备、建斋，后面还有全斋。红柱、白墙、琉璃瓦同未名湖的碧水、绿树、青岩相映成趣，构成一幅美丽的图画。同学说还有好去处，他把我从未名湖的西北角带上一个高亭，从亭子里向外眺望，绿草如茵，古树参天。在这中间竟有一个游泳池，有不少学生在里面游泳。同学说，这是红湖游泳池，是北大同学用义务劳动的办法自己建的。

紧接着，同学又领我去了办公楼礼堂和北大图书馆。这是两座中式仿古建筑，大屋顶的样式，屋檐下面雕梁画栋，好不气派。我们又去了办公楼西侧，台阶两侧有两个石麒麟，台阶中间有一块雕有龙腾图案的云石。面对办公楼的是花坛、草坪和绿树。同学说："我带你去看北大的正校门（西校门）。"我们经过一座白玉栏杆的石桥，石桥两边的池子里竟有小鱼在游动。我们到了西校门，西校门是古式建筑，也是大屋顶，红漆大门，雕梁画栋，在门上方有一块牌匾，上面用毛体写有"北京大学"四个大字，校门两旁有两座威严的石狮子。看了西校门，感受到北大厚重的历史文化底蕴。

我们从另一条路返回宿舍，从办公楼南侧的林荫小道又走到未名湖边，从西面看未名湖和博雅塔更妩媚动人。我们爬上山坡，见到一个钟亭里面悬挂着一口大钟，大钟上刻有很多文字，同学告诉我这口钟有时还会被敲响，就是停电的时候，用敲钟来提示上、下课的时间。我用手拍了一下大钟，它发出低沉的响声。从山坡上下来，看见一片竹林中有一个小院，里面有古香古色的房屋，同学告诉我那就是临湖轩，是以前的燕大校长司徒雷登办公的地方（北大现在的校园是原来燕大的校园），后来是校领导接待外宾的场所。

我们往回走，路过俄文楼，同学指着对面的两座漂亮的小楼说："那是南阁和北阁，曾是司徒雷登两个女儿的住所。"再往前走，是一片草坪，草坪的两侧有六个院落，里面都是二层小楼。同学告诉我说，那是一至六院，是各系办公的地方。我们系在四院办公，他带我去四院转了一下。四院有两个系在办公，前面是法律系，后面是经济系。推开楼道门，小院里绿草茵茵，院门前的两棵紫藤花开得正旺。从四院出来继续往南走，前面有一个大院子，同学告诉我那是燕南园，里面一座座小洋楼里住的都是有名的教授，周培源、冯定教授就住在那里。我们从燕南园穿过，踏着石板小路，望着一座座小楼，对教授们产生了一种敬仰之情。

下午，我们班的班主任王永治老师带我们全班同学去颐和园参观［我们那届政治经济学专业招收60人，分为两个班，我所在的班是（2）班，30人］，昆明湖比未名湖要大多了。我们主要在佛香阁附近游览，参观了石舫（当时是可以上去的），还合了影。合影的照片我现在还珍藏着。

9月1日正式开学，对新生进行入学教育。我记得是在二教开的全系师生迎新大会。由当时的副系主任胡代光先生（系主任是著名经济学家陈岱孙先生）作《如何学好经济学》的报告。他用四川话讲了一个多小时，我几乎一句也没听懂，好像就听懂了学习经济学要掌握"三基四性"（好像是基本理论、基本知识、基本技能，理论性、科学性、实践性，还有一性怎么也没听懂）。

经济系 65 级（2）班全体同学在颐和园合影（1965 年 8 月 31 日）

入学教育以后我们新生并没有上课，而是参加国庆群众游行活动。那时每年国庆都要举行天安门前的游行活动，党和国家领导人在天安门城楼上检阅游行队伍。当年北大学生参加的是仪仗队方阵，仪仗队 100 人一排，100 列，由 10 000 人组成，经过天安门东、西华表之间要走正步。于是我们每天都进行正步练习，由部队的同志指挥。正步走的要求是“绷、直、高”，指挥员喊“抬左腿”，我们必须绷直了抬起，指挥员检查每个人是否合格了。由于他半天不换口令，我们用单腿站立，时间长了站不住，东倒西歪不可避免，但这就算是不合格。练到后面我们站很长时间也不会倒。九月的北京还是骄阳似火，我们练了一天不仅汗流浃背，而且腰酸腿疼。但一想到去天安门能看到毛主席，一身的疲惫就一扫而光了。九月中旬开始上课，但每天下午还必须练。经过分练、合练后（北大人不够，还有其他学校的学生），夜间到天安门广场彩排了两次（穿上发的统一服装，好像是白上衣、灰裤子）。

记得十月一日那天我们凌晨两点起床，两点半集合出发。由于各路人马都往天安门集中，因此行车很慢，凌晨五点左右才到达。我们仪仗队由于在前边出发，因此在南池子胡同等候，其他方阵在东长安街的各个路口等待。早上九点半左右，我们到长安街上排好队列等候，谁也不准乱动，也不允许上厕所。大约十点，天安门广场上响起《东方红》的乐曲，毛主席等党和国家领导人登上天安门城楼。好像是北京市市长彭真主持大会，没有领导人讲话，而是直接宣布群众游行开始。我们前面是国旗护卫队，然后就是我们仪仗队方阵。广场上响起《歌唱祖国》的乐曲，我们跟随乐曲的节奏，开始踏步和齐步走。当我们的方阵走到东华表时，有人高喊“正步走”，于是我们迈着整齐的步伐精神抖擞地走进天安门广场。当时要求100人的队列要走成一条直线，不能曲里拐弯的。队列按大小个排列，我排在第45位，在中间。我用余光左右瞟了一眼，走得还真够齐的。当时要求仪仗队队员只能向前看，不能看天安门，否则队伍可能会乱。但是当队伍走到接近天安门中央时，我还是忍不住向天安门城楼上看了一眼，就看见站在城楼中央的那个人穿着一身灰色制服，戴着一顶灰色的帽子，正在向游行队伍招手呢！那人无疑就是毛主席！我看到毛主席了！我的心激动得几乎要跳出来了！事后我给母校扶余七中写了一封信，把我参加国庆游行、见到毛主席的消息告诉了老师和同学们。校领导在大会上宣读了我的信，全场爆发出热烈的掌声。很多同学都表示一定要好好学习，考到北京去，去见毛主席！遗憾的是，我们下一届的学生由于赶上“文革”，高考停止了，失去了到北京读书的机会。

那时学校没有奖学金，只有助学金。当时最高的助学金有19.5元，主要是给孤儿；农村来的分18.5元、17.5元两个等级；家庭有工资收入的分15.5元、11.4元两个等级。我父亲有工资收入，我就申请了11.4元，但系里考虑到我家里的实际困难，给了我 15.5 元等级的助学金。那时的 15.5 元真管用。当时学校实行的是饭票制。我的定量被核定为每月 17.5 公斤，无论粗粮还是细粮都是每公斤 4 角钱，我用全国粮票换了 17.5 公斤饭票，花了 7 元钱，每天 3 角钱菜金（发两张印有日期的纸，一张是午餐菜金票，金额 2 角；一张是晚餐菜金票，金额 1 角。每天按日期撕下午餐票和晚餐票），9 月份 30 天，共计 9 元钱。我花了 16 元买了 9 月份的饭票。助学金 15.5 元，我再交 0.5 元就够了，等于国家给我解决了每个月的餐费。助学金不但解决了我 1 个月吃饭的钱，我每月的零花钱也从这里出。因为菜金票是可以退的，而我晚上一般都不吃菜，这样一个月就可以退回两三元钱，我就用这些钱买些文具、纸张和洗漱用品等。大学几年家里很少给我寄钱，我就是这样过来的。那是不是太苦了？实际上真的不觉得苦，因为在家里几乎吃不到大米、白面，在这里几乎天天吃。中午 2 角钱菜金，一勺子肉菜，一勺子素菜，吃得很好。早上咸菜不要钱随便吃，我就用茶缸盛一缸子咸菜，留到晚上就粥和馒头吃。当然，这种吃法就是盐吃得太多，后来我因此得了高血压。

当时北大学生用的内部饭票（2 两 4 角钱）

当时学生在北大公共浴池洗一次澡 5 分钱

入学不久还发生了一件令人尴尬的事情。每月月底，班级生活委员把每人的饭菜票买好、包好发给每个人。那个月我领了饭菜票后就把它放到我的桌子抽屉里了。抽屉没锁，而我的桌子又紧靠房门。放下饭菜票后我去打开水，不大一会儿工夫就回来了，结果发现饭菜票竟然没有了！问同屋的同学，他们都说没在屋，没看见我的饭菜票到哪去了。我顿时慌了神。我身上既没钱也没有粮票，下个月的日子怎么过呀？我找到系办公室，姜明老师说："系里可以考虑给你临时补助下个月的伙食费（15.5 元），但是我们没有粮票呀（那时就是到外面的餐馆买一个油饼也必须要粮票）。"于是我拿了系里补助的钱重新买了菜票，饭票先向同学借着用。赶紧给家里写信，让他们寄点全国粮票来（那时一封信往返需要半个月的时间）。那个月总算熬过去了。过了一段时间校保卫处的工作人员找到我说："你是不是叫曹凤岐？"我说是。他说："你的饭菜票是不是丢了？"我说是呀！他说："你的饭菜票被地质地理系的一个学生偷去了（地质地理系的男生住在 37 楼的 3、4 层，我们经济系住在 1、2 层），这个学生在做别的案子时被抓到了。有人看到他用写着'曹凤岐'名字的饭菜票吃饭（生活委员在发饭菜票时为了不搞错，都在饭菜票后面写上名字），你到保卫处去一趟吧。"我去了保卫处，保卫处的工作人员让我在一张表上写上我的饭菜票丢了，并签上字。然后严肃地对我说："已经确认那个小偷偷了你的饭菜票，但是只能遗憾地告诉你，你的饭菜票已经被他挥霍光，找不回来了！你回去吧！"我一脸茫然。让我去一趟就是让我证明一下他们抓的的确是小偷，至于我的损失他们是不管的！同时我也很感慨，考入北大的都是优秀的学生，怎么会出小偷呢？偷什么不好，为什么要偷我的饭菜票呢？

9 月 16 日，开始正式上课。第一学期开了政治、外语、统计、会计等基础课，还开了门专业课——政治经济学（资本主义部分）。统计、会计课程分别是胡健颖和闵庆全老师开的，两位老师兢兢业业、认认真真的教学态度和负责精神给我留下了深刻印象。政治经济学（资本主义部分）是由我们的班主任王永治老师开的，用的教材是于光远、苏星主编的《政治经济学》，它实际上是《资本论》的缩写本，因此，我们当时就接触到《资本论》原著了。在政治经济学（资本主义部分），我们了解并掌握了马克思主义经济学的一些基本概念和基本理论，如价值、价值规律、必要劳动、剩余劳动、剩余价值、资本、剥削等。学习了这部分内容后我认识到资本家剥削的可恶，资本主义如果不改变，丧钟就要敲响了。政治经济学（帝国主义部分）是傅骊元老师开的，主要讲的是列宁的《帝国主义论》。帝国主义是垄断的资本主义，有几大特征，帝国主义已经是日薄西山，奄奄一息。学过以后我也产生过疑问，为什么资本主义的丧钟至今仍没有敲响呢？为什么帝国主义垂而不死呢？在学习的过程中也有一些乐趣。王永治老师在讲到价值规律决定商品的交换价值（价格）时，举了一个例子：一个老太太抱着一只老母鸡到市场上去卖，那么这只鸡能卖多少钱是由这只鸡有多好和市场上有多少只同样的鸡所决定的。本来这是很容易懂的价值规律发挥作用的例子，结果有一位广东汕头来的同学却提了一个让人啼笑皆非的问题，他问老师："这个老太太到底有多大的劲呀，怎么能抱动一只老母猪？"原来粤语中"鸡"和"猪"都发"jī"的音，他把老母鸡当成老母猪了！引得同学们哈哈大笑！

在第一学期学习期间，我利用北大图书馆资料多的特点，看了很多讨论社会主义经济的文章，也看到了许多平时难以看到的材料，比如看到了彭德怀的《万言书》，我当时就觉得没什么错误啊，还看到了经济学界"六大右派"的言论（包括经济系的陈振汉教授），也没看出错在哪里。总之，在北大学经济引起了我对经济理论和现实的诸多思考。

我从小就没有离开过父母，初入大学时还真有些想家，但是大学丰富的生活、同学之间的谈天说地，逐渐淡化了想家的念头。当时北大周末时会在哲学楼101和未名湖岛亭播放电视节目。那是我第一次看电视。我几乎每个周末都会去看，偌大一个教室只有一台黑白电视机，远处根本看不清楚，但还是人满为患，去晚了根本占不到座位。

很快就放寒假了，我急切地踏上了回家的火车。我没有钱给父母和弟弟妹妹们买过年的礼物，于是就用没有花完的饭票，买了20多个馒头背回家。那时我们学校吃的是加拿大进口面粉，戗面砍刀馒头，馒头可以一层一层揭开，很好吃。拿到家里被我的弟弟妹妹们一下子就给吃光了。春节也没什么好吃的，但放鞭炮、看秧歌、拜大年，还是很热闹和开心的。

春节很快就过去了，我该返校了。还是坐汽车到三岔河，然后乘火车到北京。但是其间却发生了一件差一点把我冻死在路上的事。本来从扶余到三岔河的汽车票只要2.4元，父亲也可以给我买票，但我们院里的一个叔叔是县运输公司的调度，他对我父亲说："老曹，你就不要给你儿子买汽车票了，我派一个车给他拉到三岔河，你也省点钱。"我父亲不知是怕驳他的面子还是真想省点钱，就答应了。走的那天早上我很早就到了运输公司，等那个叔叔给我调度车送我。早上有一趟去三岔河的班车，早8点开车，我眼睁睁地看着车开走了，但送我的车却迟迟不见踪影。直到10点多钟他才把我领到一辆解放牌卡车前，指着一位司机师傅说："你就坐这辆车副驾驶的座位，让这位师傅送你去三岔河吧。"我说："谢谢师傅。"司机师傅瞟了我一眼，很不高兴地对我说："上车吧。"车开以后司机师傅一路骂骂咧咧，大意是本来没事，就为了送一个臭小子就让他去趟三岔河。我没敢出声，听着就是了。一路上鹅毛大雪下个不停，能见度很差。开了一个小时左右，他突然把车停在路边，说："你下车吧，我不去三岔河了。"我说："师傅，这前不着村后不着店的，你把我放在这，我该怎么办啊？"他说："我不管，反正我不去了。"我哀求他说："师傅，你把我放到一个有车站的村子边吧，如果下午有班车过来我也好搭车。"他还算有良心，最后把我拉到一个村子旁边的车站后把我放下，自己掉头回扶余了。

我站在车站里一直等着，看是否有路过的车。天上下着鹅毛大雪，路过的车很少。我拦了几辆，有的根本不停，有的停下还没等我把话说完就一声不吭地开走了。雪越下越大，我只穿了一件薄棉袄，被冻得透心凉，手脚都冻麻了。我想自己今天可能要被冻死在这里了，心里十分委屈，也埋怨父亲为了省 2.4 元钱就让儿子在冰天雪地里受冻。真是叫天天不应，叫地地不灵。大概一直等到下午 3 点多钟（我没有手表，不知道确切的时间），终于看到从扶余方向开来一辆班车。我急忙招手让车停下，车门开了，售票员问我去哪，我说去三岔河，售票员说现在车满员，没座位，不能拉，说着就要关车门。我死死抓住车门不让他关，说我在这等了一天了，要去赶火车，必须上车，没座位我坐地上。僵持了一会儿，有的乘客说这孩子挺可怜的，就让他上来吧。售票员才让我上车。上车一看果真一个座位也没有。我只好坐在车门口的地板上，把脚放在门沿下，又坐了两个小时的车，终于到了三岔河。到火车站一看，从三棵树（哈尔滨）开往北京的 66 次快车还赶得上，于是买了票（学生半票）在车站等车。这时我才想起来自己一天都没吃东西了。我从背包里拿出临走时母亲塞给我的一个玉米面贴饼子（已经冻得邦邦硬了），放在车站的火炉子上烤热了，就着凉水吞下去。上火车后发现车上的人很多，过道里挤满了人，根本找不到座位，于是就站在两节车厢的连接处，记得过了长春才坐下。后来我想起这件事就想哭，但我从来没跟父亲提起过。现在看来，这也是对我的一种历练，经过这件事后，遇到再难的事我都能坦然面对了。

北大的“第一张大字报”

1966年2月底，新学期开始了，我们正常开课。这学期主要学习政治经济学（社会主义部分），老师给我们讲社会主义公有制的优越性，说社会主义社会的基本矛盾是先进的生产关系和落后的生产力之间的矛盾。这学期还开设了外语和其他一些课程。

北大的气氛越来越紧张。有一场暴风雨就要来临的感觉。其实，从1965年11月上海《文汇报》发表姚文元的文章《评新编历史剧〈海瑞罢官〉》起，我们这些敏感的学生就感到不同寻常。1966年三四月份起，系里组织老师带领学生批判所谓“吴晗、邓拓、廖沫沙”的“三家村”，重点批判邓拓的《燕山夜话》那本书。我记得其中有一篇文章——《白开水最好喝》，那本来是一篇普通的散文，却被批判成是在含沙射影地说我们国家缺吃少穿。当时就听说北大在“社会主义教育运动”中斗得很厉害，老师、干部整天开会，感觉可能要出大事。

入学以来，我的右下腹老有痛感，时而轻些，时而重些。到校医院做了检查确诊是慢性阑尾炎，倒也不是太严重。医生建议我动手术切除算了，否则万一急性发作或肠穿孔就麻烦了。我想，高年级同学都到农村参加“社会主义教育运动”去了，下面该轮到我们年级了，如果到农村真的急性发作，医疗条件不好，会耽误治疗的。于是我同意做手术。1966年5月25日上午，我住进了校医院，准备手术。没想到当天下午，北大发生了一件惊天动地的大事，那就是北大的聂元梓等七人在大饭厅（已拆除，现为北大百年讲堂）的东墙上贴出了一张大字报，题目是“宋硕、陆平、彭珮云在文化大革命中干了什么?”。北大当时就乱起来了，学生开始游行、贴大字报支持聂元梓等人，并开始批判校长陆平等人。那天我还没有动手术，听说这件事后，就从医院跑了出来，到大饭厅去看大字报。很多人都在那里围观，已经有队伍开始游行。到了晚上，华北局和北京市委来人，呼吁同学们要冷静，要注意内外有别（不要被国外利用），大字报要统一贴到学三食堂里面。学校这才暂时平静了下来。

5月27日上午，医院给我做切除阑尾的手术。首先在后脊椎里插上针，打上麻药。过了一会儿肚皮就麻了，给我做手术的胡月心医生用手摸了一下我的肚皮，问我有什么感觉，我说没什么感觉了。接着我觉得他用刀片在我的左下腹割了一个口子（我是半身麻醉，还有些感觉），紧接着我觉得他把我的肠子拉出来找阑尾，并很快就割掉了。手术快做完时医生问我在想什么，说实在的，生平第一次做手术，还是有些紧张，我说我在背《毛主席语录》："下定决心，不怕牺牲，排除万难，去争取胜利！"医生听完以后哈哈大笑说："牺牲不了啦！"

6月1日早上6点30分，中央人民广播电台在《新闻和报纸摘要》节目中突然全文播发了聂元梓等人的大字报。我是在医院里听到广播的。过了一会儿，北大校园内沸腾起来了，学生们开始游行，贴大字报。我在医院里也坐不住了，就央求医生给我拆线，让我提前出院。医生拗不过我就给我拆了线，让我出院了。不过他撂下一句话："你的刀口还没有完全长好，小心崩开！"

到校园以后，我发现北大彻底乱了。人山人海，游行的，集会喊口号的，贴大字报的，比比皆是。大字报大都写的是拥护毛主席，打倒陆平、彭珮云等，但也开始贴党总支书记、系主任的大字报。我当时有些困惑和不理解，因此也只是"围观"而已。

6月1日，《人民日报》发表社论《横扫一切牛鬼蛇神》；6月2日，《人民日报》以"北大七同志一张大字报揭穿了一个大阴谋"的通栏标题全文刊登聂元梓等人的大字报，并配发社论《欢呼北大的一张大字报》，号召革命派与“黑帮”进行坚决的斗争，在社论中陆平已经被称为“反党集团”了。后面的几天，《人民日报》又发表了多篇社论，“文革”在全国轰轰烈烈地展开了。

6月3日，新北京市委（原北京市委书记彭真被撤销职务，由华北局书记李雪峰任新市委书记）做出了改组北大党委的决定：第一，派出以张承先为首的工作组；第二，撤销校党委书记陆平、副书记彭珮云的一切职务；第三，在北大党委改组期间，由工作组代行党委职权。同日，工作组进校。北京各高校的“文革”活动都开始了，出现了混乱局面。为了控制和领导运动的发展，北京市委又陆续向北京其他高校派驻了工作组。

经济系也派驻了工作组，组长是铁道部的一位司局级干部。一位副组长给我留下了很深的印象，她是一位比较漂亮的女干部，在介绍自己的名字时说她叫陆迪仑，是陆平的“陆”，肯尼迪的“迪”，拿破仑的“仑”，引起哄堂大笑。后来了解到她是时任海军政委苏振华的夫人。

工作组进校后，主要控制失控的局面，引导师生“理性”革命，组织大家学习有关“文革”的文件。但由于《人民日报》的煽动，群众的“革命”积极性已经被调动起来了。由于缺乏组织和领导，打砸抢现象已经出现。于是，6月18日，38楼前出现了“斗鬼台”事件，后被称为“6·18”事件。从6月18日早上开始，各系的学生就把学校的干部、各系的干部和一些老师抓了起来，让他们带上高帽子，挂上“黑帮”的牌子，在校园里游街，然后拉到38楼东门的高台阶上批斗。在38楼的东墙上贴着“斗鬼台”三个大字，两旁贴着“有鬼必斗”“有妖必除”的对联。把干部拉到台上斗时，“坐飞机”①、按膀子、揪头发、撕衣服、往脸上涂墨水的动作都有。干部的哭声、尖叫声和台上台下的口号声混杂在一起，空气中弥漫着一股血腥的味

① “文革”时批判所谓的反动分子时采用的一种刑罚。

道。那天游街、被批斗的干部和老师有50多位。就连教外语的一位女老师也被拉到台上批斗（据说她有生活作风问题），她的全身被贴满了大字报，衣服被撕破，头破血流。我们系党总支书记龚里嘉（据说她是陆平的红人）、副系主任胡代光以及团委的一位年轻老师也未能幸免。我当时站在台下，不知所措，有点不寒而栗的感觉。我问自己：这就是“文革”吗？因为这些事都是高年级同学干的，他们了解情况，所以事后我去问他们为什么这样干。我说：“这些领导和老师平时不是对咱们挺好的吗？你们为什么要那样对待他们？”那些同学说：“你们低年级同学不了解情况，他们这些人罪大恶极。毛主席教导我们说，革命不是请客吃饭，不是绘画绣花，不能那样温良恭俭让。我们这些做法都是从毛主席《湖南农民运动考察报告》中学来的。”我满心困惑，无话可说。

“革命大串联”

自1966年6月1日中央人民广播电台广播了聂元梓等七人的大字报后，一场轰轰烈烈的“文革”运动就这样开始了。“文革”运动首先从北大开始，然后在北京乃至全国高校开展，最后全国各条战线都开展起来了。北大的运动逐渐出现了混乱和失控的局面。北大学生纷纷成立“红卫兵”组织，这些组织逐渐分成两大派，以聂元梓划界，拥聂派组织为“新北大公社”，反聂派组织为“井冈山兵团”，两派严重对立，最后发展成“武斗”。这种局面一直持续到1968年7月工宣队（含军宣队）进校，整整两年时间。

在本书第一版中我详细介绍了北大“文革”的这段历史。第一版出版后我发现，当时参与“文革”的人都不愿回顾这段令人心碎的历史；许多年轻人不了解“文革”的情况，对这段历史不感兴趣；更年轻的人不理解这段历史，不知道大学这个传授知识的殿堂为什么会变成武斗的战场。为此，本版大大简化和压缩了这部分内容的描述，而从另一个角度去谈我在这段时间的经历和感受。

6月18日晚，工作组组长张承先向全校发表了紧急广播讲话，他在讲话中说：今天学校发生了一起极其严重的破坏无产阶级“文革”事件，一帮别有用心的人和流氓，不通过工作组，就把50多位他们所称的黑帮分子押到38楼进行批斗，然后弄到街上游街示众。它严重地违反了党中央和毛主席的阶级路线，它的目的是破坏北大的“文革”运动，挑拨工作组与革命师生的关系，背着工作组捣鬼，企图赶走工作组。这些别有用心的人，假借斗牛鬼蛇神之名，行一切真正的牛鬼蛇神之实，严重地破坏了这场运动。

大家对张承先的讲话反应不一。我认为，工作组维护学校秩序是对的，这样搞运动确实太乱了。但把同学们热情地斗“黑帮”，说成是“别有用心”，定性为“反革命事件”确实过了，可能会造成工作组与学生之间的矛盾。

“6·18”事件后的一些天，学校稍微平静了些，工作组领导大家学习《毛泽东选集》等著作，要我们理性参加“文革”。从6月1日开始所有的课程都停掉了，所有的老师、学生都参加到运动中来，工作组号召大家勇敢揭发以陆平为首的反革命黑帮。我们是低年级学生，根本不了解情况，也揭发不出什么。我感到有些厌烦，提出应当复课闹革命。我的想法遭到了激进同学的反对。

事情发生了新的变化。这个变化是从一张大字报开始的。7月13日，在北大第六食堂的墙上贴出了地球物理系陈必陶等五人的大字报——《我们对当前运动的看法》。大字报中肯定了工作组的成绩，但更多地表达了对工作组的不满，认为运动中工作组不发动群众，一切由自己包办。工作组规定的“四不准”（不准串联，不准公开贴大字报，不准随便揪斗黑帮分子，不准外校、外单位随便来北大串联）打击了革命师生的积极性。北大眼下的“文革”运动冷冷清清、死气沉沉，这种局面必须迅速改变。这张大字报在北大师生中引起了很大的争论，从那时起北大掀起了反对工作组的浪潮。

7 月 20 日以后，中央文化革命领导小组（当时组长是陈伯达，副组长是康生、江青）开始直接插手北大的“文革”，形势急转直下。中央文化革命领导小组在北大东操场召开了几次辩论会，主要辩论是否撤销工作组。最后，在中央文化革命领导小组的直接干预下，工作组被撤销了。8 月，北大文化革命筹备委员会成立，到 9 月初，以聂元梓为主任的北大文化革命委员会成立，开始领导北大的“文革”。

8 月 18 日，毛主席在天安门广场上首次接见百万余名北京和外地来串联的大专院校的师生。林彪发表了讲话，在这次讲话中他首次喊出了“四个伟大”的口号，他说：“我代表伟大导师、伟大领袖、伟大统帅、伟大舵手毛主席，代表党中央，向大家问好！”广场上一片欢腾，“毛主席万岁！”的口号声响彻云霄。林彪又说：各大中专学校的红卫兵和其他革命的青少年组织，是“文革”的急先锋，是人民解放军的强大后备力量。毛主席在天安门接见了北大的聂元梓等 40 多名师生。北师大女附中的学生宋彬彬（后来听说是宋任穷的女儿）给毛主席的胳膊上戴上了红卫兵的袖章，毛主席问她叫什么名字，她说叫宋彬彬，毛主席说：要武嘛！后来听说宋彬彬真把名字改成了宋要武。毛主席穿着绿军装，戴着红袖章，从天安门城楼的一侧走向另一侧，向百万名师生挥手致意。师生们近乎疯狂，很多人泪流满面。

毛主席接见红卫兵后，学生们的“革命”热情被激发出来了，开始了抄家、揪斗、“破四旧”的活动。在这期间很多文物被毁，很多名人被迫自杀。

由于我很早就去外地串联了，所以并没有参加北京和北大的“破四旧”、抄家活动。后来才知道，经济系的年轻老师带领学生抄了系里的干部和一些老教授的家，“文革”中系里用的几台电视机（那时家里有电视机的很少）就是抄家抄来的。更有甚者，我系的赵迺抟教授年岁已高，留一缕长长的白胡子，很潇洒，也很有风度。有人给他做了一尊用白瓷烧成的塑像，红卫兵们竟当着他的面将塑像摔得粉碎。赵教授心疼得几乎昏厥过去。

从6月下旬开始，北京各高校的学生就开始串联，互相交流各校“文革”的情况，希望互相支援和支持。同时，外地学校的学生也到北京来串联，获取“文革”的经验。北大就接待了很多外地来的学生。这时，北京的学生也跃跃欲试，想到外地去串联，把“文革”的烈火烧到全国。8月18日毛主席接见红卫兵后，明确支持红卫兵进行全国“革命大串联”。于是轰轰烈烈的大串联运动就在全国范围内展开了。

8月下旬，我在大饭厅东墙上看到一张大字报，是几个系的同学联名写的，想联合一些人到外地去串联，支持外地的“文革”。我当时对学校乱哄哄的景象已经失去兴趣，也想到外地去看看，甚至想去旅游。因为中央支持大串联，红卫兵去串联坐火车不要钱，吃饭也可不花钱或少花钱，所以我就报了名。报名的几个同学很快就见了面，组成了一个串联小分队，选了一个队长（我记得队长好像是地球物理系的，姓祝）、一个副队长（东语系的，姓钱），大概有七八个人。我们很快就出发了，第一站到了哈尔滨，向一些学校介绍了北大和北京“文革”的情况。实际上我们也插不上手，就又借机去了一趟大庆，参观了1205钻井队，看了干打垒的房子，受了些教育。后来我们（人员有所变化，有我们系的同学和我熟悉的朋友）又去了上海、武汉、长沙、广州、大连、齐齐哈尔等地。

串联开始时我们还有一点帮助人家闹革命的意思，比如到上海后，在市委贴了几张大字报，支持上海的学生炮轰旧市委的活动，后来发现我们也不了解人家的情况，帮不上什么忙，还不如乘机游山玩水。

在上海时我们参观了党的一大会址，到长沙后去湘江边看了橘子洲头，又专门去了韶山，参观了毛主席故居。现在有一件事我还有深刻的印象，就是我们在湘江边看到一个40岁左右的人，衣衫不整，面容憔悴。他问我："你们是北京来的吧？有一个情况希望你们帮我向中央反映一下。我是歌曲《浏阳河》的词作者，这首歌是歌颂毛主席的，现在他们却说我反对毛主席，把我打成了反革命。我怎么可能反对毛主席呢？"我看他十分可怜的样子，就说我如果能看到中央领导，一定帮他反映（实际上我根本见不到）。我们还到武汉参观了长江大桥，在广州参观了华南植物园。

1966年到上海大串联时，在中国共产党一大会址前留影

我可能是全国大学生中开展"红色旅游"最早的人之一了吧？

从8月下旬一直到11月初，我基本都在外地，在武汉时我甚至上了去乌鲁木齐的火车。车上的人多极了，都是去串联的红卫兵，连行李架上都有，完全没有下脚的地方。车没开时我就下车了，一是因为当时到乌鲁木齐需要好几天的时间，站到那里可能会把我累趴下；二是因为我身上已经没有多少钱了，即使吃饭不花钱，也得留点钱备用啊；三就是我到新疆去干什么自己也不清楚。

实际上，我对大串联已经失去了兴趣，甚至感到厌烦。有些红卫兵不了解当地的情况，一下车，就到那里拉一派打一派，扰乱当地的秩序。有些人到处打、砸、抢、抓，有些人甚至借抄家之名，抢夺珠宝。千百万人的大流动，对铁路、公路运输，对地方的接待，造成了极大的压力，破坏了生产。于是我踏上了回北京的火车，决定不再出去串联。回到北京后我和几个同学写了一张大字报，呼吁停止大串联。

11 月底，中央发出结束大串联的号召，催促在外串联的人员赶回本单位参加“文革”。

北大的“派性”活动

回到学校后，我们发现红卫兵组织已经发生了严重的分裂，全校基本形成了对立的两派组织。这种分裂和对立并不是“文革”初期所谓“造反派”（造干部的反，造反动学术权威的反）和“保皇派”（保干部）的分歧与对立，在北大对待“黑帮”的态度基本一致，谁也不想当“保皇派”，而是对校文化革命委员会（北大在 9 月份成立了文化革命委员会，其后各系也成立了系文化革命委员会）、对聂元梓的态度分成了两派：一派是反聂派，另一派是保聂派。

反聂派认为，以聂元梓为首的校文化革命委员会不深入群众、不听取群众意见、不相信群众、不发动群众，也不批斗陆平，不批判张承先。以聂元梓为首的校文化革命委员会执行了资产阶级反动路线。

1968 年 7 月经济系部分同学在 37 楼南面合影，二排左起第四人是我

支持校文化革命委员会和聂元梓一派的观点是，校文化革命委员会是新生的“红色政权”，聂元梓是毛主席和党中央支持的，聂元梓是坚定的革命“左”派，是“文革”的先锋，反对聂元梓就是反对毛主席，反对“文革”。

到 1967 年 7、8 月份，北大形成了两大派组织。拥护校文化革命委员会和聂元梓一派的组织叫“新北大公社”，反对聂元梓的一派叫“井冈山兵团”。两大派组织贴大字报互相攻击，两派都用高音喇叭对骂，一直广播到深夜，让人根本无法睡觉。到了 1968 年 3 月，两派人员已经分别住在不同的楼里，并发生了武斗。这种局面一直持续到 7 月份工宣队进校。

我串联回校不久因同意反聂派的观点，站到了反对聂元梓一派这边，参加了名为“红色尖刀连”的红卫兵组织（经济系的反聂派组织，后被合并到“井冈山兵团”中）。其实这些组织都是松散的群众组织，是靠观点相同的人自发组织的，不需要任何手续，自愿参加，来去自由。我虽然参加了，但很少参加活动，更没有参与任何打、砸、抢、抄、抓干部和老师的行动。①

认真研读马列原著

我对“文革”不是太理解，只是断断续续地参加了一些活动，但总觉得“停课闹革命”不太合适。我为什么上大学，为什么刻苦努力考上北大，不就是想多学知识、多学本领为祖国建设做贡献吗？现在可好，课程停止了，学业中断了，还开始了派系斗争，学不到知识了。感到不仅对不起国家的培养，也对不起含辛茹苦、省吃俭用供我上大学的父母！工作组撤销后，北大实际上处于无政府状态，我又不愿意进行派系斗争，因此成了“逍遥派”，空闲时间很多，不知道做什么了。

北大学生曹凤岐（1967 年）

我在思考利用这些空闲时间做点什么呢？读书啊！自学啊！我学习的是政治经济学，学的就是马克思主义的三个组成部分之

① 在本书第一版中，我对北大“文革”的过程，包括分成两派、进行武斗做了详细描写。这些描写都是真实、客观的，但鉴于“文革”已远离我们，年轻人对这段历史可能也不感兴趣，故这一版决定简化这部分的描写。对这部分历史有兴趣的读者可参看本书第一版。

一。我对政治经济学以及哲学科学社会主义的理论还是很感兴趣的。我在学习政治经济学时已经接触到了马克思的《资本论》和列宁的《帝国主义论》等著作了，何不继续研读下去呢？于是我就在阅览室里（那时很多同学去进行派系斗争，不读书了，阅览室里空位很多）或宿舍里（有时宿舍里就我一个人，其他同学或回家了，或因不是一派的而住到其他地方去了）认真研读马列原著。我通读了马克思的《资本论》《哥达纲领批判》《反杜林论》《〈政治经济学批判〉导言》《雇佣劳动和资本》等，恩格斯的《家庭、私有制和国家的起源》，列宁的《帝国主义论》《国家与革命》，斯大林的《苏联社会主义经济问题》，等等。对这些著作的学习几乎贯穿了我大学的后半阶段，一直到我毕业留校准备教课、编教材，我都在继续学习马列原著。学习这些原著使我对马克思主义的基本原理，尤其是马克思主义经济理论的内涵有了较深的了解、认识和掌握。

学习《资本论》对我后来的成长和发展的影响是很大的。我不仅读了第一卷，还读了第二卷和第三卷。我们过去在课堂上学，主要学《资本论》第一卷。《资本论》第一卷主要讲价值、价格、价值规律，阐述剩余价值理论、资本主义的剥削、资本主义必然灭亡的理论。而第二卷和第三卷，则具体讲经济发展规律和生产发展过程。第二卷讲生产过程、简单再生产和扩大再生产，第一部类和第二部类的关系及生产过程中的资本循环与周转。第三卷讲的是股份制、信用、金融与资本市场的作用。学习《资本论》时，我还做了读书笔记（重点章节)。毫不夸张地说，我后来的股份制改革思想、金融改革思想和资本市场改革思想基本来自《资本论》。

当我读到“假如必须等待积累去使某些单个资本增长到能够修建铁路的程度，那末恐怕直到今天世界上还没有铁路。但是，集中通过股份公司转瞬之间就把这件事完成了”（《资本论》(第一卷)，人民出版社，1975年，第688页）时，我震惊了，股份制竟有那么大的威力！

“那种本身建立在社会生产方式的基础上并以生产资料和劳动力的社会集中为前提的资本，在这里直接取得了社会资本（即那些直接联合起来的个人的资本）的形式，而与私人资本相对立，并且它的企业也表现为社会企业，而与私人企业相对立。这是作为私人财产的资本在资本主义生产方式本身范围内的扬弃。”（同上，第三卷，第 493 页）“资本主义的股份制企业也和合作工厂一样，应当被看作是由资本主义生产方式转化为联合的生产方式的过渡形式。”（同上，第 498 页）我当时就在想，马克思认为即使在资本主义条件下股份制企业内部都是公有制或共有制，那么，如果社会主义社会建立股份制企业不更是公有制了吗？

我在自己发表的第一篇股份制的文章《试论社会主义条件下的股份制度》（《北京大学学报（哲学社会科学版）》，1985 年第 1 期）中竟引用了 12 段《资本论》中的话，为自己提出的股份制改革理论寻找理论依据。股份制不是我说的，是马克思说的，还有人反对吗？不过人家说我歪曲马克思的说法，照样反对股份制。

1985 年，我发表了一篇文章——《积累和消费的比例关系对货币流通的影响》（《北京大学学报（哲学社会科学版）》，1985 年第 6 期），就是用马克思在《资本论》中提出的两大部类简单再生产和扩大再生产的原理分析的。该文获得北京大学首届科学研究成果论文一等奖。

除了学习马、恩、列、斯著作，我还花了大量时间学习毛泽东的著作。《毛泽东选集》第 1—4 卷中的重要文章，如《中国革命和中国共产党》《论联合政府》《论人民民主专政》《矛盾论》《实践论》等我基本都读过。那时候要求人们要认真学习毛主席的“老三篇”，即《为人民服务》《纪念白求恩》和《愚公移山》。由于三篇文章比较短小，我几乎能够背下来。《纪念白求恩》中的一段话，“我们大家要学习他毫无自私自利之心的精神。从这点出发，就可以变为大有利于人民的人。一个人能力有大小，但只要有这点精神，就是一个高尚的人，一个纯粹的人，一个有道德的人，一个脱离了低级趣味的人，一个有益于人民的人”，我一直牢记在心，并成为我做人的准则。

总之，马列经典著作，给了我力量和智慧，使我在后来的经济改革中发挥出自己的聪明才智。

工宣队进校

1968 年 7 月下旬，北京高校武斗得非常厉害。中央派北京一些工厂的工人到清华宣传《七三公告》（必须停止武斗的公告），制止武斗。但以蒯大富为首的“井冈山兵团”武力对抗，打死了五个工人，引起毛主席和党中央的高度重视。1968 年 7 月 28 日，毛主席在人民大会堂召集北京高校的五大学生领袖聂元梓（北大）、蒯大富（清华）、韩爱晶（北航）、谭厚兰（北师大）和王大宾（地质学院）谈话，从凌晨 3 点多谈到早上 9 点。毛主席严厉地批评了他们，要求各校的两派都联合起来。中央决定派工人阶级进驻高校，制止武斗，实现两派大联合，进行“斗、批、改”。

8 月初，工宣队和解放军进驻北大，开始组织对立双方拆除工事，进行革命的大联合。记得进驻经济系的军宣队是 8341 部队的一些干部和战士，其中一个连级王姓干部（名字不记得了）任经济系的指导员，后来我们都称他为王指导员。工宣队的成员是第三轧钢厂的工人。看来指导员的文化水平并不高，在召集全系教员和学生发表讲话时说：“我们工人阶级今天登上了上层建筑物，要对你们知识分子进行教育。”我们在底下几乎要笑出声来了。连什么是上层建筑都不清楚，还想领导我们！但我们错了，他们是毛主席身边的人，是毛主席派来的，停止武斗，实现大联合，进行“斗、批、改”是毛主席的最高指示，谁反对谁就是反对毛主席！想到这里，我们谁都不敢作声了。

为了消除派性，各系都成立了大联合委员会（简称大联委），委员会的主要任务是协助工宣队促成两派的大联合。经济系在工宣队的领导下，把两派的“头头”召集在一起，进行谈判。公社方面的代表是原经济系革命委员会的一些人，“红色尖刀连”一方也有几个人参加了。我在“红色尖刀连”里没有任何职务，但里面的一些人竟推举我为“首席谈判代表”，可能的原因是几个“头头”都有可以被对方抓住的“把柄”，不被对方接受，他们也不愿意同对方“谈判”联合问题，不想跟对方联合。而我一是没有任何“把柄”，二是派性不强。谈判很激烈，主要讨论哪方做大联委的一把手（主任）、每方有几个人参加等，争论得很激烈。最后的结果是，我方有 4 人参加，出 1 名主任，对方有 5 人参加，出 1 名副主任。会上我方力推我出任大联委主任，我推辞不过，只好答应。我方认为我们取得了首战的胜利。不过会议结束时，军代表严厉警告双方，参加了大联委就不得代表哪一派，而要代表全系师生，谁破坏大联合，就开除谁！我们都面面相觑，不敢造次。

大联合工作非常难做。“新北大公社”方面认为“井冈山兵团”中坏人太多，和他们联合就等于放纵坏人；而“井冈山兵团”方面认为，“新北大公社”方面依仗“老佛爷”（聂元梓）的权势，不仅乱斗老师，还把一些学生打成“反动学生”，必须承认错误。我所在的经济系 65 级（2）班，两派同学的派性都很强，30 个人中，我们（“井冈山兵团”）的人数较少，只有 12 个人，而“新北大公社”方面有 18 个人。我们两派都曾发表声明退出经一（2）班，但现在又不得不坐在一起。最初的几次会议，两方同学的对立情绪还很高涨，工人师傅耐心做了工作。但有的同学还是很不理智，有一个同学竟然顶撞工人师傅，把一位工人师傅当场气晕（中风），后来据说因此而去世了。这件事发生后，我们都变得理智了一些，大家基本做到了“不利于联合的话不说，不利于团结的事不做”。

我作为大联委主任，自己肯定要克服派性，同时还要协助工宣队做消除派性的工作。我找了很多本派的同学，希望他们消除派性，弥合分歧，恢复秩序。

工宣队的工作卓有成效，但也出现了一些问题。他们后来继续领导“斗、批、改”，但由于原来的“黑帮”陆平等已经是“死老虎”，因此又开始抓“陆平的黑班底”，揪出一些校、系干部，导致原教务长崔雄昆跳未名湖自杀；在学校的万人大会上，突然把根本没什么问题的校团委书记郭景海从座位上揪到台上批斗；批反动学术权威，硬逼着著名历史学家翦伯赞交代美国特务问题，导致翦伯赞夫妇双双吃安眠药自杀。因为这些，工宣队受到中央的严厉批评。

1969 年 3 月，毛主席派中央警卫团 8341 部队进驻北大（同原来的 63 军一起“军管”北大）。给我印象最深的是迟群和谢静宜，他们二人都非常能讲，尤其是迟群，没有稿子愣是在全校大会上讲了五个多小时。迟群在大会上说，什么是大学？大学就是大家都来学！真是让人哭笑不得。

到 1969 年夏天，学校趋于稳定，重提“复课闹革命”，各系都开始组织上课。经济系的一些老师又重新走上讲台。陈岱孙先生给我们讲古典经济学。石世奇、金以辉等老师讲《资本论》。那时我们有了不少自学时间。我继续阅读我在武斗期间没有读完的经典著作。

1969 年 9 月，校文化革命委员会成立，主任是杨德忠（8341 政委），副主任有刘信（63 军副政委）、王连龙（8341 副政委）、魏秀茹（北京第二机床厂工人），以及周培源（原北大副校长、物理学家）和聂元梓等。

接着各系都相继成立了革命委员会，经济系革命委员会由 7 个人组成：主任 1 名，副主任 1 名，委员 5 名。我被选为系革命委员会委员。

战备疏散

为了贯彻毛主席“备战备荒为人民”以及“深挖洞，广积粮，不称霸”的思想和指示，1969 年 10 月林彪发出《关于加强战备，防止敌人突然袭击的紧急指示》（即“林彪 1 号命令”），要求各地、各单位都要挖防空洞（叫作人防工程），一些重要单位的人员撤出大城市（起码到郊区、农村）。北大以系为单位挖防空洞，使各楼连接起来，我们学生都投入这项工作之中。一些单位的人防工程修得很大，里面可以做商店和粮食仓库。现在看来都是劳民伤财的工作，防空洞根本防不了原子弹，后来多年不用，漏水、坍塌之事屡见不鲜。当然，也有人开“地下旅馆”，但更多的是成为藏污纳垢的地方。

北大是战备疏散单位，据说是为了保护知识分子。迟群在全校万人大会上做疏散动员，说“苏修亡我之心不死，我们要做最坏的打算”。全校师生在一周内被疏散到房山、大兴、平谷、怀柔和昌平分校（也称“200 号”），有些理科生到 653 分校（位于陕西汉中）进行战备疏散，同时进行教育革命。

我们经济系都被疏散到大兴县农村。我们班到大兴县魏善庄公社小王庄村（查马坊大队）参加劳动，进行教改，接受贫下中农再教育。那时老师都被下放到学生班级里面，我记得陈岱孙先生也分到我们班里，与我们一起住在一户农民家里。我们和他聊天，甚至问他为什么不结婚（陈先生一辈子单身），他也不生气，说主要是因为没有找到合适的。

我并没有住到小王庄，而是留在系里负责后勤工作（我是革命委员会委员），给全系在农村的师生运送蔬菜、粮食。那时准备在农村过冬，学生们提出要腌咸菜，于是我从校医院借了两口一人高的大缸（是装“681”即盐卤的）拉到小王庄。缸特别重，拉去倒没出什么事，后来回校时又拉了回来，结果卸车时两口缸不小心全都摔破了。校医院的人不依不饶找到我让我赔（我签的字），我感到很冤枉，我是替系里借的，让我个人赔有失公平，另外就是也找不到那么大的缸了，后来此事作罢。

当时经济系和地质地理系的男生住在37楼，由于学生都走了，偌大一座37楼就我一个人住，我成了37楼的“保安”，去食堂吃饭时就把楼门锁起来。白天还好，我忙着去联系车给在农村的师生运送物资，到晚上就感到特别孤独甚至害怕。我住在212房间，倒是有一台抄家抄来的黑白电视机，但根本就没有几个节目可看，只有一个频道，白天没有节目，晚上7点才开播，到10点多就说“再见”了。所谓文艺节目就是反复播放“老三篇”（《地道战》《地雷战》和《平原游击队》）。有一天，夜深人静时，楼里突然响声不断，像敲击桌椅板凳的声音，有时声音很大，让人很难入睡。楼里除了我应该就没有别人了，莫非是闹鬼了？我打开房门，对着楼道大喊：“谁？有种的站出来！”这招还真管用，楼里顿时安静下来。可是过了一会儿，声音又响起来了。我拿着手电筒，壮着胆子循着响动的方向搜索，响声主要是从一楼发出的，我悄悄地顺着楼梯到一楼，突然打开手电筒，大声喊：“你出来，我不怕你！”楼道里突然一阵骚动，我定睛一看，原来是成群的老鼠在楼道里乱窜，大的竟有一二十厘米长（有很多铺床的草垫子放在楼道里，成了老鼠窝）。我不禁仰天长叹，这是什么大学啊，都成了老鼠的天堂了！

加入党组织

由于我曾是经济系大联委主任，帮助工宣队、军宣队做了大量团结同学消除派性的工作，又帮助他们进行“斗、批、改”，取得了工宣队对我的信任，因此成立经济系革命委员会时，我被任命为委员，主要协助工人师傅主管系里的行政工作。当时正在进行整党工作，即所谓“吐故纳新”，将“死不改悔的走资派、叛徒、特务”清除出党，恢复一些没有问题的干部、老师的党籍（党组织已经瘫痪，几年都没有活动了），吸收一批年轻的同志加入党组织。

当时主管经济系组织工作的是 8341 部队的小钟同志，有一天她找我谈话，问我想不想入党，我听了心跳加快，有点激动。我说：“当然想了，可我条件不够啊。”她说：“我们对你进行了考察，你家庭出身很好，工宣队进校后你又积极配合工作，思想要求进步。在党组织吐故纳新的过程中，我们准备吸收一些年轻同志加入进来。你写一份《入党申请书》吧。”于是我写了《入党申请书》，并递交给了军宣队。

递交《入党申请书》后不久，全系师生就根据林彪“一号命令”疏散到北京郊区了。我以为入党之事可能会拖延一段时间。1970 年 1 月初，工宣队特意把我叫到大兴县魏善庄公社查马坊大队我们班师生的驻地向党支部和师生汇报思想，听取大家对我的意见。会上大家对我给予充分的肯定，也指出了我的不足。1 月 9 日，党支部大会在查马坊大队一个社员家里（我们班男生的驻地）召开，会上通过了我的入党申请。我的两位入党介绍人是王俊宜老师和王珊珊同学（她在中学期间就入党了）。

1 月 29 日，党支部通知我，经整党领导小组研究决定，批准我加入中国共产党（那时已经没有预备党员制度）。我非常激动，在当天的日记中写道：“我一定要做一个名副其实的共产党员，努力活学活用马克思列宁主义、毛泽东思想，用毛主席无产阶级专政下继续革命的理论来武装自己的头脑。”“不断用毛泽东思想去战胜各种非无产阶级思想，这样才能使自己‘拒腐蚀，永不沾’！”“我一定永远忠于毛主席，永远忠于毛泽东思想，永远忠

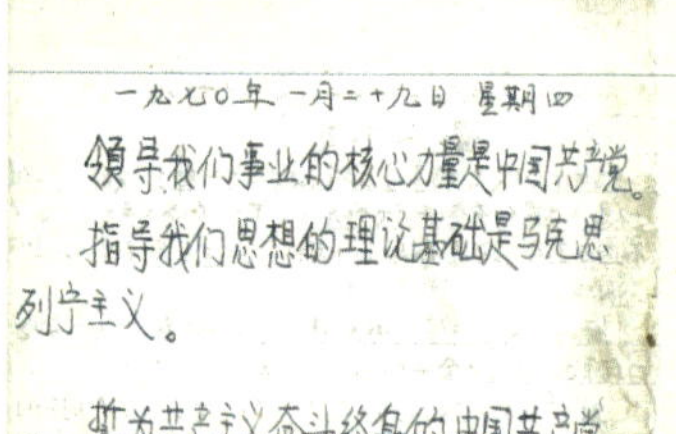

一九七〇年 一月二十九日 星期四

领导我们事业的核心力量是中国共产党。

指导我们思想的理论基础是马克思列宁主义。

誓为共产主义奋斗终身的中国共产党党员，要下定决心，不怕牺牲，排除万难，去争取胜利！

伟大的、光荣的、正确的中国共产党万岁！

伟大的导师、伟大的领袖、伟大的统帅、伟大的舵手

毛主席万岁！万万岁！

今天是我终生最幸福、最难忘的一天。今天，党支部通知我，经领导小组研究，批准我加入伟大的、光荣的、正确的中国共产党，从今天起我就是一名中国共产党党员了。

我决不辜负毛主席对自己的希望，把入党做为继续革命的新起点，为共产主义事业奋斗终生！

我一定要做一个名符其实的共产党员，努力读书活用马克思主义、列宁主义、毛泽东思想，用毛主席无产阶级专政下继续革命的理论武装自己的头脑。

"共产党员时刻听从党召唤"，我随时准备参加世界革命人民的战斗，为全人类解放献出自己的一切鲜血！

组织上入党了，并不意味着思想上完全入党了，完全革命化了。社会上阶级斗争必然在自己的头脑中有所反映。

阶级斗争在阶级完全消灭之前，在自己的头脑中是不会止境的。所以，改造思想是长期的，要干一辈子革命，就要斗一辈子私，批一辈子修，不断用毛泽东思想去战胜各种非无产阶级思想，这样才能使自己"拒腐蚀、永不沾"！

"共产党的哲学就是斗争的哲学"，自己一定要向毛主席学习，与天斗、与地斗、与人斗，同广大群众一道为斗出一个红彤彤的共产主义而奋斗到底！

我一定永远忠于毛主席，永远忠于毛泽东思想，永远忠于毛主席的革命路线，誓死保卫毛主席。无论发生什么事情，无论在任何艰难困苦的环境下，都一定革命到底。永不叛党！把一切献给党！

我的誓言是：

少年有志战天涯，

红旗指处是我家。

革命岂怕苦与死，

笑洒热血开红花。

1970年1月29日日记

于毛主席的革命路线，誓死保卫毛主席。无论发生什么事情，无论在任何艰难困苦的环境下，都一定革命到底。永不叛党！把一切献给党！"我还写了一首诗：少年有志战天涯，红旗指处是我家。革命岂怕苦与死，笑洒热血开红花。

现在看来我当时的思想是有些"左"，有些人可能认为我说这些话简直有些可笑。我则认为，一个人必须有理想、有信仰、有信念，才能支撑自己去奋斗。多年来，我正是用共产党员的标准严格要求自己，以为实现共产主义而努力奋斗的信念来支撑自己，才克服了各种困难。我所担心的就是现在有些年轻人缺乏理想、抱负和信念。

回校进行大批判

1970年2月初，备战备荒的形势有所好转。刚好校文化革命委员会原副主任孙蓬一（原哲学系教员）贴了一张大字报——《紧跟毛主席的伟大战略部署，大抓五·一六反革命集团》（所谓五·一六反革命集团，是北京一度存在的一个名为“首都五·一六红卫兵团”的人数很少的极“左”的小组织。他们利用1967年5月“五·一六通知”在报刊上公开发表的机会，打着贯彻这一通知的旗号，建立秘密组织，进行秘密活动，后被中央称为五·一六反革命集团。在清查“五·一六”分子的过程中存在扩大化的问题，冤枉了很多好人）。校工宣队、军宣队认为孙的大字报是反对工人阶级进入北大，对工宣队领导“斗、批、改”不满，是代表资产阶级的知识分子向无产阶级进攻，想把工宣队赶出北大，复辟聂元梓势力。工宣队如临大敌。2月5日凌晨，校工宣队、军宣队发出紧急通知，要求在校外参加“斗、批、改”和教育改革的所有师生火速返校，开展对孙蓬一的批判。

我们经济系以我和一位工人师傅为首的后勤组开始忙活起来了。我们首先通知北京郊区各点的同学和老师立即返回学校。2月5日上午，我们组织了还留在学校的人（主要是老弱病残）把37楼打扫干净，迎接同学们回来。下午3点多，我和另外一位同志去大兴的4个点运一些没来得及运走的行李和其他物品。到达赵村时已经下午5点多了，我们把1 000多公斤白菜以及其他一些物品装到车上。后来又去了小陈庄，由于路不熟，车子转了一个多小时才到。我们往回走时，已经晚上10点多了。半路又去永定门车站，取同学们留在那里的行李。最后到学校时已经快12点了。

我为什么把这些小事写在这里，是因为那天的经历留给我的印象太深了。1970年2月5日夜间是鸡年的除夕夜啊！再过几个小时就是狗年的大年初一了！那一夜我是在解放牌大卡车的敞篷车厢里度过的。那天夜里格外冷，我穿得又很单薄，冻得瑟瑟发抖。望着布满星辰的夜空，听着稀稀拉拉庆祝春节的鞭炮声（那时江青强调要淡化春节），心里真是五味杂陈。我想起小时候东北过春节时的热闹景象：到大街上看扭秧歌、踩高跷、跑旱船、耍龙灯。过去家里虽然很穷，但还是充满年味。总得包顿饺子，包点黏豆包吧。晚上 12 点吃年夜饭，接财神……而此刻已经接近午夜，我没有看到一家打灯笼、放焰火庆祝春节的。村里黑漆漆、死气沉沉的，甚至连灯光都少见。我真不知道怎么会变成这样，这还是在过春节吗？而我自己现在却是在汽车上过除夕夜！这是生平第一次啊！我突然产生了想家的念头，父母是否在准备年夜饭呢？我看车上的人和我一样情绪不高，就想自己是共产党员，要起模范带头作用，我的情绪不能影响其他人。于是，在车上我有意和同车的老师、同学有说有笑，让大家暂时忘却了寒冷和情绪的低落。

在我当天的日记里，我并没有写自己深层次的思想，而是堆积了一大堆“革命辞藻”。当然这也是我当时的真实想法。我在日记中写道：“今天夜间，是除夕之夜，而这一夜是十分有意义的。我们是在汽车上度过的，这还是生平第一次。我们是在全心全意为教育革命第一线的同志服务中度过的，确实过了一个革命化、战斗化的除夕之夜。”“大家都谈论说，这样的除夕之夜，将留下不可磨灭的印象，甚至以后每当过除夕之夜，就会想起来。我也是这样想的。”

回校后，工宣队组织大家批判孙蓬一，包括开批判会、贴大字报。我是拥护工宣队领导的，而孙蓬一又是聂元梓的干将，在“文革”中还是我对立派的“头头”，所以我也参与了对他的批判。不过工宣队鼓动我给他贴大字报时，我并没有贴，只是在日记中对他进行了批判。我在日记中写了两篇对孙的批判文章，一篇是《不许向工人阶级夺权！——评孙蓬一等人的大字报》，另一篇是《历史不容颠倒！二评孙蓬一等人的大字报》。现在看来，我的文章还真有点“革命性、战斗性和批判性”！

毕业分配

在“文革”期间，北大因“文革”混乱没有按时毕业分配，所以有5届学生在校，即66届、67届、68届、69届和70届的毕业生。1968年工宣队进校后，先对66届、67届、68届的毕业生进行了分配。1970年3月，中央决定先在北大、清华两所院校对69届和70届的毕业生进行分配试点（那时本科学制为5年），之后在全国各院校推广开来。

2月中旬，工宣队开始做分配动员。当时军宣队在北大的负责人8341的王连龙副政委做了毕业动员报告，要求大家“一颗红心，两种准备”，准备到农村去、到基层去、到工矿去、到边疆去、到祖国最需要的地方去。那时没有自由选择，不能讨价还价，只能服从组织安排，甚至直到分配名单公布时才知道自己的去处。

我自己表示，我是共产党员，坚决服从组织分配。我在日记里写道：“我是劳动人民的儿子，是劳动人民把我养大的，是党和毛主席把我送去上大学的，是党和毛主席把我培养成一名共产党员的。现在，是党和人民挑选我、需要我的时候了，我要接受党的考验，把一切献给党。”我还写了一首诗（顺口溜）：共产党员听党话，党叫干啥就干啥。主席挥手我前进，打起背包就出发。山高路险无所惧，哪里艰苦哪安家；甘为人民洒热血，青春永放革命花。

3月12日，工宣队宣布了分配名单。宣布名单时大家都很紧张，想知道自己能被分配到哪里。那时相当一部分人被分配到基层、企业，有一部分人被分配到部队农场锻炼，等待再分配。当然，如果在学校已经处了对象，两个人基本上都会被分配到同一个地方，且尽量分配到生源地，如果本省没有名额就分配到邻省。好多都是分配到省一级，报到后再具体分配。记得分配到原籍的有很多，据说毛远新（毛主席的侄子，当时主持辽宁省的工作）为辽宁省要了很多大学生。我当时已经做好了回东北的准备。一直没听到念我的名字，我也很紧张。念到最后才念到我和其他四名同学的名字，说曹凤岐、蒋建平、智效和、睢国余和李荣章（前面四个人是65级的，最后那个是64级的）几位同学留校。后来，蒋建平和李荣章陆续离开了北大，我、睢国余、智效和一直留在北大工作，且都成了北大知名教授。

我后来分析，自己之所以能留下来，主要是因为我派性较弱，是工宣队的得力助手，积极参与了工宣队组织的“斗、批、改”运动，得到了工宣队的信任。

能留在北大我当然高兴了。我在当天的日记里写道：“北大是伟大领袖毛主席亲自抓的八个点之一，毛主席亲切关怀新北大，能在这里战斗，我感到无比的幸福。我一定要为毛主席争光，为伟大的社会主义祖国争光，为六厂二校争光，为搞好无产阶级教育革命、创建新型的社会主义大学贡献出自己的一切!”

大学五年（严格地说是四年半）就这样过去了，人生最美好、最青春的时期就这样过去了。大学五年，停课几乎四年，我有收获吗？我想还是有收获的，最大的收获是自己成长了，并开始走向成熟。

第一，虽然只上了一年的课，但对政治经济学的基本原理有所掌握和领悟，后来又自学了《资本论》《帝国主义论》《反杜林论》等经典著作，为后来在经济理论上有所建树奠定了基础。

第二，虽然积极参加了“文革”，但那完全是出于对毛主席的热爱、信赖，毛主席挥手我前进。在具体行动上，我对我系的领导、老师并没有过激行为，没有抄过老师的家，没有参与过批斗老师，在内心中我是尊重他们的。这是后来老师们对我没有成见的原因。

第三，在大学期间我加入了党组织，成为一名共产党员，这是我一生中最重要的事情。

第四，在激烈的动荡中，我学会了辨别是非，这对我后来的工作是大有裨益的。

留校时我不满 25 岁，意气风发

留校后同睢国余（中）、智效和合影

同学情谊

同学情谊是一种特殊的情谊。大家都来自五湖四海，能走到一起本身就是一种缘分，尤其能在北大同窗五年更不容易。无论出现什么样的波折，终究是一种割舍不断的情谊。

回首往事，我们经济系65级（2）班是一个非常好的集体。同学们都是纯真、诚实、有理想、有志气的青年。大家友爱团结，积极向上，共同学习，共同生活，共同进步，为这个集体带来了蓬勃的朝气和无穷的活力。我们这个班集体，曾经一起去颐和园游玩并合影留念，一起去动物园义务劳动，一起去天安门参加国庆游行活动，一起在操场踢球、长跑、训练，一起在节假日的时候由老师们带着做各种各样有趣而有意义的活动，还一起包饺子过年……是“文革”打散了这个团结友爱的集体，阻断了我们继续求学的道路和青春的梦想，也在我们的心里抹上了一层浓重的阴影。在“文革”时期，我们班的同学分成两派，互相对立甚至攻击。工宣队进校，实行大联合，我们之间刚刚消除隔阂，但很快面临毕业分配。1970年3月中旬工宣队主导毕业分配，在公布分配名单之前，每个人都不知道自己会到哪里。念完名单后，规定三天内必须离校。同学们甚至来不及谈心、告别，就匆匆离校。连毕业合影都没照，不能不说是令人感到遗憾的一件事。

到2008年，我们已经毕业38年，大多数同学都未曾再见过面，思念之情油然而生。同学，你在哪里？你的工作、生活、家庭怎样？2008年5月，正当北京奥运会召开前夕、母校110周年华诞之时，趁着艳阳高照、百花争艳、万紫千红的大好春光，由班上在京的5位同学发起了一次聚会，并广泛召集分处全国各地的同学们参加。聚会时间为5月15日至21日，为期7天。

参加的同学共16人，即：王政、张海女、杨宏礼、刘芳、郭云生、赵菊芳、薛朝光、许希岳、吕忆环、李兴山、曹凤岐、刘汉卿、王珊珊、蒋建平、谢增寿、吴锡田。

我们在京的几个同学带外地的同学逛了新北京，看了包括鸟巢、水立方、奥运主体育馆在内的奥运馆区，浏览了包括国际会展中心、国贸中心、中央电视台新址在内的北京中央商务区，参观了国家大剧院，后来又漫步天安门广场，并在天安门前合影留念。北京的变化太大了！同学们领略到了那些现代化建筑的威武雄姿，由衷地感到震撼和自豪。

重头戏是大家一起重游母校。我们由东校门步行进校，沿着繁花似锦、绿草茵茵的未名湖边缓缓漫步至西校门，再由西校门迤逦而行，往南，往

在北大西校门前合影，前排左起：许希岳、许希岳夫人、王珊珊、赵菊芳、张海女、王政，后排左起：刘芳、我、杨宏礼、吕忆环、薛朝光、郭云生

在北大校园合影，第一排左起第三、第四、第五人分别是赖荣源老师、蔡沐培老师、金以辉老师

东，参观了北大校史馆，游览了新建的教学区。中午，母校做东，宴请了这些远游的学子，我们还邀请到蔡沐培、金以辉、赖荣源三位老师光临宴会，与大家共进午餐。下午，在母校的校园之内，借用光华管理学院的一席之地，我们召开了一次别开生面的特殊“班会”。在毕业 38 年之后的这次特殊“班会”上，大家畅所欲言，感悟人生，三个多小时仍意犹未尽。之后，同学们又匆匆重游了老学生宿舍区，30 楼尚在，37 楼已荡然无存。大家感叹母校的沧桑巨变，只觉恍若隔世。晚上，在北大百年纪念讲堂（原大饭厅旧址），同学们观看了极为精彩的文艺演出——芭蕾舞剧《大红灯笼高高挂》。

直到 2008 年，这层本来不该有的浓重阴影才被岁月的流逝和大家的共同努力真正抹去了。这多少有点晚。在北京相聚期间，当张海女同学拿出 1965 年我们班刚刚入学不久在颐和园照的那张珍贵的合影时，大家都感慨万千。一时间，彼此无言相对，只有一颗颗心脏在急速跳动，心潮澎湃。久别的问候，诚挚的面孔，紧握的双手，不知不觉间便把同学们心中残存的隔阂消解得一干二净。洗去了因时间而产生的陌生感，我们终于又恢复了以前的相知相惜。此次相见，大家始终处于团结和谐的氛围之中。“渡尽劫波兄弟在，相逢一笑泯恩仇。”同学之间的情谊，时间越长越感到弥足珍贵。这一天的到来是多么难得啊！我为此次相聚写了一首诗——《同学情》：三十八载重聚京，叙旧说新忆人生。莫怪当年多莽撞，只因我们太年轻。几多风雨搏命运，坎坷路途成功名。同窗一场本缘分，少不珍惜重晚情。

此次聚会，时间虽短，来去匆匆，但同学们都很高兴。大家回首往事，反思经历，畅所欲言，感慨万千，几近唏嘘流涕。深感“别时容易见时难”。长谈之余，大家总觉得意犹未尽，认为应该留下些文字和图片，作为永久性的纪念。于是大家相约：已联系到的同学，每人写一篇短文，把自己毕业后38年的主要经历、体会、心得写出来，并汇编成册。同时，大家还商定，鉴于在京的老同学比较多，办事相对容易，出文集的工作便由在京的5位同学来做。

对于大家的信任，我们在京的几位同学都很感动、高兴。我们决心不负所托，以高度认真和积极负责的态度对待此事，尽一切可能促成文集尽快出版。我主动承揽了整理照片和印制书稿的工作。

2011年春，一本名为《别时易相见难》的文集终于印制出来了（王珊珊、曹凤岐、蒋建平主编，王政封面题字；非公开出版）。文集收集了同学们写的18篇文章。同学们文章中所写到的许多真实的事情，所流露出的许多真挚的情感，所反映出的对一系列事情的深刻看法和独到观点，无时无刻不在激荡着我们的心田。大家的经历虽然各有不同，所写文章的角度、体例、内容也有区别，但都情真意切、实实在在，都能给人以极大的震撼和鼓舞。不要小看这些短短的文章，它们可都是用心血写成的，是肺腑之言，是激情迸发，是发自内心深处的倾诉和呼喊。同学们的经历虽然已成为历史，但那真真切切、实实在在的故事却凝结着用多少金钱也买不来的经验、智慧、情感和思想。读了那些故事，你会更加理解你的同学，更加关爱你的同学，更加清楚当时的国情和社会环境，更加珍惜我们今天的岁月、生活和友情。那些真真切切、实实在在的故事，还能使你从中领略到同学们的风采和文笔，看到同学们对北大的一份真情，一份爱。我们虽曾在不同的地方、不同的岗位上工作，但大家都在努力着、奉献着，都不愧为北大的学子，我们可以问心无愧地说，我们为国家、为人民做出了贡献，为北大争了光！

2011 年 5 月初，我们班部分同学（含家属）20 人又相聚合肥，由安徽省司法厅原副厅长郭云生同学负责接待。有的同学毕业后就未曾见过面，但见面后仍格外亲热。早年的同窗，现都已退休，青丝已变白发。回

相聚合肥（2011 年）

同学录封面

顾几十年的经历，大家感慨万千，并相互祝愿能够安度晚年。

2018 年 4 月，为庆祝母校建校 120 周年，我们班同学 20 多人（含家属）再聚北大。同学们在光华管理学院同老师进行座谈，开了“班会”，回访了经济学院（我们毕业于老经济系），重游颐和园。回忆往事，好不感慨。我们把历史照片编辑成同学录——《北大缘 同学情》，留作永久的纪念。王珊珊同学负责收集、整理和印制工作，王政同学题写了书名，我则撰写了前言。

程信和同学特意为我们班同学团聚纪念题诗一首：

桑榆踏曲

我们的相聚，深挚的感恩。燕园沐育，传统达心。

我们的相聚，难忘的熔炉。海棠依旧，热血如初。

我们的相聚，时代的自豪。为民奋臂，为国折腰。

我们的相聚，永恒的友谊。山岂能挡，水怎能淹？

我们的相聚，殷切的祝言。挺胸保重，颐养天年！

我填了一首词《水调歌头·重聚北大》：相识五三载，结下同学情。青春走进北大，热血真沸腾。享受未名阳光，聆听老师教诲，憧憬笃前程。无奈风暴起，美梦化西风。搏命运，迎巨浪，事业成。今日同学相聚，重续当年友情。虽已满头华发，精神不亚当年，活力仍无穷。但愿人长久，晚年得安平。

如今，除一些同学已离我们而去之外，其他人都已年过古稀奔八十了，然而身体大都还好，一个个风采依旧，宝刀未老，并且各有各的兴趣和爱好，天天都有事可做。这一点是最值得庆幸，最令人欣慰，也最让人高兴的。衷心地祝愿大家健康长寿，平安幸福，快快乐乐地过好今后的每一天！

返校活动留念，前排左起：王政、董文俊、陈德华、徐雅民、王永治、我、睢国余；后排左起：刘军(芳)、程信和、李兴山、杨宏礼、张海女、郭云生、王珊珊、刘汉卿、张凤竹、顾振楠、孙永莲、赵菊芳、杨琳绪

第四章 曲折十年

1970年到1980年的十年间我遭受了多重挫折和打击，也得到了历练。这十年，是我走向成熟的十年，是我人生发生重大转变的十年。

丧父之痛

1970年3月毕业留校后，我拿到了当月发给我的半个月的工资：23元，这是我人生第一次拿到国家给的工资。那半个月的工资几乎全部请同学们吃饭用了，因为同学们即将奔赴各地，以后见面的机会就少了。分到外地的同学纷纷对我说："曹凤岐，你留校了，又发了工资，还不请客？"我只好请大家吃饭。

4月份发工资后，我主要置办了一些衣物、被褥。要知道，大学五年冬夏我都盖着入学时从家里带来的一套薄薄的被褥，留校了总要换一下。大学期间我还穿过有补丁的裤子，从家里带来的一件秋衣一直穿着，已经穿烂了。刚好北大当时有一个专门为学生服务的缝补社，我就把它拿到那里去缝补。袖子坏了就换袖子，前身坏了就换一块前身，后背坏了就换后背。后来我的秋衣最初的衣料几乎没有了，成了典型的"百衲衣"（可惜没有保存下来）。发工资后我买了一件新秋衣，还买了一套卡其布的灰色中山服。刚穿上新衣服时我都不好意思出门。

发工资后我还给家里寄了15元钱。父亲这辈子就花了我挣的15元钱！

我找到了父亲4月份给我的一封信，也是父亲给我的最后一封信。重读后十分感慨，抄录如下。

凤岐：

由北京邮来的钱和药如数收到，不必挂念。关于所谈汇款一事，家中同意你的意见。尤其是你才走向社会需要钱的地方很多，每月46元，饮食和零用所剩无几，所以希望你处处精打细算，以备购买衣服等。你祖父母、二叔、二婶、曹凤琴、曹凤云，这些人对你有所帮助，虽然是一家人，但这也都是人情，你祖父母和二叔对我的关心更是无微不至。你二叔最近公出绕道回扶余看我。昨天由长春邮来20元，叫我治病和增加营养，你祖父母最近给四个孩子又邮了四双鞋，这些你都应当知道。

我高血压病没有好，每日治疗，最初用中药无效，现在用西药也不见效，目前又请了半月假休息。你母亲贴膏药膀子痛轻了。开展的“一打三反”运动，更加深入发展，我厂形势大好，我们的敌人举手投降。为了接受教育，我每日参加运动，开会。目前我的身体很弱，血压经常保持在200以上，另外就是两脚浮肿无法走路。由昨天开始西药利血平等三种降压药和克尿塞都不用了。现在单纯用中药治疗，效果下次去信告诉你。这种病有一种中药最有效。根据我的病现在不需要用。这种药——牛黄安宫丸（散）——扶余没有，北京可能有，大约二三元一丸，你回扶余时可以买三五丸，以备后用。这种药用蜡封，能保存三五年不坏。别不多谈。

曹凤琴昨天生一男孩子。

父曹会林
4月24日

父亲给我的最后一封信

父亲在信中讲了三件事，一是我给家里寄的钱和药（治高血压的药）收到了，鉴于我刚毕业，就不要给家里多寄钱了。二是我祖父母、二叔、二婶和姐妹们对我有所帮助，让我不要忘记他们的恩情。三是他的病比较重，让我在北京给他买“牛黄安宫丸”（我跑了北京的很多药店都没买到，听说这种药在公开市场上根本没有出售，都被人从内部买走了）。我只知道父亲有病，但没想到变得如此严重。

我被分配到社会主义政治经济学教研室。5 月底，我跟随教研室的一些老教员到北京南口机车车辆厂调研，并在那里编写政治经济学教材。我负责绪论部分，主要论述生产力和生产关系的关系，论述社会主义经济制度的优越性。

6 月 8 日，我接到系里负责办公室的工人师傅打来的电话，说我家里来了电报，称父亲病重让我赶紧回家。接到电话后我很紧张，不知父亲得了什么病，病情怎样。

我赶紧从南口返回北大，那时交通很不方便，要坐火车再换汽车。到北大时已经是傍晚了，收拾了一下东西，赶紧去北京站，刚好北京到三棵树（哈尔滨）的火车晚上 10 点多开。我临时买了一张硬座票上车了。上车后无法入睡，总觉得凶多吉少。第二天中午我从三岔河车站下车，又坐长途客车到扶余县城，有 120 公里，车开了近四个小时才到电影院（停车点）附近。下车一看，我二叔、姐姐和几个妹妹都在路边等我。我急忙问父亲怎么样了。大家说，回家再说吧。我当时就意识到父亲可能已经去世了。

到家后看到母亲在哭。我问母亲："父亲得的是什么病啊？"母亲说，上星期五（6 月 5 日）父亲觉得身体不适，她就带他去医院检查。医生也没有检查出来什么，说那就打一针吧。打完针后父亲感觉更不好了，医生建议留下来观察一下，于是办了住院手续。当晚父亲开始抽搐，晚上值班的医生不知所措，第二天刚好是星期六，没有门诊，只有值班医生。父亲病情加重，医院找来其他的医生进行抢救，却为时已晚。父亲清醒时自己说自己够呛了，让家里人赶快给我发个电报让我回来。只有父亲知道我的地址，他颤颤巍巍地告诉家人我的地址。7 日夜间父亲就走了。8 日我接到电报时父亲已经去世。

大家商量如何办理后事。我们想按风俗习惯，买棺材、墓地，出殡。但当时扶余开始推行火葬。商业局的领导找我们做工作，希望我们带头火葬。如果同意火葬，商业局可以开个追悼会，抚恤金也可以优厚些。如果不同意火葬，就是向传统风俗低头，商业局就什么都不管了。我二叔坚决不同意火葬，说："我哥哥参过军，为国家做过贡献，为何不能入土为安？"商业局的领导不理他，转而对我说："你是儿子，此事你说了算，听说你是党员，你应当响应国家提倡火葬的号召。你自己看着办吧。"说完就头也不回地走了。

商业局领导的态度使我陷入进退两难的境地。如果按老风俗办，就要现去买墓地、棺木，停尸几天才能出殡。花很多钱不说，那时没有遗体冷藏设备，我回来时父亲已经去世3天，就放在医院的太平间里，6月的热天，再不及时处理，遗体就会腐烂。但如果火化，我会落一个不孝的恶名。我问母亲的意见，母亲哭着说："我也没有主见，你是家里的大儿子，就听你的。"我躺在床上思考良久，最后说，就按商业局领导的意见办吧，火化！我心里还有一个想法，就是丧事从简，为家里省点钱。虽然父亲离开了，但活着的人还要继续生活。

我同商业局的领导商定，第二天（6月10日）上午火化。早上我先同二叔一起到医院太平间看望父亲的遗体。推门进去，见父亲平躺在一副支起来的担架上，担架底下兜起来三块大冰块。父亲已经穿好"装老衣服"（寿衣）。他本来1.75米的个子，年轻时是商业局篮球队的队员（该队在县里曾取得过好成绩），现在蜷缩在担架上好像矮了很多。父亲头发稀疏且杂乱，面部表情非常痛苦。我摸了摸父亲的手臂，似乎还有弹性。站在父亲遗体前，我心如刀绞，泪如雨下。父亲啊，儿子回来晚了，竟没有见上面，不知您对我有什么嘱咐没有？

过了一会儿，火葬场的灵车来了，我们把父亲的遗体搬到车上，我和二叔、姐姐和几个妹妹搭上灵车一起去火葬场（记得母亲因悲伤过度而没有去）。在去火葬场的路上，我悲痛至极，放声大哭。父亲啊，您怎么就这么不明不白地走了呢？扔下一大家子人该怎么办呢？到火葬场后，遗体被放在焚化炉前。这时商业局的几位领导也来了，我们就在隔壁的房间里开了一个小型的追悼会。记得商业局还送来了一个花圈。商业局的领导对父亲的为人、工作成绩予以肯定，让家属节哀。我代表家属发了言，对于商业局领导对我们的关心表示感谢，希望他们能继续对我们家多加关心和照顾。

简单的追悼仪式后，大家到父亲遗体前三鞠躬。之后，父亲的遗体就直接被放进了焚化炉中。那时的条件很简陋，我们直接在焚化炉前看焚化的过程。父亲的遗体很快就变成一缕缕青烟从烟囱中飘走。父亲啊，您会到哪里去呢？是去天堂吗？

不到一个小时，火化完毕。火葬场的工人把父亲的骨灰用平板铁锨撮到水泥地板上。我去火葬场销售部选骨灰盒。那时骨灰盒的品种很少，最贵的也不到200元。我就挑了个最贵的。我走到焚化炉前，用手把父亲还温热的骨灰装到骨灰盒里，双手捧着骨灰盒送到骨灰存放室。在进存放室前，我把骨灰盒放到一处较高的地上，面对骨灰盒，双腿跪地，向父亲磕了三个头，做最后的告别，口里喃喃地说："儿子没尽到孝道，请您原谅。父亲啊，您先在这里安息吧，以后我会让您入土为安的。"

处理完父亲的后事回家后，我开始详细追问父亲为何会如此迅速地死亡。母亲也说不清楚。于是我和姐姐到县医院调取父亲的病历档案。医院一开始不给，我们说只借用看一下。后来，医院同意了，我们把病例拍了照（姐姐在照相馆工作），仔细研究。

第一，父亲的死亡原因被诊断为脑出血。我对此表示怀疑，因为如果颅内大面积出血，是会昏迷的，不会折腾三天，其中还有清醒的时间。

第二，病例上写明看病时就打了一针"681"（后来我了解到"681"就是氯化钾，是北方做豆腐用的凝固剂，就是杨白劳在黄世仁家门口喝下去导致死亡的"盐卤"），那时"681"风靡全国，似乎成了包治百病的万应灵药，无论得了什么病，到医院就给打"681"！我就想，是不是打"681"过敏了，或者是有其他副作用？但我不是医生，对药理更是一窍不通，只能存疑。

第三，只能说是医院不负责任，抢救不及时。星期六医院根本就没有像样的医生（有名的医生都被打成反动权威靠边站了，在岗的医生大都是不学无术的造反派），现找来的医生也是应付了事。

我们把我们的怀疑和对医院不负责任的不满写了一份材料递交给了县

卫生局。没想到，当时的卫生局局长是我表妹夫。我们的材料使他受到了批评，引起了我舅妈的极度不满，她对我们说："自家人的事，有话好说，写什么材料!"真是没抓到狐狸还惹得一身臊。我们当时年轻根本没想那么多。

父亲的去世对我无疑是一个沉重的打击。生活没有给我这个刚毕业的年轻人一点喘息的时间，就把家里沉重的负担落在我一个人的肩上：当时，母亲没有工作，家里还有五个未成年的妹妹和弟弟。

我的婚姻

之所以直接进入"婚姻"的话题，是因为婚姻的选择对我后来的生活乃至事业的发展产生了决定性的影响。

年轻时我几乎没有与女朋友花前月下、卿卿我我的恋爱经历。倒不是没有女孩子喜欢我或没有我喜欢的女孩子，但因为种种原因和考虑，我没有与对方建立恋人关系。我年轻时还是有一定优势的。1.69 米的个子当时不算矮，而且那时我比较瘦，刚入大学时还不足 50 公斤。我的性格也比较开朗，属于能吸引女生眼球的人。大学期间之所以没考虑对象问题，一是觉得去向未定，处了对象会带来很多麻烦；二是我当时眼光比较高，再加上北大经济系 1965 年招收了 60 个学生，只有 10 个女生，这些女生大部分都被我们年级的男同学"瓜分完毕和重新瓜分完毕"，我根本抢不到。其实，也有一个我们年级的四川来的女同学曾经明确表示要与我交朋友，但被我委婉地拒绝了。理由是：第一，我是东北人，她是四川人，毕业去向不定，我毕业想回东北，她肯定想回四川，如果我们建立了家庭，天各一方就不好了。第二，我们的生活习惯、饮食习惯都不同，尤其是我吃不了辣，生活在一起也许会很不舒服。第三，我想毕业后稳定了再找对象，所以我们只能是一般朋友。听完我说的这些理由后，她便不再作声了。后来，她与比我高一个年级的一个四川籍的师兄结了婚，回到四川工作，生活很幸福。我和他们夫妇后来还见过面。

大学毕业后，我是想在北京找对象和安家的。但由于父亲去世，家境贫寒，我的处境变得艰难起来，很“掉价”。我的老师们给我介绍过几个北京本地的对象。我们也见了几面，但当时北京已经没有大学生了，所以她们最多只是个高中生（我是“文革”前最后一批大学生，之后便停止招生了）。好的、积极向上的高中生大都上山下乡、到农村插队或到农垦兵团去了，留在城里的人或者“身体不好”，是“病号”，或者在工厂当了工人。这些人都很实际，当我说到我家庭困难、负担很重时，见面的人都几乎起身就跑。我自己也觉得这些人太俗气，没必要再谈下去。后来，老师们再给我介绍北京本地的对象，我连见都不见。我决定不找北京本地的工人。

说实在的，我是有机会在第一批工农兵学员（70 级）中找到对象的。第一批工农兵学员的年龄相差很大，大的 40 多岁，小的不到 20 岁。相当一部分人同我的年龄差不多（我毕业时 25 岁），大多数都比我小一些。北京本地的女学员也比较多。我刚好带 70 级的学员。其中有我比较中意的人，也有我根本无意却对我展开疯狂追求的人。为什么我没有在她们之中找呢？主要是当时军宣队给我们几个留校的年轻人下了“军令”，告诫我们不许打学员的主意，不许同工农兵学员谈恋爱，不许搞“师生恋”。谁同工农兵学员谈恋爱，就给谁纪律处分。我们几个因此都绝了在学员中找对象的念头。

找对象对我来说似乎成了老大难的问题。有人问，你找对象的条件是什么啊？我半开玩笑半认真地说，有三个条件：第一，必须是女的；第二，年龄与我相仿；第三，不嫌我穷！最重要的是第三条。

1971年夏天放暑假，我决定回家看母亲，也计划到辽宁看看分配到那里的我的同学。我的同学很多都被分配到辽宁，二次分配都到了很艰苦的地方。我计划的路线是，从前郭旗上车，在长春下车，然后坐火车到吉林市，再从吉林市出发，南下辽宁清原、新宾、桓仁去看我们班的同学。我刚好有一位北大无线电系毕业的女同学庞曼清在吉林市（她也是我的老乡，是扶余七中毕业的，高中和大学都比我高一届，分配到吉林半导体厂工作。“文革”前扶余七中考入北大的只有三个人，她是1964年最先考入北大的，我和另外一个男生1965年考入北大），就想路过那里时顺便也去看看她。在离校前我分别给庞曼清和辽宁的几个同学写了信，告知他们我要去的消息。

在回家度假刚要返京时，我突然接到来自吉林市的一封信，信是庞曼清写来的，她说她知道了我要去吉林市的事。信上重点讲了两件事，一件事是告诉我她已经确定了男朋友，是高中他们班的同学。另一件事就是她说要给我介绍一个对象，就是北京农业大学（现中国农业大学）的孙立军，是我认识的，在辽宁省昌图县农业局工作。她说她把我的情况跟孙立军说了，尤其说了我家庭困难的情况，孙立军表示愿意同我谈朋友。

把孙立军介绍给我？我眼前一亮。孙立军也是我的高中同学，我们是一个年级的，但不在一个班，我在一班，她在三班，我是走读生，她是住校生，所以在高中时我并不认识她。我们高中那年考到北京的有18个人，女生很少，好像只有三四个人，我知道有个叫孙立军的考到农大了。后来在同乡、同学聚会上和她有所接触。我对她印象较深的接触有三次。

一次是我们去看北航的同学，那时我才有时间对她进行仔细打量。她中等身材，不胖不瘦，穿着朴素，举止文雅，梳着短发，发梢向外翻卷，脸蛋上有两个深深的酒窝，就是皮肤黑了点。这次见面她给我留下了一个好印象。

第二次见面是在北大武斗期间，我们“井冈山兵团”被“新北大公社”

围困在几座楼里，没办法，我们只好在37楼南面的围墙上开了个门（被人称为“狗洞”）出入。有一天，有人告诉我，说外面有人找我。我出去一看，是庞曼清和孙立军站在马路对面。庞曼清说：“我们俩想约你出去玩一下，你看你整天出入‘狗洞’，都成什么样了，你不要再为‘井冈山兵团’的一小撮人卖命了！”我一听就火了，我说：“你也别为聂元梓卖命了！”我们俩在马路边吵了起来。孙立军很尴尬，满脸通红，不知帮谁说话好。我一怒之下，就说：“我才不去跟你们玩！”说完就返回了“狗洞”。我本来还想和孙立军说几句话，但由于和庞曼清吵架，竟一句话都没跟她说。现在回想起来，真是好笑！

第三次见面是1969年春夏之间，还是庞曼清组织的，约我们在京的几个高中同学到景山公园去玩，记得有七个人，我和孙立军都参加了。在游玩的过程中我们有所交谈，她有意无意地问了我的一些情况。我们照了不少照片。在我60岁生日时，我女儿把我们当时在景山拍的照片拿出来播放，说：“你们看，每张照片我爸都站在我妈身后，是不是当时就谈恋爱了？”当时谈恋爱是没有的事，但每张照片我都站在孙立军身后，的确是我有意为之。那天游玩后，到北大来，我还请孙立军等人在我们系的食堂里吃了包子（当时每个系一个食堂），我们都很开心。可以说从那时起，我对孙立军就产生了好感。

和几位高中同学到景山公园游玩，最右边的是孙立军，我站在她身后（1969年5月）

1970年，北大是3月

份毕业分配，其他学校是 7 月份。留校后我曾想找孙立军谈谈。有一天我徒步向农大走去，快到时，我突然又犹豫了，我知道她心里肯定没有我，她对我也不熟悉，我见到她说啥好呢？说深了人家会不会把我轰出来呢？另外，毕业后她的去向也没定，肯定不好谈。于是我就又返回了北大。后来就没有再和她联系，她分配到哪里我也不知道。

现在庞曼清要把孙立军介绍给我，我知道了她在辽宁省昌图县农业局工作，也知道了她愿意和我谈朋友，很是高兴。于是决定改变行程，吉林市不去了，直接去昌图找她。

我从家乡上火车到昌图下车。昌图县车站很小，街道也显得很破旧，几乎没有楼房。我问县革命委员会在哪，他们指向北面，说在北面的田地里有一座四层的楼就是。我往北走了一段，果然有一座楼，这也许是县里唯一的一座楼吧。我进去找到农业局，说我来找孙立军。他们说我来晚了一步，她昨天去吉林市看她同学去了。我一听，坏了，我临时改变行程，庞曼清不知道，让孙立军去吉林市等我了。我悻悻地离开了昌图，继续南下。到沈阳下车后我又到清源县去看李兴山。到清源后，发现李兴山并不在县里，而是在山里修建一个工程。李兴山找了一辆解放牌卡车来接我，我就站在敞篷车厢里，车开了两三个小时才到工地，到达时天已经快黑了。“弄点吃的吧，”李兴山非常不好意思地说：“真没有什么好吃的，我们这只有一坛子咸鸭蛋。”我说有啥吃啥吧。于是我们煮了两个咸鸭蛋，摊了一盘咸鸭蛋，大葱蘸酱，就着玉米面饼子吃了一顿。我在清源住了一宿，第二天就去新宾，再坐长途车到木奇公社，我的两个同学王政、张海女在那里的小学教书。李兴山陪我去了新宾，在一个小山村里，见到了王政和张海女夫妇。他们的条件很艰苦，住在一幢小平房里，晚上在他们家里吃饭也没什么好吃的。第二天照相，也没地方照，就在他们家门前照了一张，在高粱地头照了一张。照片我至今还保存着。他们的情绪不高，觉得命运对他们很不公，想离开此地。我原来还想去桓仁看另一个同学吕忆环，但因他当时不在，就没去。我觉得自己的处境比在辽宁的同学强多了。后来，李兴山和王政夫妇都离开了辽宁。李兴山考研考回北大，毕业后在中央党校经济学部当了教授，做到教育长（副部级）。王政夫妇在湖北十堰二汽工作，退休后回到上海。吕忆环后来读了博士，曾任沈阳市副市长、总工会主席等职务。

在辽宁新宾木奇公社与大学同学合影（1971 年）

我从辽宁返回学校，渐渐把同孙立军见面的事淡忘了。有一天我正在和学生打篮球，有人给我送来一封厚厚的信。我一看寄信地址——吉林省扶余县弓棚子公社，知道是孙立军从家里给我写的信。我急忙回到宿舍，打开信来看。信写得很真诚，很有感情。信上明确表示愿意同我谈朋友，说自己也是苦出身，家里很穷，甚至过春节期间，还冒着严寒到田地里拾柴火。说我们俩至少有阶级感情。她的话引起了我的同情和共鸣。她说："我知道你家里困难，但我不在乎，我不相信会穷一辈子，只要努力，肯定会改变贫穷的现状的。"这句话打动了我，甚至让我感动。孙立军不正是我寻找的不嫌我穷的人吗？我也想表达我同意和她谈朋友的意思。那时没电话可打，寄信至少要七天，到那时她也可能回昌图了，又要联系不上了。于是我跑到黄庄邮局给她家拍了一封电报，电文是：同意（应当写"同意谈朋友"，但那时电报一个字要几毛钱，为了省钱，就去掉了后三个字），照片随后寄到。随后

孙立军年轻时的照片（1965 年）

我又写了封信，表明了我的态度，还说希望她从扶余走的时候，到我家一下，让我母亲帮我把一下关。然后又把我照得最好的一张照片夹在信里寄给她。不久之后我接到大姐的信，说孙立军到家里来了，还给我母亲买了礼物，在家里吃了饭。母亲和姐妹们对她都比较满意。

此后我和孙立军就进行了书信往来。“文革”期间人们对感情的表达都是含蓄收敛的。我和她的信件往来，根本谈不上“情书”，只是谈些对时局的看法和问一下对方的情况。令我遗憾的是，同她谈朋友竟然没见上一面。于是我约她利用春节放假，到北京来一趟面谈。她答应了。那时刚好赶上美国总统尼克松访华，外地人进京必须由当地局级单位开介绍信才行。后来她给我看了单位开的介绍信，上面写着：“同意我单位孙立军到北京解决婚姻问题。”我心中很是感慨。那是 1972 年 2 月初，她坐火车到北京。我去北京站接她，由于我们两年没见面了，我担心见了面认不出来就尴尬了。于是我让她在候车大厅和售票厅的连接处等我。那天早上我一到车站，就看见她一个人站在连接处，我一眼就认出了她。她并没有换一件新衣服，还是穿着旧棉衣，背了一个大书包。我把她接回学校，安排在我系一个同事空着的小房间里。她在我那里待了 10 天，给我带来一件她织的毛衣（我以前根本没穿过毛衣），给我拆洗了我穿过多年的黑棉袄，还给我做了一件深蓝色凡尔丁中式褂子（同事的房间里有一台缝纫机，她会用）套在旧棉袄上。那些天我们谈了很多，我们系工宣队的领导和老师来了不少，对她的印象也不错。我们之间的事就算基本上定下来了。

送走孙立军后，我有点忧心忡忡，甚至有些悔意。因为不知道两地问题怎么解决。我们的老师有的十多年都没解决两地分居问题。如果同她结婚，我就变成三地生活了，我在北京，她在昌图，母亲在扶余，我的负担不是更重了吗？因此我不想很快结婚，但她很着急，说我们年龄都大了，此事确定下来，就应该考虑婚事。母亲每每来信也都催我赶紧结婚。于是，我决定暑假回家结婚，其他的事就等到以后再说吧。

1972 年 8 月 8 日，我坐火车到昌图。孙立军和一位同事到车站接我，把我接到她的宿舍。本来我想回扶余登记结婚，但当天走不了了，我又没地方住（那时没登记结婚是不能住在一起的），这时她单位的领导也来了，说：“你们就在昌图登记吧，晚上我们给你们举办婚礼！”因此，当天我们就到当地民政部门领了结婚证。当时的结婚证很简单，就是像奖状一样的一张纸，上面写上两人的名字，盖上公章，记得上面还印有毛主席语录以及“勤俭持家”

毛主席语录　领导我们事业的核心力量是中国共产党。指导我们思想的理论基础是马克思列宁主义。

结婚证　字第　号

兹有　（男）　（女）　岁自愿結婚，經审查合于中华人民共和国婚姻法关于結婚的规定，特发给此証。

勤俭持家

年　月　日

结婚证

结婚照（1972 年）

四个字。

当天晚上，他们单位的领导和同事在一间会议室里为我们举办了简单的婚礼。桌子被摆成一圈，我和她的椅子被绑在一起，我们坐在中间。我把从北京带回去的香山、八达岭牌香烟和糖块撒在桌子上。婚礼由领导主持。他首先向我们表示祝贺，然后让我和孙立军谈恋爱经过。大家哄我们唱歌，孙立军怎么也不肯唱，我只好代劳，唱了两首革命歌曲。大家开我们的玩笑，甚至说些粗鲁的话，羞得孙立军满脸通红。那天我和她都没穿新衣服，而且现场也没照相。

我感觉像做梦一样，我们真的就这样成了夫妻？

使我感到内疚的是，我同孙立军结婚，连一件新衣服都没给她买，我们结婚用的新被褥都是我在长春的二婶给做的。她给我们做了两套被褥，龙凤呈祥的红色被面非常好看，被子 2.5 公斤重，褥子 1.5 公斤重。那时，吉林省每年每人供应 0.25 公斤棉花，两床被褥需要 8 公斤棉花，也就是 32 个人的棉花票。我二婶把邻居、亲戚都借遍了，总算凑齐了棉花票。不过她向人家承诺一定会还。我后来到长春二婶那里她总让我还她棉花票，我说要钱可以，哪里去找棉花票呀！我后来都不敢见二婶了。一直到取消布票、棉花票我也没还上。但我觉得一直欠着人情，心里总有些过意不去。我二叔、二婶对我们家关心、关爱有加。鉴于我们家孩子多、生活困难，他们把我三妹凤莲接到长春，安排了工作（以接我二婶班的名义，安排在她原来的单位灯泡厂工作），后来凤莲在长春结婚生子。1978 年，母亲患癌症到长春做手术，也是二叔帮忙安排的。出院后就住在他们家里。二叔、二婶早已离开我们，但他们对我及我家的恩情我永世都不会忘记！

第二天我们就离开昌图回家了。母亲非常高兴，虽然困难，但还是办了酒席，请了亲戚来给我们祝贺。在家里住了 20 天，我们就离开了。我先送她回昌图，我大概住了一两宿就回北大了。我的生活同以前一样，还是住集体宿舍，似乎还是一个快乐的单身汉。

第二年（1973）春节期间，孙立军来京探亲，在这期间她怀上了我们的孩子。当年 10 月她临产，我这里是集体宿舍，没办法照顾产妇。于是我让她回我母亲那里去生。生产时出现了难产的情况，那时镇医院不能剖宫产，只能硬生下来，她当时失血过多，几次休克，后来终于生下我们的宝贝女儿曹海峰。我当时不在她身边，直到孩子出生两个月后，学校放寒假我才回家。当时孙立军还流血不止。我很内疚，觉得对不起她。我们的女儿非常可爱，才两个多月，眼睛就能跟着我转。

还好，我们两地分居的问题只持续了一年半的时间就解决了。那时我已是学校和系里重点培养的骨干，组织上说有机会一定解决我们两地分居的问题。刚好北大附中招收教员，系里就问我孙立军能不能教中学，我说能。于

我们一家三口（1975 年）

女儿海峰两岁时的照片（1975 年）

是我帮她填了能教生物、政治等。1974 年春节期间我就得到了把孙立军调到北京的通知。我很高兴，春节过后就把她带到北京，把孩子暂时放在她的娘家，由她的父母和弟弟们暂时带着，等我们安排好了再把孩子接回来。后来我们又把孩子送到我母亲家，由我母亲照顾，孩子 11 个月时，我母亲把她带到北京。当时我们没有房子，就在学生宿舍老 34 楼改造成的招待所的一间房子里暂住。后来这座楼变为家属楼，我们就把户口落到了这里。从那时起我就同孙立军真正在一起了。当时条件很艰苦，但我们总算有一个像样的家了。

母亲送孩子来北京时，把我的小弟弟也带来了（那时他 11 岁），我们一家人就住在 14 平方米的宿舍里。我搞了一张学生用的双层床，母亲住在下层，弟弟住在上层。我和孙立军住在用两个单人床拼成的“双人床”上。屋子虽然挤了点，但还能凑合。可是他们没带粮票来，那时粮食都是定量供应的，买米面都要粮票，粮食根本不够吃。我们到处找粮票，也让老家想办法寄点全国粮票过来。另外，北京的副食如肉、蛋、奶、油都是要票、要证的，买了定量供应的东西，是给老的吃还是给小的吃，我很犯难。总之，那段时间的日子还是比较艰苦的。

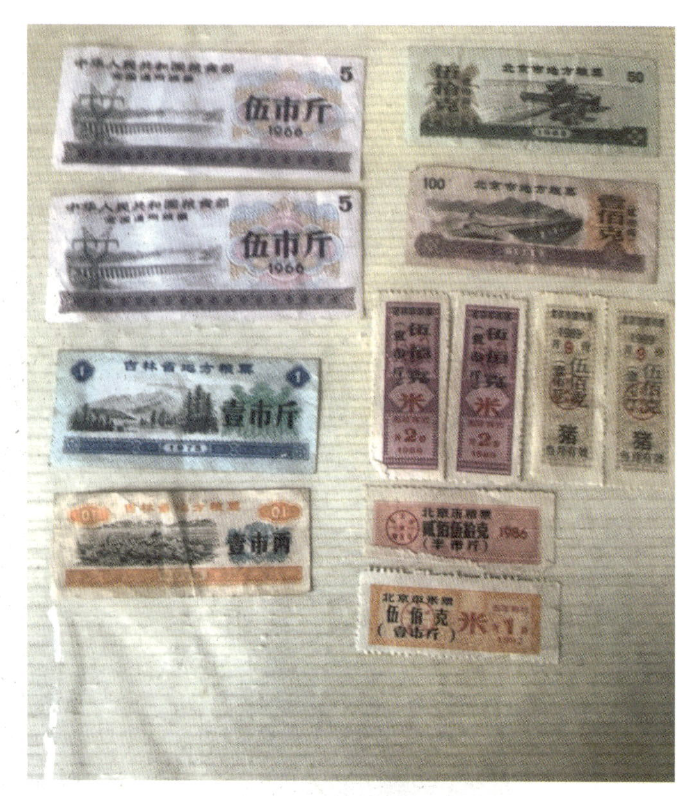

我留存的当时的粮票、肉票

转眼间已经过去四十多年了，当年的小夫妻已经变成名副其实的老两口了。说心里话，我找了一个好媳妇。这么多年来她给了我很多帮助和慰藉。第一，她不嫌我穷，而是尽其所能帮助我。我的第一块手表就是她给我买的。在那艰苦的年月里，我每月发了工资都把其中的一半寄回老家（我当时只有46元的工资），剩下的一半留作家用，对此她从无怨言。第二，在我工作还有其他方面不顺的时候，她能理解我、安慰和鼓励我。第三，她对我的冷热关心备至。第四，她时刻提醒我要低调做人，不贪不腐。我在2005年写了一首诗，名曰《红沙滩》：

风风雨雨几十年，今日相拥红沙滩。同甘共苦度岁月，厮守相伴一生缘。

有人问："你们平时吵不吵架？"答案是肯定的。我们为生活琐事吵架的情况很多，尤其是年轻的时候。主要是我同她的性格和生活习惯差异很大。我生性活泼、富有激情、参与感强，她则比较古板、一本正经、低调；我喜欢开玩笑，有幽默感，她却缺乏幽默感，这辈子可能都没开过一次玩笑；我

厮守相伴一生缘（2005 年 10 月）

2012 年结婚 40 周年补拍的婚纱照

外孙女安安为祝贺我和老伴结婚45周年画的漫画（2017年）

生活粗线条，不拘小节，属于马大哈型的，不是忘了关水（冲水），就是忘了关电，卫生习惯也不好，吃饭时常把油渍弄到衣服上，刷碗也刷不净，至今也叠不好衣服，而她是注重生活细节的人，追求完美，把家里的生活安排得井井有条；她还有女人常有的毛病，就是爱唠叨，一件事不顺心，唠叨个没完，弄得我心烦意乱；她具有一定的“强迫症”，我穿衣服也要按照她指定的穿，否则她就会威胁说，“你一件一件穿，反正穿脏了我不给你洗”，像管三岁小孩一样对我进行“管理”。

但我们现在很少吵架了，有些事情我已经想通了，夫妻之间哪有不吵架的？“举案齐眉”“相敬如宾”的时代已经一去不复返了。夫妻之间需要理解和沟通。我在结婚40周年时写的一首诗里写道：“夫妻磕绊需体谅，家庭和谐靠经营。”有一次，记者就金融方面的问题采访我，看到孙立军坐在我身边，就问我：“曹老师，您觉得幸福是什么？”我想了想回答道：幸福就是有人管。当然，也不能管得太严了。有人想着你，关心你，精心照顾你，不是幸福又是什么？（参见《同甘共苦度岁月　厮守相伴一生缘——北大著名教授曹凤岐与夫人孙立军爱情生活速写》，《中国金融家》，2006年第2期）

下放劳动

20 世纪 70 年代初很强调知识分子与工农相结合，知识分子通过劳动改造自己的灵魂。各地都成立了不少“五七”干校，干部和知识分子很多都被下放到“五七”干校劳动，北大的很多干部和老师在 1970 年就去了江西鲤鱼洲（鄱阳湖畔），在那里修大坝、种水稻，劳动强度很大，不少老师都因此得了血吸虫病。

我们几个留校的年轻教员第一批都没去鲤鱼洲，准备第二批去，后来那里的教员全都撤回来了，我们就没去成。但下放劳动是不可避免的，主要是在北京的工厂劳动，与工人相结合。

毕业以后，我多次在工厂里劳动，记得到过北京针织总厂，国棉一厂、二厂、三厂，北京印染厂，以及北京汽车厂。其中，在国棉三厂和汽车厂的时间多一些，各有半年多。在国棉三厂时，我被分配到织布车间做了一名保养工。保养工的职责是对机器进行保养，每天都拆卸一些机器，擦好油泥后再重新装上。保养工分一手、二手、三手、四手，一手负责拆，二手负责检查问题，三手负责装，四手负责擦油泥（用汽油擦）。我当然是四手了。织布车间都是老式织布机，梭子来回穿梭，声音大得很，说话声几乎听不到。每天工作 8 小时，确实很累。

在国棉三厂我有两个收获：一是我给工人办培训班，讲政治经济学。这是我毕业后第一次正式上讲台。第一次上台讲课着实有些紧张，语速很快，照本宣科，不敢发挥。系里派了徐淑娟老师前来帮助我，她听了我的课，下课后对我上的课总体上给予了肯定，也指出了问题，主要是让我不要紧张，说话要慢些，最重要的是条理要清晰，要有自信心。后来我讲课越来越好，受到工人的好评。

二是我对纺纱织布的全过程有所了解。从购进棉花到成为布匹最后到市场上销售有很多环节和工序，大概路径是清疏—粗纱—细沙—纺织—整理—印染等，我也因此懂得了社会总产值是可以重复计算的。如果从清疏到印染出厂是在一个厂内，产值就计算一次；如果纺纱厂、织布厂和印染厂分开，独立核算，织布厂要从纺纱厂购买细纱，印染厂要从织布厂购买白条布然后去印染，则每个厂都要计算产值，而且把别人的产值也算进去了，即三个厂分别计算自己的产值。我也懂得了一家大的企业要分成若干个独立核算单位的道理。

1972 年下半年，我转入北京汽车厂下放劳动，厂址在呼家楼和大北窑。当时主要生产 212 和 213 军用吉普车（就是 20 世纪 70 年代满大街跑的绿色军用吉普，其中相当一部分支援了越南抗美战争，后来北京汽车厂改为生产切诺基吉普车）。我被分配到底盘车间，主要是装配汽车底盘，包括传动轴、半轴、轮毂和轮胎。在那里我了解到汽车的装配过程和工序，也看到了中国企业当时管理上存在的问题。我在底盘装配工段，一个月的前 20 天毫无事情可干，因为零件没到，轮毂从天津运过来，要 20 号以后才能运到，半轴也要 20 号以后才能生产出来。工人在前 20 天里坐在车间里聊大天，但也不能离开工位。到了 20 多号，零件都来了，才开始装。每月开装的时候，工段党支部书记都站在凳子上动员大家说："同志们，革命加拼命，关键时刻不要命！同志们上生产线啊！"装配生产线有十几米长，在生产线的两侧分别安排 4 个人，每个人负责一道工序（面对面的人做一样的工作）。工序是先把底盘骨架吊到生产线上，生产线缓缓前进，第一个人负责把半轴放到底盘里，第二个人负责把半轴安牢并进行调节，第三个人负责上轮胎，第四个人负责封盖和拧牢螺丝。然后机器把生产线上的产品吊下去检验，看底盘轮胎转不转，如转就算合格，如不转就吊到旁边拆开修理。一般情况下，每人有 4 分钟的操作时间，还是比较充裕的，能完成所负责工序的任务。但是10天必须装完一个月的任务，怎么办呢？就是加快生产线的速度，每个人的工序只给2分钟的时间，如果上道工序没完成，下道工序就没法做了，只好吊回去再装一次。在只有2分钟的情况下，有的工序是完不成的，即使完成了也是匆匆忙忙不顾质量。当然我很少完不成，因为我是最后一道工序——封盖和拿气动扳手拧6个螺丝。只要生产线不停，你是下不来的，上厕所都没有时间，实在憋不住，如果周围有人，就喊过来帮忙顶一会儿。要命的是，装配时，工作时长改为12个小时，黑白班。我上夜班时，尤其到了凌晨两三点钟，困得要命，几乎要睡着了，有时连自己干了什么都不知道了。如何保证质量？！事实上是我们12个小时可以装出一百二三十辆车，但返修的有四五十辆，而返修完全是手工拆装，比生产线慢多了。在生产线上的时候，我就像卓别林那样忙乱。

当时我们生产吉普车的质量是存在问题的。生产的吉普车很多都是支援越南的，大都是越南军官坐的，美国兵追的时候，汽车经常会突然抛锚，轮子不转了，越南军官就被美国兵追上了，或者没走多远油就漏光了。到山道拐弯的时候，方向盘经常会突然不动了，车直接掉到山沟里。这些车很多都是我们厂生产的。越南因此对中国提出强烈抗议：你们是真援助还是假援助？周总理知道后很 生气地说，质量就是生命，就是针对我们汽车厂说的。

在企业下放锻炼，我深深感到中国企业管理方面的问题太大了，这是我后来下决心研究经济管理和企业管理的重要原因。

一次莫名其妙的批判会

1976年10月，以华国锋同志为首的党中央成功地粉碎了“四人帮”。我坚决拥护党中央的英明举措，也参加了庆祝游行活动。

10月下旬的一天，我正在大兴分校给学员们上课。早晨突然接到系里的通知，让我赶紧回学校，说下午有紧急的重要会议我必须参加。我问是什么会议，领导说：“你回来就知道了。”那时从分校到校本部要几个小时才能到，我早晨从分校出发乘公共汽车（半小时一趟）到大兴黄村（县城），再从黄村坐长途车到永定门，从永定门再换两三次公共汽车才到北大。路上我用了4个多小时，到北大时已经12点多了。匆忙到食堂吃了口饭，就去开会了。

会议是在老二教（已拆除）201教室开的，我一进会场就感到气氛不对。教室里有200多个座位，可谓座无虚席。大部分是教员，也有部分学生。黑板上用粉笔写了一排大字：“批判‘四人帮’在经济系流毒大会”。领导谈了要批判的四个方面的问题：一是经济系有人反对周总理；二是有的党支部组织给江青写“效忠信”，进言江青当党主席；三是有人忠实执行“四人帮”的教育路线；四是有人公然迫害工农兵学员。

首先批判有人反对周总理的问题。实际上是在批判经济系原党总支书记刘昆（他当时已经不在经济系，而是调到中纪委工作，当了一届中纪委委员，在第二届中纪委委员选举时，有人揭发他反对周总理，后查无实据，但中纪委委员选举已过，他没有当选。他在“文革”前曾当过北大的团委书记，61岁就因尿毒症去世），揭发、检举、批判他是如何反对周总理的。我当时同刘昆接触较多，没看出他有反对总理的思想，更没有听到过他有反对总理的言论。会上批判的他反对总理的言论，基本上是捕风捉影，无限上纲。我认为刘昆在做总支书记时比较“左”，得罪了一些教员。因刘昆本人不在场，批判显得很没有意思。

接着批判给江青写“效忠信”的问题。给江青写信进言她当党主席是迟群、谢静宜布置给清华、北大的任务，让两校组织人写。当时我们系军宣队的负责人在干部会上和私下多次动员我带头给中央写信，建议让江青当党主席。我坚决拒绝了。我说：“毛主席病危时任命华国锋为中央第一副主席，已经指定他为接班人，为什么要换啊？”从内心里说，我对江青是反感的。我听了她多次的讲话，认为她的水平很低，根本没有当党主席的资格和能力。我甚至认为毛主席让她出来工作本身就是一个错误，她损害了毛主席的形象。系里有的党支部写了“效忠信”，那天的会上写信的支部书记被批得体无完肤。

然后是批判执行“四人帮”的资产阶级教育路线。主要是批我了。说我不让学员学习，整天下厂、下乡，让我老实交代是如何执行“四人帮”路线的。我当然不服气，辩解说：“工农兵学员以社会为课堂是我提出来的吗？毛主席早就说过‘教育要与生产劳动相结合’，毛主席还说过，农业大学办在城里不是见鬼吗？我带学员去大庆、大寨有什么错？”

最后一个问题更为严重，他们竟然给我扣上了迫害工农兵学员的帽子。平时我和学员们的关系很好，很多时候都吃住在一起，怎么会迫害他们呢？只见系办公室的一位老师站了起来，说：“我来揭发曹凤岐是如何迫害工农兵学员、迫害干部子弟的。他做班主任的73级学员毕业分配时，有两名高干子弟没有到他们被分配的地方去，而是通过他们的父母到别的地方工作去了。曹凤岐对此表达了强烈的不满。说干部子弟搞特殊，是不正之风。曹凤岐对老干部和干部子弟充满了仇恨！”由于她的揭发，会场的气氛被点燃了，有人带头喊口号：“不许曹凤岐迫害工农兵学员！不许迫害干部子弟！”全场师生都跟着喊口号，声音几乎要把楼顶掀翻了！接着，有的老师说因为这个班有的学员批邓（小平）、反击右倾翻案风不积极，学校也不让毕业，曹凤岐参与了名单的确定。说我对干部子弟不服从分配不满是事实，但说我因学员反对批邓而不让他毕业却不是事实。那年的毕业分配都是工宣队搞的，我并没有参与，只是在公布名单的前一天晚上，我才看到分配名单。我发现有不少学员是单位选送或代培的，原则上毕业后要回原单位（或由原单位再分配）。他们其实是“名花有主”，不存在系里分配的问题。我记得他们说的被我“迫害”的两名学员就是这种情况。1976 年发生“天安门事件”后，上面要求干部追查谣言，谁去天安门了要汇报，我没有向上面汇报过一件事，我是保护了学员的。73 级的广大学员是可以给我作证的。

我当时就对着全场师生大声说：“我就是对他们不服从分配表示不满，我是在抵制不正之风!”然而我的解释没人听得进去，大家还是高呼口号让我承认我是在迫害工农兵学员、迫害干部子弟。眼看批判会开不下去了，我就说：“你们说我迫害工农兵学员、迫害干部子弟，就算是吧!”会议只能草草收场。

主持会议的领导最后说曹凤岐今天态度很不好，回去后要好好反省、检讨!

回到家里，我感到非常委屈，抱头痛哭。回想起毕业六年来，我一心扑在工作上，和学员们打成一片。我带学员们下厂、下乡，到大庆、大寨。我在大兴分校带学员，有一次我去大兴，爱人孙立军也有事出差了，我们只好把三岁的女儿托给李克刚老师看管。我走的时候，女儿死死地抓住车门不让车开，大声哭喊：“我要跟爸爸去！我要爸爸!”我当时的心都要碎了。车开后一路上我的心里都在流泪。我这样拼命工作，何错之有！上面的问题为什么追究下面人的责任!

经过这次批判会，我心灰意冷。后来系领导找我让我担任系团总支书记，我断然拒绝。当然我也因此失去了系领导的信任。批判会后回到大兴分校，我对学员们只字未提。我还是一心一意地带 76 级的学员，仍做他们的班主任，一直到 1979 年把这个班的学员送走。

母亲患病离世

1978年年底传来母亲患乳腺癌的消息，检查后发现可能已经转移到淋巴了。当时马上要做手术。那时我条件很差，住在34楼一间14平方米的房间里，在北京联系肿瘤医院也要排队。我同长春的二叔商量，让母亲先在长春做完手术（二叔的一个儿媳妇在医院工作），然后再到北京进行后续的治疗。二叔答应了。于是母亲于1979年1月到长春做了手术，出院后就住在二叔家。手术后要做放疗，但当时长春老停电没法做。我4月份借开会的机会到长春，把母亲带回北京。

肿瘤医院根本挂不上号，通过生物系的一位郭老师联系了北京肿瘤研究所（在西什库大街），挂了一个门诊号，一位医生看了一下母亲的病历，也看了长春医院继续治疗的意见（主张放疗），问："动手术多长时间了？"母亲说三个月，医生说："三个月才开始做放疗已经晚了，要转移已经转移了。为什么不及时做放疗？"母亲说长春没电做不了。医生叹了一口气说："那我们做一个疗程的放疗看看吧。"医生用红笔画出了放疗的位置，说每周来三次吧。于是我每周都陪母亲去医院做三次放疗。那时交通很不方便，要转几次车，从北大到医院每次都需要一个多小时。做了一个疗程（大约三个月）后，医生说先观察一段时间再说，回家好好养着吧。

前文说到父亲去世后，商业局的领导劝我同意让父亲火葬，说可以对我们家予以照顾，要不然局里就什么都不管了。我说我们家太困难了，母亲和4个弟妹都没有工作，如果局里能给我母亲在系统内安排一个工作，我同意将父亲的遗体火化。局领导答应了。于是他们把母亲安排在屠宰场（我父亲原来工作的地方）做临时工。屠宰场给我母亲安排了最重的活，就是搬生猪样子，一片样子最少也有50公斤，母亲搬不动，但还得搬，每天回家都喊腰腿疼。后来实在干不动了，就换到副食店（也是商业局下属的企业）扫地。1975 年根据中央文件长期临时工可以转为正式工，正式工与临时工的区别，就是正式工有劳保福利，有医疗保险，有退休金。母亲符合转正条件（从 1970 年到 1975 年连续工作 5 年），可以成为正式工人了，她高兴万分。但好景不长，没过多久母亲就又被打回临时工的身份，理由是她没有在一个单位连续工作 5 年。母亲原来在屠宰场工作，干不动了，就到副食店扫地，这两个单位都是商业局下面的单位，可以算作一个单位啊！但母亲有理无处讲！母亲又气又急，一下子就病倒了。

母亲得了病却没有任何医疗保险，看大病小病都是自费。那时我和孙立军的工资很低，我 56 元，她 54 元。除了吃饭，根本没有钱看病，放疗的价格又很高，还好当时系里有储金互助会（教师们每月放一部分钱在里面，哪位老师有急需可以借给他，下个月发工资再扣回），这里我要感谢当时储金会的负责人林顺宝老师（早已去世），每月发工资时他都问我需要借多少钱。我曾多次向储金会借钱。欠储金会的钱母亲去世很久才还完。放疗是需要补充营养的，但那时买肉、蛋、奶都是要票的，每人每月半公斤肉、半公斤蛋，每户只能订一份奶。母亲做放疗需要补充营养，肉、蛋、奶基本都给她吃了。年幼的女儿看着奶奶吃鸡蛋、喝牛奶，自己却吃不着、喝不到，可怜巴巴的，我心里也不好受。有时我就到副食店去，在那里等着店员剔骨，剔下来的排骨和肘子等是不要肉票就可以买的，但一般都供应给单位和熟人。我会央求副食店的店员说："我母亲病了，得了癌症，需要补充营养，能不能卖给我一小块排骨或肘子？"有时我会遭受白眼，说已经卖出去了，没有了。有时有的店员看我可怜，会从给单位准备的篮子里拿出一个肘子卖给我。为了给母亲补充营养，我低三下四，忍受了不少屈辱。

放疗开始一个阶段，母亲的病情没有大的变化，心情还可以，自己会在床上摆扑克玩儿。过了一段时间病情开始恶化。主要表现是手术伤口不愈合，出现尿崩症（我后来估计是糖尿病，但没有做过这方面的检查）。10月份以后开始出现剧烈的咳嗽，吐痰。10月份的一天我带她去校医院检查痰，结果出来后，医生把我单独叫出来对我说："在你母亲的痰中发现了癌细胞，癌细胞已经转移到肺部了。"我听了以后简直是五雷轰顶，怎么会这样呢？检查结果没有给母亲看，只对她说是肺结核复发了，吃些药就会好的。母亲病情恶化的速度很快，晚上折腾呻吟，她无法睡觉，我们也无法睡。我们就14平方米的房子，我和爱人、孩子睡一张大床，母亲睡一张小床，互相干扰得很厉害。想送到医院又联系不到床位，而且意义也不大。我同爱人商量，把母亲送回老家去。我试探着对母亲说："妈，我送你回家养吧。家里还有姐姐和妹妹们可以照顾你。"没想到母亲爽快地答应了，也许她已经意识到自己的病很难治好了，不想再给我添更多的麻烦。

记得1979年12月22日，那天奇冷无比（刚好是三九），我从学校煤厂借了两套棉大衣，从学校租了一辆上海牌轿车（母亲已经很难行走），跟车站说好，直接开到站台上。我扶母亲上了火车，给她安排了下铺睡下。第二天早晨到长春，下车等了一段时间，搭乘长春到前郭旗的火车，下午到达。姐姐到车站接我们。她找了一辆解放牌大卡车。我们把母亲安排在驾驶室里，我和姐姐站在后面的车厢里。顶着凛冽的北风，车子从松花江面上开过到达扶余。到家门口时我们本想让母亲在家里待一会儿，然后再去安排医院。母亲却不肯下车，说你们直接把我送到医院吧。于是我们把母亲拉到扶余中医院，帮她办理了住院手续。

我回到了家里。我们家是一间半的房子（东北的老房子大都是三间房一开门，中间是厨房，两边是卧室，我回到家里时，中间的房子已经用土坯隔开，两家各开各的门），到家一看屋里乱七八糟的。母亲到北京后，房子由16岁的弟弟一个人住。平时不做饭，就是晚上烧一个连着炕的炉子，那时直接烧石油原油，烧起来还算暖和，但一旦停火整间屋就都凉了。那天弟弟上学去了没在家，我试图休息一下。想找床被子盖一盖，一看所有的被子都是破破烂烂的，棉絮露在外面，好不容易找到一床比较好的被子盖上，但仍冻得无法入睡。刚好屋里的墙上有一个温度计，我一看零下 14 度！我的弟弟在这样的房子里过冬，不会冻出病来吗？我真替他难过。又想到，一个堂堂北大教员竟然在零下 14 度的房子里休息，心中涌起一股悲凉之感。姐姐说我受不了这个冻，就把我接到她家里去住了。

我在家里待了一个星期左右，中间几乎每天都到医院去看母亲。那时她精神还好，虽然瘦了些，但体态还没有多大的变化。为了进一步确诊，我把母亲的痰液送到县医院（当地最好的医院，也是父亲去世的地方）检查，结果是肺癌晚期，说已经无法治疗了。我不知道母亲还能坚持多长时间，我回来时学校还没放假（我只请了 10 天假），12 月底中国金融学会“文革”后召开第一次理事会会议，陈岱孙先生推荐我参加（当时我还不是中国金融学会的理事），我不想放弃这次机会。1980 年 1 月在广州还有一个货币理论研讨会，我也想参加。于是我同姐姐商量我先回去，母亲如果病危我随时回来。姐姐说：“你放心走吧，我们会照顾好妈妈的。”临走那天我最后一次去医院看望母亲。母亲含着泪对我说：“凤岐啊，你回校好好工作吧，别超假。我这里有你姐姐妹妹照顾呢！回去照顾好立军和海峰吧！”她叹了口气又说：“唉！我最不放心的就是你弟弟了，他还小啊！”我安慰她说：“您是肺结核，会好的。我们姐弟妹会照顾好小弟弟的（弟弟比我小 19 岁，当年才 16 岁，回过头来看，我们姐弟妹几乎一辈子都在照顾我的小弟弟啊）。”我站在床前，凝视着母亲消瘦憔悴的面容，眼泪几乎夺眶而出，于是说道：“妈，我走了，您多保重吧！”我快速转身走出门外，忍不住在楼道里放声大哭。这可能是我见母亲的最后一面了！

从医院出来以后，我到姐姐家去收拾东西准备回北京。送母亲回扶余时，我手里几乎没什么钱了，于是向系储金会借了 500 元钱，这几天已经花得所剩不多。我把仅剩的钱扣除了回京的路费后（大概不足 200 元），全都交给了姐姐。姐姐说什么都不要，说："凤岐，你拿着吧，我这边姐妹多，总可以支撑过去的。"我说："姐姐，你家里也很困难，有三个孩子需要抚养。这点钱你先拿着，以后看病的钱都由我来付。我是男人，要有担当。"姐姐不肯要，但我还是硬塞给了她。姐姐的眼里充满了泪花。我说："妈妈以后要靠你来照顾了，我离得太远，工作又很忙，还要上课，真的照顾不了。"姐姐说："你放心地走吧，这里有我和妹妹们呢。"

回去时，是姐夫把我送到前旗火车站的。这次他从单位找了一辆卡车，是从冰冻的松花江面开过来到达车站的。由于驾驶室里只能坐一个人，因此我让姐夫坐在驾驶室里，我仍然站在露天的车厢里。一路上江风凛冽，大雪扑面而来，天灰蒙蒙的，一股强风灌得我几乎喘不上气来。我心如刀绞，泪眼模糊，真不知前方的路该如何走。

姐姐在母亲去世后给我来信说，我走后，母亲的病情恶化得很快，1 月下旬便主动提出不住院了，回家同孩子们一起过春节，在家里养病。可能是她已经意识到自己将不久于人世，觉得再住院也没有意义，还要花很多住院费。姐姐答应了她的要求，把她接回家，由姐姐和几个妹妹，还有我的一个姨轮流看护。姐姐说，母亲临去世时是非常痛苦的，疼痛难忍不说，因为癌症转移到肺部，无法呼吸，憋得满脸通红，上气不接下气。临去世那天晚上，母亲似乎平静了些，她轻声对我姐姐说："凤琴，你给我剪剪手指甲吧，你看指甲已经很长了。"姐姐于是给她剪了指甲。母亲又说："给我用湿毛巾擦擦脸吧，我想干净些。"姐姐也照办了。母亲气如游丝，非常吃力、断断续续地说："我这一生命不好啊！把你们这些孩子培养成人，也算有功劳，也算心安了，我最不放心的还是你们的小弟弟，他还没长大成人啊！"姐姐安慰她说："妈，您放心吧，我们会照顾好弟弟的。"母亲不再作声，后来逐渐没了气息。孩子们扑在母亲身上，号啕大哭，撕心裂肺地叫喊着妈妈、妈妈，但已无济于事。

母亲的后事还是姐姐、姐夫操办的。还是火化，骨灰暂放在火葬场的骨灰堂里。在给母亲换“装老衣服”时，在她穿过的旧衣服兜里，掏出了六七十块钱，已经破旧不堪了，不知道是什么时候的钱，一直没舍得花。姐姐用这些钱给母亲买了一个花圈，祭奠她。

姐姐并没有把母亲病危的消息告诉我，她怕我再折腾回去受不了，还耽误工作，就没让我回去处理后事。母亲去世处理完后事后，她才把消息告诉我。

1980 年 3 月 8 日，接到家里的电报，得知母亲已经病逝的消息，我抱头痛哭。母亲啊！您的命怎么这么苦啊！年轻时父亲参军在外，您一个人支撑家庭；父亲复员后，又有了几个弟弟妹妹，在那样艰苦的岁月里，把我们几个抚养成人；眼看着我们长大成人，可以孝敬您、报答您的恩情了，您却匆匆离我们而去。这是我终生的遗憾啊！

下午，我带海峰到五四操场放风筝。突然一阵风吹来，风筝线断了，风筝向天边飞去。母亲离去，就像断了线的风筝随风而去。看着风筝向远处飞去，我暗中祈祷，母亲，您奔向天堂吧，忘却人间的痛苦和烦恼，在天堂里享受清静和安宁吧！

1970 年父亲去世后，我响应了政府要求火化的号召，火化后骨灰就存放在骨灰堂里。10 年后，母亲去世后仍然火化，骨灰也放在同一个骨灰堂里，但不在同一个位置。父亲骨灰盒的位置较低，母亲骨灰盒的位置离父亲的很远，而且很高，要取下来得爬梯子，去祭扫时很不方便。对着骨灰墙祭拜会把别人也拜了。每次祭拜，我们都会把父母的骨灰盒捧到外面，放到草地上烧纸、磕头、行礼。我们同管理员商量能否把父母的骨灰盒放在一起，得到否定的答复，因为骨灰存放的位置是根据死亡时间编号放置的，而且每年必须交管理费，逾期不交，骨灰盒就可能被扔掉。我远在北京，一时照顾不到，如果把父母的骨灰盒弄丢了罪过可就大了。思来想去，还是让父母入土为安吧。1987 年，我出钱，姐妹们出力，买了一块合葬墓地，将父母的骨灰盒取出下葬到墓地里，并立了墓碑。我的心这才稍感安慰。后来我回扶余都是到墓地祭拜父母。2014年，我回乡祭拜父母，填了一首词《水调歌头·父母祭》，寄托我的哀思：

回乡祭父母，鞠躬泪潸然。父母养儿长大，恩情重如山。小时经常饿饭，粮食留给子女，自己咽菜团。教儿学做人，家风道德传。

耗心血，拼体力，落疾残。身体多病不治，早逝在中年。吾辈未尽孝道，养育之恩未报，终生感汗颜。天堂少烦恼，永世享清安。

2019年8月回松原参加查干湖人才论坛后，我又一次带领弟弟妹妹们来到父母墓前祭奠父母。按当地的传统风俗，我们为父母烧了纸钱，把纸花挂在墓碑上、放到墓前，并点了三炷香。我双手合十，向父母三鞠躬。嘴里喃喃地念叨："希望爸妈在那边过得安宁！你们放心吧，你们的孩子们没有辜负你们的期望，都很有出息，日子过得都很好。"看到盖在墓上的玻璃罩已有破损迹象，墓碑旁的装饰石柱已经下沉，我找到墓地管理人员，一是让他们用水泥把石柱底部垫高、垫实，二是把墓盖上的玻璃罩换成上面刻有"奠"字的大理石罩（盖板）。这样，父母的墓会变得更结实，得到长久的保护。这是我作为儿子的一片孝心，也是我能为父母做的唯一一件事了。

我学会了坚强

从扶余回到北京后，我的精神受到很大的打击，身体变得很不好，得了严重的胃病，胃痛、心堵、恶心，吃不下饭。加上严重的神经衰弱，头疼，整宿睡不着觉。可以说我的精神到了崩溃的边缘。到北医三院做了胃镜检查，结论是浅表性胃炎，主要是精神紧张所致，让我放松精神。我要感谢我的爱人孙立军，是她在我十分困惑和无助的情况下，安慰我，关心我，帮助我。她开导我要向前看，一切都会好起来的，并主动陪我去散步。1980 年，她的同事送给她一张九寸昆仑牌电视机（黑白的，只有几个频道，频道旋钮是用手旋的）的购买票，当时的价格是 225 元，但我拿不出买电视机的钱，说还是放弃吧，可孙立军不同意，她说："无论如何咱们都不要浪费这次机会，我要把它买回来给你看，让你开心。"于是我们凑了大约 100 元钱，但还差 100 多元钱呢！我向我们系的一位老师开口借了 100 元（他属于 20% 的涨工资之人，刚补发了工资），他爽快地借给我了，我很感谢他。我和夫人乘公共汽车到地安门商场买回了电视机。那时电视机自带天线，信号很弱，我们就又加了一个辅助天线。安上后，可以看了，自然高兴，心情也好了些。无论如何我们家都是国内比较早看上电视的人家，当时有足球赛，学生们还到我家来看呢！这可以叫"提前消费"了吧？我这样说，是因为借钱给我的老师在讲课举例时，竟说没有消费能力就不要提前消费，借钱买电视机有必要吗？我当时在下面听课，十分尴尬，简直无地自容。其实，这位老师应当清楚，这是中国消费信贷的雏形啊！

在夫人的精心照料和我自己的努力调养下，我的身体逐渐恢复了。

总结这十年，我有太多的经历。十年内我的父母双亲相继去世。粉碎"四人帮"后我受到了批判，失去了领导的信任。政审、身体原因加之陪母亲看病，我失去了考研究生的机会。当然我也有收获，那就是我建立了家庭，娶了一位贤惠的媳妇，在我困难的时候她给了我支持和帮助，使我的心灵得到了安慰。我还有了非常可爱的女儿，她给我带来了快乐。我也取得了一些成绩，当了十年班主任，给学生讲课，带学生下厂、下乡，到大庆、大寨；下放到纺织厂、汽车厂劳动过，自己得到了锻炼，也对中国农民、工人的生活状况以及中国的经济和管理状况有所了解。

总结这十年，有挫折，也有进步；有成功，也有失败；有痛苦，也有欢乐。这十年是我人生转折的十年，也是我得到历练的十年；是我重新起步的十年，也是思想升华的十年。这十年我学会了坚强，学会了坚持，学会了隐忍。再遇到挫折时我会从容应对。我懂得了，不能沉沦，必须努力和拼搏才能达成人生的目标。

第五章

进军金融

香港与内地二十一世纪金融市场发展
国际研讨会
International Symposium on the 21st Century

先学后教

前文说过，我是1965年考入北大的，只上了一年的课，学习了政治经济学主课，就停课“闹革命”了，也就是上大学后并没有学到多少东西。

毕业留校后，我带工农兵学员，也教了一些课，但并不系统。自己也感到知识储备不足。毕业后，我作为系文化革命委员会委员，同一位工人师傅一起负责办公室的工作，也担任班主任。但我认为这不是我的主业，尤其是1976年粉碎“四人帮”后对我进行批判，我对做行政工作已经不感兴趣，当时系里让我当系团委书记，我断然拒绝了。

我的人生面临一次重要的选择，是做行政工作还是教学，我毅然选择了后者。我想当教员，当老师。

我认为我还是有基础的。首先，我对经济学理论感兴趣，在上学期间就喜欢与同学讨论中国经济的一些理论和实际问题，还曾任政治经济学的课代表。工宣队进校后，有一段时间复课“闹革命”，提倡学习马克思列宁主义经典著作，我通读了《哥达纲领批判》《反杜林论》，以及列宁的《帝国主义论》，尤其自学了《资本论》（第一至三卷），还做了读书笔记。过去我们只是学了《资本论》第一卷，了解了剩余价值理论和资本主义剥削的本质，其实更多的精华在第二、第三卷，那里讲了生产周期、资本循环与周转以及金融资本的作用。这为我后来在经济与金融理论上的发展奠定了良好的基础。

我缺乏西方经济学的基础。刚好改革开放初期，大约1977—1978年，厉以宁、张培刚、胡代光等教授开了“西方经济学流派批判”的系列讲座，

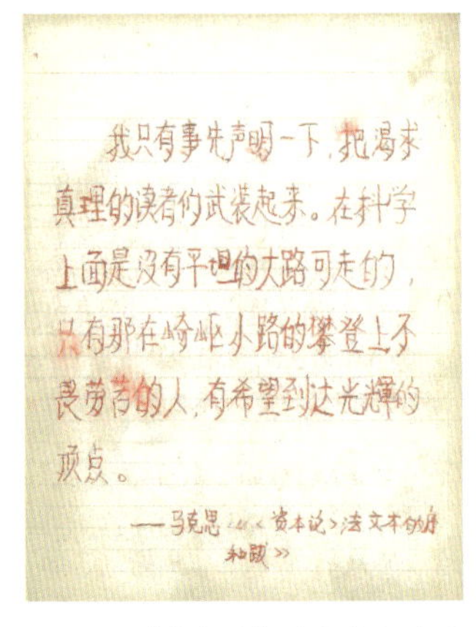

《资本论》读书笔记扉页

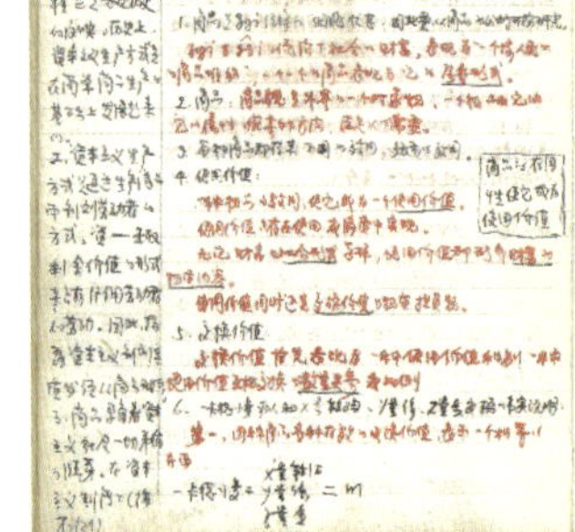

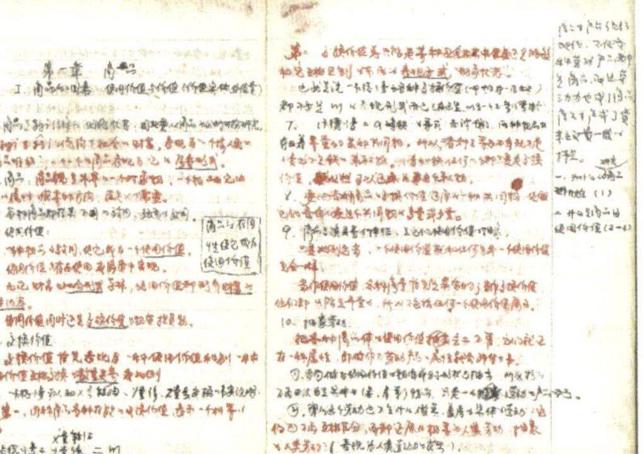

读书笔记片段

名曰“批判”实为介绍，讲了几十讲，印发了讲义等材料。我从头到尾听了整个讲座，对西方经济学有了较为深入的了解，对我后来用比较的方法来研究社会主义经济与金融理论大有裨益。

我开始进行金融学的教学和科研，首先要感谢的是时任经济系主任的陈岱孙先生。我想搞教学工作，找到陈岱孙先生征求意见。他非常支持我，鼓励我进军教学和科研。我问他自己应当搞哪方面的教学，他说：“你要搞金融方面的教学工作。”我说：“我没学过金融，能行吗？”他说：“没学过，就从头学起，你还年轻，肯定没问题。”这是陈先生当面跟我说的。他说：“经济系十多年没有开过这门课了，这是非常大的一个缺憾，你就来开金融方面的课吧。”为了使我能够系统地学习金融知识，陈岱孙先生（还有胡代光先生）亲自给中国人民大学金融系当时的系主任黄达打电话、写条子：“让我们的年轻教员曹凤岐去你们那里进修金融课程吧？”黄达教授爽快地答应了，让我跟当时的中国人民大学金融研究生班学习。1978—1979年，我在中国人民大学进修了两年金融研究生的课程，聆听了黄达、王传伦、周升业、陈共、安体富等金融和财政大家的课程，系统学习了《资本主义国家的货币流通与信用》《中国财政与金融》这两本书，学习了财政理论、货币理论、财政金融综合平衡理论。这为我后来对金融理论进行深入教学和科研奠定了坚实的基础。

1978年、1979年中国金融学会恢复活动，陈岱孙先生是金融学会的常务理事，他亲自带我参加金融学会年会和各种研讨会，使我认识了当时金融理论界和实际部门的一些人士，也使我对金融研究产生了浓厚的兴趣。我至今还保留着一张华国锋、邓小平等中央领导接见中国金融学会会议代表的照片（那天陈岱孙先生没有参加照相），照片是大北照相馆用转机照的，有1.7米长。

我有生以来发表的第一篇文章《社会主义商品经济与银行的作用》（1979年12月）就是陈先生带我参加中国金融学会年会提交的学术论文。我在这篇论文中提出了社会主义经济是有计划的商品经济的观点，提出在有计划的商品经济条件下计划规律和价值规律同时起调节作用的观点，提出只有承认社会主义经济是商品经济银行才能发挥作用的观点。这篇文章使我成为在国内较早提出社会主义经济是有计划的商品经济的学者之一。我的观点在当时引起了轰动。论文被收录到会议的论文集中。

当时中文的金融学教材和参考材料很少，需要参考外文材料，了解西方金融学理论，但我学的是俄语（东北的中学普遍开的是俄语课，到了大学继续学俄语），看不懂英文，因此我就看俄语转译的材料（我的俄语还可以，借助于字典曾翻译过专业文章），或找国内已经翻译成中文的经济与金融方面的文章。那时我的居住条件很差，年龄大一点的人可能都看过20世纪80年代初的电影《邻居》，里面描述了一群知识分子住在筒子楼里的状况，我当时住的条件比电影里的还差。我当时住在用学生宿舍改造成的家属宿舍的34楼里，一层楼里住着30多户，用蜂窝煤炉在楼道里做饭（后来给四五户一个房间做厨房）。那时住在34楼里的人都比较年轻，孩子普遍都比较小，最大的六七岁，小的一两岁。白天可以说是锅碗瓢盆和孩子们的哭闹声交响曲，根本无法在宿舍里看书、学习。我自己主要用老四段时间（上午、下午、晚上6点到9点为老三段时间，晚上9点到12点左右为老四段时间）学习，为了学习、备课我经常熬到深夜。我用茶杯和烟灰缸自制了一个台灯。我的中学老师写给我的一首诗里对我这样评价道："三更灯火五更鸡，不需扬鞭自奋蹄。"

开设多门课程

1970年毕业留校后我陆续做了一些教学工作，主要是给学生（工农兵学员）讲政治经济学。我真正的教学生涯是从1979年开始的。

从1979年开始，我同张胜宏老师合开"财政与信贷"的课程，我讲信贷部分。从1983年开始我单独开设"货币银行学"课程。

那时还没有计算机，我用八开的稿纸写讲稿。我的讲稿装满了两大衣服盒子。后来我为了培养年轻老师接替我讲这门课，把这些讲稿原封不动地给了刚刚留校的姚长辉老师，让他开好这门课，他后来也成了知名的金融学教授。

我开始讲货币金融理论时，课程的名称还是传统的"货币银行学"，20世纪80年代中期以后，我国金融市场已经开始发展，我上课的课名已经改为"货币金融学"，内容不仅讲货币银行，而且讲金融市场，包括资本市场、外汇市场等。我编写的教材取名"货币金融学"，可能是全国第一本叫这个名字的教材，从那以后叫"货币金融学""金融学"的教材才开始多起来。

在阅览室查阅备课资料（2005 年）

我的教学渐入佳境。我对教学认真负责，摸索和改进教学方法，提升教学质量和教学效果，使学生们对我的课感兴趣，喜欢我的课，并得到启示和启发。

多年来，我开的课不止金融，还给本科生、硕士生、博士生开过多门课程，据不完全统计有十几门（有的是与其他老师合开的），包括货币银行学、货币金融学、保险学、财政与金融、金融市场与金融机构、股份经济专题、资本市场专题、商业银行管理专题、货币金融管理专题、社会主义经济理论与实践、社会主义经济改革与建设、中国金融变革等。我的课很受欢迎。除了本院学生必修，还有外系、外院的学生和留学生选课，人很多，有时要在光华管理学院 1 号楼 101、102 和 103 的大教室上课。

值得一提的是，为了配合国有商业银行股份制改革，我在 2006 年组织、主持和开设了商业银行管理专题课。除了我自己讲授，我还请来当时业内的一些“大咖”，比如，请时任中国银行行长李礼辉讲商业银行内控机制与客户关系管理、时任招商银行行长马蔚华讲资本市场与商业银行发展、时任深圳发展银行行长韦杰夫讲商业银行法人治理与人力资源管理、时任国务院发展研究中心金融研究所副所长巴曙松讲商业银行资本管理、时任中国建设银行计划财务部总经理王贵亚讲财务管理与财务重组、时任银监会外资银行检查处处长郭武平讲商业银行监督与管理等。这门课受到学生们的欢迎和好评，取得了非常好的效果。

厉以宁教授牵头、我作为主要参与者的社会主义经济理论与实践专题课（政治课），主要讲中国经济改革中的重要理论和实践问题。比如，厉老师讲非均衡理论、城乡一体化、民营经济等问题，我讲股份制和资本市场改革理论与实践，受到学生们的欢迎和好评。

为了讲好课，我课前会收集大量资料，无论新课还是老课，讲课之前我都重新复习讲稿。金融学是理论与实践相结合的课程，必须联系中国经济与金融改革实际才能讲好。学生们很喜欢我讲的课，认为我讲课理论联系实际，信息量大；讲课生动、幽默。我多次组织课堂辩论，取得良好的教学效果。我讲课尽量讲些新东西，使学生们能够掌握最新的知识和经济变化动态。2003 年“非典”时期，曾经停过一段时间的课，后来我是最早恢复给学生们授课的老师之一。学生们大都戴着口罩听课，我却不能戴着口罩讲课。我有慢性咽炎，有一次讲课时突然咳嗽起来，学生们都很紧张。我对大家说：“你们不要紧张，我不是非典型肺炎，而是非典型咳嗽，不会传染的！”学生们哄堂大笑，课堂的紧张气氛得到了缓解。

我利用案例教学法，让学生们自己分析案例，得出自己的结论。在讲银行和金融风险时，我会给大家介绍历史上出现的南海泡沫、郁金香风波；讲 1929 年 10 月 9 日美国股市突然崩溃，导致 1929—1933 年资本主义

货币金融管理学课堂辩论会后合影（2010 年）

货币金融管理学课堂辩论（2013 年）

经济危机的出现；讲巴黎银行倒闭，也讲中国海南发展银行的破产案例；讲2008年由于雷曼证券的倒闭，引发国际金融危机；讲中国上市公司郑百文出现问题后重组的案例。学生们自己分析这些案例后都觉得收获很大。另外，对于重要的问题我还组织课堂讨论和辩论。我组织的课堂辩论活动深受学生们的欢迎。

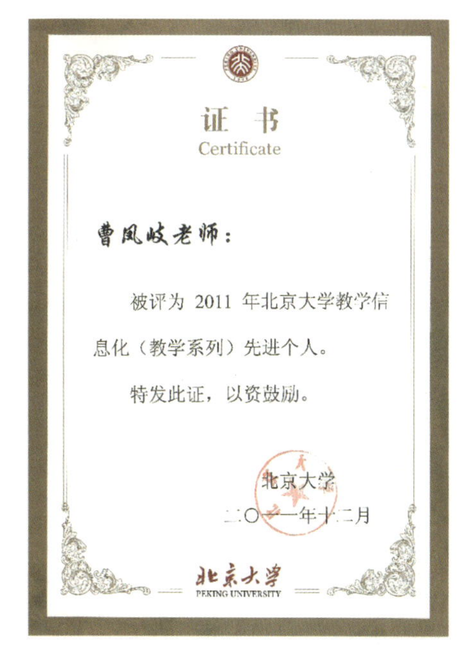
证 书
Certificate

曹凤岐老师：

被评为 2011 年北京大学教学信息化（教学系列）先进个人。

特发此证，以资鼓励。

北京大学
二〇一一年十二月

北京大学
PEKING UNIVERSITY

获得教学信息化（教学系列）先进个人

我是最早使用投影仪和PPT（演示文稿）进行教学的教员之一。为了提高教学质量，使学生们更清晰地看到讲课内容，我最初利用电脑把讲课提纲、图表打印在透明胶片上，用投影仪显示出来，使学生们有直观的感受，取得了良好的效果。后来，我学着自己做PPT，受到大家的欢迎和好评。

此外，我多次获得学校的优秀教学奖，还获评北京大学教学信息化（教学系列）先进个人。

注重编写教材

中国大学文科教学多年来很少有自己的教材，金融学教材更少。改革开放初期，中国人民大学的黄达教授等编写的《资本主义国家的货币流通与信

用》是借鉴苏联的教科书编写的，后来他们又结合中国的情况编写了适用于研究生的《社会主义财政金融问题》。除此之外，还没有看到更合适的金融学教材。

我非常注意教材的编写，几十年来，我主编、与人合编了多部教材。其中有：《货币金融学》（北京大学出版社，1989 年），被全国多所院校采用，曾获北京大学优秀教材奖；《证券投资学》（合著，第一作者，北京院校出版社，1994 年第一版，2000 年第二版，2013 年第三版），被全国多所院校采用，多次印刷，2002 年被教育部评为“全国普通高等学校优秀教材二等奖”；《金融市场与金融机构》（曹凤岐、贾春新著，北京大学出版社，2002 年第一版，2014 年第二版），被全国多所院校采用，多次印刷；《中国企业管理教学案例》（厉以宁、曹凤岐主编，北京大学出版社，1999 年），被全国多所院校采用，2002 年被教育部评为“全国普通高等学校优秀教材一等奖”；此外还有《货币金融管理学》（北京大学出版社，2008 年），以及专门为函授本专科编写的

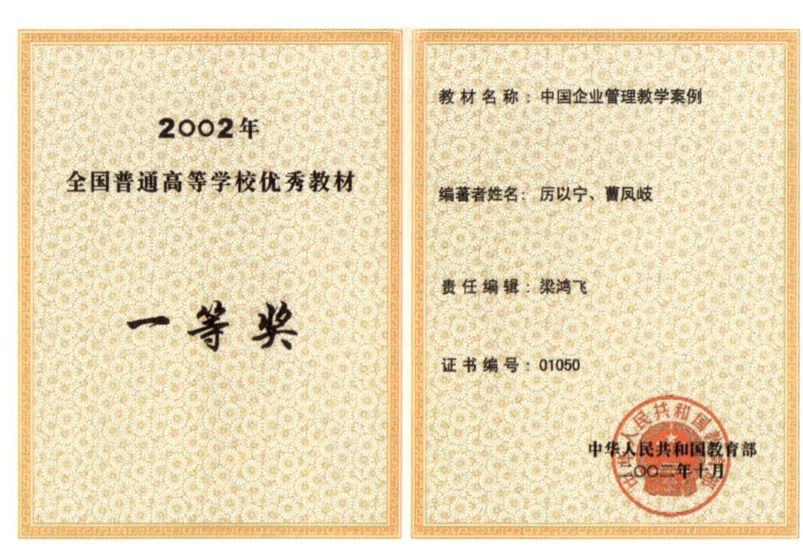
2002年
全国普通高等学校优秀教材
一等奖

教材名称：中国企业管理教学案例
编著者姓名：厉以宁、曹凤岐
责任编辑：梁鸿飞
证书编号：01050
中华人民共和国教育部
二〇〇二年十月

2002 年全国普通高等学校优秀教材一等奖证书

《简明货币银行学教程》（北京大学出版社，1992 年）等。

1979 年，我有幸参加了教育部组织的统编教材《财政与信贷》的编写工作，编历小组组长是厦门大学的邓子基教授。邓老先生是研究财政学的，人非常好，对我帮助很大。参加编写工作的有南开大学、武汉大学等十几所院校的老师，资历都比较深，水平很高。我负责货币、信贷两章。通过集体编书，我收获很大，提高很快。

1983 年，我参加了北大经济系自己编写《中国财政与金融》教材的工作，我负责货币、信贷和银行部分。

值得一提的是，1989 年我编写的教材《货币金融学》是我研究金融十年的集大成之作。在这本书中我介绍了货币制度、货币供求、信用与利息、银行改革与管理、金融市场、涉外金融等内容。这本教材有以下特点：第一，以往的金融学教材基本都叫“货币银行学”，重点研究货币和银行信用，而我的这本教材叫“货币金融学”，不仅研究银行，而且研究宏观金融，增加了金融市场（包括资本市场）的内容。第二，从社会主义经济是有计划的商品经济出发，研究金融在社会主义经济中的作用，包括银行和金融体系改革。第三，从开放的角度研究金融学，专门设置了涉外金融一章，阐述了我国的国际收支、外汇和汇率、利用外国资金等问题。这本教材的影响很大，从出版到 20 世纪 90 年代中期，很多高校都在使用。现在还有不少人说，他们年轻时是通过

《货币金融学》封面

序

曹凤岐同志，于近十年从事货币金融教学与科研工作之余，写了这本《货币与金融》的著作。作者诚实而坦率地说出过去这门学科教材，对教学双方，都不尽满人意的缺点。而为了补救那些缺点，用作者自己的话来说，“本书写作总的指导思想是，尽量克服和避免以往教材的毛病，探求文科教材新的写作方法，以介绍社会主义货币金融理论为主，同时从历史和发展的角度研究和介绍西方发达国家的金融理论与实践——力争做到历史和现实的统一，理论和实际的统一。”

确该是力图摆脱对陈旧的，或者还有貌似新颖的，各种迷信的束缚的时候了。在口头上，我们没有人会反对“历史和现实的统一，理论与实际的统一”的。但在实践方面，我们在教研工作中，都有时甚至经常把这信条抛在脑后，而把一些陈言、牙慧抱为信条。在“政治经济学”一学科中，这现象是易于被发现的。在、

……

教学双方都感到不太满意的现况。曹凤岐同志在本书中，所涉到的问题当然覆盖着一个更广泛的领域。在针对这一总情况的前提下，作者对于这些各方面的问题，都提出自己的观点，努力做到理论、历史、和实际的统一。读者仍可以对于他的某些观点保持不同的意见，但不能否认他所提出来的问题是富有挑战性的，而他的看法和论点正必会引起读者们的思考和启发。这也就是正作者所企求的。

陈岱孙

一九八八年，2月，30日

陈岱孙先生给《货币金融学》写的序的手稿（部分）

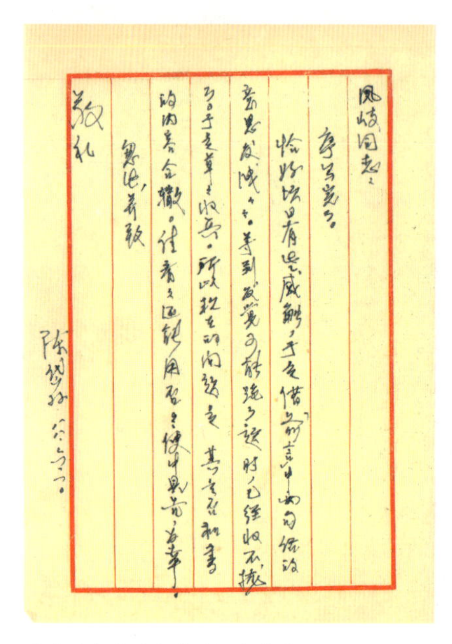
凤岐同志：

序写竟了。

[illegible]

恕罪，并致

敬礼

陈岱孙

陈岱孙先生写完序后给我的信

学习我的这本教材才了解金融理论和实践的。很多高校的学生都学过这本书，都通过这本书认识了我。有时参会碰到外校当时的学生，他们都说：“曹老师，您的《货币金融学》是我金融入门的指导书。”他们还都清楚地记得书的封面设计，黑色背景，上面画有几摞硬币。不知是谁设计的，太有才了！

陈岱孙先生以89岁的高龄给这本书写了7 000多字的序，并亲自写了一封信。在序中给这本书很高的评价：

“曹凤岐同志在本书中所涉及的问题当然覆盖着一个更广泛的领域，尤其是对社会主义经济中的货币、银行、金融理论问题及我国金融体制改革问题做了认真的论述和探讨。……读者尽可以对他的某些观点保持不同的意见，但不能否认他所提出的问题是富有挑战性的，而他的看法和论点至少会引起读者的思考和启发，这也正是作者所企求的。”陈先生对我的成长和发展倾注了心血，对我的关心和关怀无微不至，他多次把我叫到他家里询问我的情况，对我的学术发展提出意见和建议。陈先生是我从事金融教学和科研的引路人，我永远不会忘记他对我的恩情。

我编写的教材除了前面重点提到的《货币金融学》，还有几本有影响的、被很多院校采用的教材。

一本是《证券投资学》。这本教材的第一版是我和几名年轻教员以及我指导的研究生编写的，1994 年就出版了。当时中国证券市场才开设几年，很多学生对证券市场、证券交易很不熟悉。《证券投资学》起了启蒙和普及证券市场知识的作用。当时很多财经院校都采用这本教材，很多学生碰到我时都说：“曹老师，我是通过《证券投资学》认识你的。”“我是学了《证券投资学》后进入证券界的。”随着证券市场的发展，需要补充新的材料并加强定量分析，介绍成熟市场的证券理论和方法，如资本资产定价模型、期权期货理论等。2000 年我们对《证券投资学》进行了修订，出版了《证券投资学》第二版。2013 年在我已经退休的情况下，我们又组织了一次修订，出版了第三版。第三版的内容更加丰富，理论与实践结合得更紧，也算完成了我的心愿。

还有一本是我同贾春新老师合著的《金融市场与金融机构》。我们在国内较早地开设了“金融市场与金融机构”这门课。当时，在国内高校的金融学专业教学中，一般都会开设“货币银行学”或“货币金融学”“证券投资学”这样的核心课程。“金融市场与金融机构”还是一门比较新的课。那么，“金融市场与金融机构”和“货币银行学”“证券投资学”是什么样的关系呢？

应该说，“金融市场与金融机构”与另两门课在一些问题上会有交叉，但这门课又有本身的内涵及其所研究的对象。“货币银行学”重点研究宏观金融的调节与控制、货币政策、中央银行和商业银行的控制，以及国际金融中的关系问题。“货币银行学”实际上是宏观经济学的一部分，“证券投资学”较侧重于技术方法，而“金融市场与金融机构”较侧重于制度层面。我们开设这门课和写这本教材的原因是：第一，中国金融发展和金融体制改革的需要。中国的金融市场越来越发展，金融市场在经济发展中的作用越来越大，金融工具、金融技术不断创新，要求我们研究一些新问题、新理论和新方法。第二，中国的融资体系正在发生根本性的变化。西方国家的融资体系是市场融资体系，主要通过金融市场进行融资。金融市场包括间接融资市场和直接融资市场。而中国过去是计划经济，不通过市场融资。中国发展金融市场实际上是融资制度的转变，即从计划经济的融资制度转变到用市场的方式融资，这是一种最根本的制度创新。现在，中国的融资体制要变革，商业银行要市场化，要以利润为主要指标，同时大力发展直接融资市场。既然中国要大力发展金融市场，我们就必须懂得和熟悉金融市场。第三，中国的金融制度和金融工具不断创新。中国发展金融市场本身就是一种制度创新，金融市场发挥作用要有市场的工具，因此许多金融工具都需要创新。用股票融资就要发行股票，用债券融资就要发行债券，这些工具都要创新。还有其他金融衍生工具，如期货、期权等的创新。随着信息经济的发展以及电子技术的应用，网上银行、网上结算、网上证券交易将得到很大的发展，电子货币将广泛应用，将有新的金融技术和金融工具创新。应该说，这些创新对我们来说不少是新东西，我们要研究它们在中国的情况下应如何运用。

《金融市场与金融机构》于 2002 年出版，全国很多财经院校的金融专业都开设了这门课，使用了这本教材，学生们都很欢迎。2014 年我们对这本书进行了修订，出版了第二版。

还有一本教材不得不提，那就是《货币金融管理学》(北京大学出版社，2008 年)。这本教材是由我单独编写的。在这本教材中我明确提出广义金融的概念。广义金融学或现代金融学应包括多种内容。从金融市场与企业金融的角度，金融学应当包括货币银行学、保险学、金融市场学、证券投资学、公司理财学等。从金融理论和金融技术等方面划分，金融学应当包括金融经济学、金融制度学、金融工程学、金融数学、金融技术学、货币金融管理学等。

《货币金融管理学》封面

这本教材是国内第一本叫“货币金融管理学”的教材。货币金融管理学应被视为现代金融学的重要组成部分。现代货币与金融是一个庞大而复杂的体系，加上现代电子技术的应用，货币金融体系蕴藏着极大的风险。因此，货币金融管理变得非常重要，不仅要进行金融宏观管理，还要进行金融微观管理；不仅要对金融市场进行管理，还要对金融机构进行管理；不仅要进行外部管理，更重要的是要进行内部管理；不仅要进行政策管理，还要进行技术管理。货币金融管理学是从宏观管理和微观管理的角度研究货币金融理论与实践的学问，主要研究现代货币金融管理的一般理论、管理内容、管理方法及管理体系等。具体包括货币供求管理、金融市场与金融机构管理、金融业务管理、金融资产管理、财务管理、人事管理、技术管理，研究金融监管法律体系、金融监管组织体系、金融监管评价体系、国际金融监管、金融监管环境等。

这本教材试图从货币管理、金融市场管理、商业银行和金融机构管理几个方面展开对货币金融管理的研究，包括经济发展与货币化、货币供给与需求管理、通货膨胀与通货紧缩研究、货币政策、利率管理、商业银行业务管理、商业银行风险管理、涉外金融管理、金融监管等内容。

这本教材是在《货币金融学》的基础上结合中国金融体系的改革与变化而写成的，主要适用于硕士和博士生。多年来我一直用这本教材给研究生授课，深受欢迎。

第一次出国讲学

1986 年，我们邀请了维也纳经济大学的霍夫曼教授来北大讲学。他是著名的管理学教授，来北大教授管理学。我负责接待和安排讲课事宜。我和霍夫曼教授相处得很好，曾邀他到我家吃饭，还闹出点笑话。记得我曾给他拌了一个凉菜——东北粉皮，霍夫曼教授觉得很好吃，但不知道是什么菜，就让陪同并当翻译的李其老师翻译成英文，结果李其闹了个大红脸——他也不会翻译。后来查了汉英字典也没有“粉皮”二字，只好翻译成用淀粉做成的菜了。霍夫曼教授在我家还吃了饺子，他学着用筷子夹，结果饺子没夹住，掉到醋碟里，醋都溅到身上了，引得大家哈哈大笑。

霍夫曼教授为了感谢我们对他的邀请，他向厉以宁老师提出，邀请我去他们学校讲学。厉老师很爽快地同意了。我自己很紧张，因为奥地利的官方语言是德语，我一点也不会。我上大学时学的是俄语，英语是毕业后在教员速成班里学的一点点，对照字典可以看一点专业书籍、论文，口语则根本不行。厉老师鼓励我说，“没关系，找一位懂德语的留学生给你当翻译就行了”，我只好硬着头皮答应下来。

我之所以答应下来，是因为这是我第一次出国，而奥地利不仅风景优美，而且是永久的中立国，是东西方文化的交汇处。我想去看一下。

我准备了“中国金融改革”课程的讲义（中文），事先寄了一些给维也纳经济大学。到奥地利后才发现，他们根本没有收到。我分析，一是当时海关对印刷品管理得很严，他们有权拆封印刷品进行检查，也许检查没过关被扣收了（或许他们根本看不懂我写的专业讲义），二是路途遥远，地址不清，真的丢了。不过，这些并不要紧，因为听课的经济大学的学生基本不懂中文，中文讲义对他们没什么用。

1987 年 5 月中旬，我乘坐民航班机前往奥地利。班机往西飞，大约飞了十几个小时。中间经历了日出日落，在飞机上看日出日落非常美。我用我的傻瓜相机拍下了美丽的景色。

飞机到德国法兰克福机场停留，之后换乘另一架飞机飞往维也纳。在法兰克福机场停留期间，我仔细观察了该机场。机场非常大，都是通道式登机口，并排着好几条登机通道，能同时停靠上百架飞机，比当时的首都机场大多了。当时首都机场还是落后的卫星厅，最多只能停十几架飞机。

在法兰克福机场停留了一个多小时后，我换乘了另一架飞机，飞往维也纳。霍夫曼教授和夫人到机场接我。夫人还给我献上了一束鲜花。霍夫曼教授把我带到事先联系好的中国驻奥地利使馆宿舍，我就住在那里。

第二天，霍夫曼教授带我去维也纳经济大学，让主管教学的副校长给我介绍了学校的情况。之后领我去了给我安排好的办公室，给了我上课的课程表，告诉我上课的教室。维也纳经济大学始建于 1898 年，在经济与工商管理领域享有很高的国际声誉。长期以来该校都是奥地利唯一一家专门教授经济学的大学，是欧洲最大的经济类大学之一。大学总面积达 5.2 万平方米，环境优美，教学设备先进。维也纳经济大学的教育宗旨为：适应就业市场的瞬息变化。该大学以培养总经理为目标，并设置各种特殊专业，能使毕业生很快适应国内、国际各行各业的要求。维也纳经济大学看起来并不是很大，四周是楼房，操场等其他辅助设施都在大学内，很有意思的是没有学生宿舍，学生都是走读，上课来，下课走。学校食堂只提供一顿午餐。节假日期间学校把大门锁起来，校内空无一人。这样也好，比起北大带有后勤和学生宿舍，效率高多了。

学校一周给我安排了两次课，学生们自愿选课。我请了维也纳经济大学的中国留学生李锐给我当课堂翻译，他的德语很好，经济专业术语也能翻译。我很感谢他和他夫人，回国后还联系过，后来就中断了。当时《世界经济导报》的胡后法先生也给了我很大的帮助。课堂上我主要讲中国金融、银行发展和改革。学生们对中国很感兴趣，我发现他们对中国了解得很少。我

我给维也纳经济大学的学生（硕士、博士生）讲“中国金融改革”（1987年5月）

给他们讲中国金融的基本情况时他们都感到很新鲜。开始时我还准备按讲稿来讲，但学生们的提问过于踊跃，思路经常被打断。他们比较有礼貌，会举手提问，有时如果我没有看到他们举手，他们会着急地敲桌子。后来我发现，我不可能按讲稿讲，而要按他们提的问题讲。这和中国学生有很大的反差。在中国，老师们一般都是按自己准备好的讲稿，不管学生们听不听，口若悬河，一直讲到下课。我在那讲了两个多月的课，效果还不错，学生们对中国金融及改革开放的政策有了较为深入的了解。

维也纳（英语：Vienna；德语：Wien）是一座古老而美丽的城市，也是享誉世界的文化名城，既有“音乐之都”的盛名，又以精美绝伦、风格各异的建筑赢得“建筑博览会”的美称。维也纳的新年音乐会已成为国际性的音乐盛会。维也纳位于奥地利东北部阿尔卑斯山北麓维也纳盆地之中，三面环山，多瑙河穿城而过，四周环绕着著名的维也纳森林，面积 414.5 平方公里。维也纳还是多瑙河第一个流经的大城市，因此有“多瑙河的女神”之称。

我利用在维也纳讲学的机会，领略了那里美丽的风光以及古老与现代的文化。维也纳的城市铁路非常发达，乘车十分方便；在市中心则有有轨电车，随时上下。我买了一张月票，在市内浏览畅通无阻。

维也纳是世界著名的音乐城市。几个世纪以来维也纳一直离不开音乐，维也纳的名字始终是和音乐连在一起的。许多音乐大师，如海顿、莫扎特、贝多芬、舒伯特、约翰·施特劳斯父子和勃拉姆斯都曾在此度过多年的音乐生涯。海顿的《皇帝四重奏》、莫扎特的《费加罗的婚礼》、贝多芬的《命运交响曲》《田园交响曲》《月光奏鸣曲》《英雄交响曲》、舒伯特的《天鹅之歌》《冬之旅》、小约翰·施特劳斯的《蓝色多瑙河》《维也纳森林的故事》等著名的乐曲均诞生于此。许多公园和广场上都矗立着这些音乐家的雕像，不少街道、礼堂、会议大厅都以他们的名字命名。音乐家的故居、墓地常年供人们参观和凭吊。如今，维也纳拥有世界上最豪华的国家歌剧院、闻名遐迩的音乐大厅和第一流的交响乐团。金色大厅是最古老也是最现代化的音乐厅，是每年举行“维也纳新年音乐会”的场所。大厅内共有 1 654 个座位和大约 300 个站位，每场音乐会都爆满。我看过金色大厅的外观，但没有进过大厅内部欣赏音乐。我曾通过各种途径购买音乐会的票，结果连站票都没买到。不过霍夫曼教授曾带我到维也纳国家歌剧院看过歌剧。

每年的 1 月 1 日，维也纳爱乐管弦乐团都会在金色大厅举行新年音乐会并向全球直播。维也纳歌剧院舞会是每年维也纳狂欢节的高潮，其他比较有名的还有维也纳华尔兹、维也纳童年合唱团等。闻名于世的维也纳交响乐团和维也纳童声合唱团在世界各地的巡回演出中永远能得到观众热烈的掌声，维也纳音乐学院也不断地培养出在国际音乐界脱颖而出的乐者。

维也纳几乎一天也离不开音乐。人们在漫步时，随时可以听到优雅的华尔兹圆舞曲。夏天的夜晚，公园里还举行露天音乐演奏会，悠扬的乐声和着花草的芬芳，在晚风中飘扬、回荡。我时常在傍晚到维也纳城市公园观看免费的音乐会。人们伴随着悠扬的乐曲翩翩起舞，欢乐无比。维也纳每年夏天都在多瑙河畔举办音乐节，我有幸参加过一次。每当音乐节开始，维也纳几乎万人空巷，人们利用各种交通工具（主要是地铁）赶往多瑙河畔。在音乐节上，会搭建很多舞台，演奏音乐，表演节目，好不热闹。

在维也纳郊外，有很多小酒馆，统称“今年酒店”。有一次，霍夫曼教授带我去一家酒馆吃饭。酒馆的院内有一个酒桶，里面是酒馆老板自酿的葡萄酒（每家都自己酿酒，酒的品质是吸引客人的卖点），客人自己喝多少接多少，饭菜也是自己点。比较有特色的是，酒馆是老式建筑，柱子和房梁都很粗，灯都藏在柱子和梁上面，屋里比较昏暗，桌上则点着蜡烛。就餐时，只要有一个人唱起歌来，酒馆中所有的人都会跟着唱起来，还有人索性跳起舞来。整个酒馆洋溢着欢快、粗犷的氛围，这在中国是很难看到的场景，我也很受感染。

维也纳的许多家庭都有室内演奏的传统，尤其在阖家团聚时，总要演奏一曲，优美的旋律传遍街头巷尾。更有趣的是，举行集会、庆典甚至政府在议事时，会前会后也要各奏一曲古典音乐，这几乎成了惯例。

时代的辉煌给维也纳留下了不计其数的雄伟建筑，而作为“音乐之都”，它也吸引了贝多芬、莫扎特和马勒等众多音乐家。继承了他们的古典主义音乐作品及文化遗产的维也纳成为远近闻名和深受欢迎的一座旅游城市。维也纳永远充满着多姿多彩、引人入胜的文化节目。无论是古典音乐还是现代戏剧，无论是电影、舞蹈演出还是歌剧、音乐剧，无论是艺术展览还是音乐会、演唱会，不管你何时到来，你都会有无限的发现，并留下深刻的印象。

游客可以乘坐具有维也纳特色的马车环游维也纳的内城即老城，老城的中心是维也纳的斯蒂芬大教堂，老城内还有维也纳国家歌剧院、霍夫堡皇宫、奥地利最繁华的步行街大街、有名的蛋糕店和旅馆、富丽堂皇的环城大街，以及各式各样的酒馆、爵士酒吧、舞厅和艺术画廊等。维也纳的大部分旅游景点都常年开放，比如美泉宫、霍夫堡皇宫、贝尔维德宫和维也纳博物馆区。美泉宫也称“夏宫”，离我住的地方很近，我时常去那里游览。美泉宫的树都被修剪成墙一样笔直，绿地、花坛、喷泉，映衬着古老的宫殿式建筑，呈现出美丽而和谐的画面。

维也纳森林是一片保有原始风貌的天然林，主要由混合林和丘陵、草地组成，共 1 250 平方公里，一部分延伸至维也纳市。维也纳森林旁倚美伦河谷，水清林碧，给这座古城增添了几分妩媚。同时，维也纳森林还对洁净空气起着重要作用，拥有“城市的肺”的美誉。奥地利作曲家小约翰·施特劳斯谱写的《维也纳森林的故事》更使它扬名于世。维也纳森林是维也纳人的骄傲与福气，使他们生活在层层叠叠的绿色之中。森林不单是维也纳人度假游玩的去处，平日的黄昏人们也常常驱车到城市东北角的卡伦堡山上，大口

美泉宫（夏宫）公园（1987年5月）

吸吮林海散发出来的清新、湿润的空气。放眼远眺，绿海无边，每一棵树都是一朵绿色的浪花，要多少棵树才能汇成这海一样无边无际的森林？在维也纳期间，我自己乘地铁多次去维也纳森林。那里非常大，我早晨从一个入口进去，走到傍晚才走到出口。沿着弯曲的小路漫步，一会儿看到一片茂密的林地，一会儿看到一丛绚烂的鲜花，有时还能看到幽静的城堡。到处都郁郁葱葱，生机勃勃，让人感到心旷神怡。

小约翰·施特劳斯创作的圆舞曲《蓝色多瑙河》誉满全球，使得欧洲美丽、静谧的多瑙河为世人所熟知。流经维也纳的多瑙河似乎赋予了这座音乐之都更多的神韵，许多美丽的传说和动听的歌谣随着多瑙河水流传了下来，茜茜公主的故事在当地更是尽人皆知。多瑙河是一条美丽的河流，流经多个欧洲国家，但在欧洲，没有哪个国家像奥地利那样与多瑙河有着如此紧密的联系。多瑙河在奥地利境内的长度约为350公里，其流经的区域是奥地利最

维也纳森林一角（1987 年 6 月）

富有魅力的地区之一，而流经维也纳的就长达 24 公里。维也纳人为有多瑙河而自豪，为有《蓝色多瑙河》而骄傲，电台每天清早的开场曲就是《蓝色多瑙河》。我多次（单独或同朋友一起）到多瑙河畔欣赏美景。联合国原子能机构就坐落在多瑙河边，我曾参观过该机构，并登上高塔欣赏多瑙河的风光。有一次，霍夫曼夫妇用一天的时间带我沿多瑙河参观，除了观看河上的美景，还参观了古镇、古村落。真是美不胜收。

到奥地利讲学，不仅进行了文化交流，宣传了中国的改革开放，还使我了解了奥地利的风土人情，大开眼界。

奥地利给我留下了深刻和美好的印象。

在维也纳期间，我自己曾乘火车去匈牙利游玩，在那里欣赏了布达佩斯的美景。整体感觉匈牙利的办事效率比奥地利差多了，我在一家“国营饭店”吃饭，点的两个菜两个小时都上不来，饭店服务员不慌不忙地打着毛衣。在

联合国原子能机构坐落在维也纳美丽的多瑙河畔（1987 年 5 月）

回国途中，我在波兰的华沙停留了一两天，北大经济学院的睢国余老师在那里访学。他带我参观了波兰的一些名胜古迹。接着我又乘火车到了苏联的莫斯科。在莫斯科又停留了两天，参观了莫斯科大学，又去了红场准备瞻仰列宁遗体，可惜那天列宁墓没有开放，天又下起了大雨，我只好悻悻而归。我还乘坐了非常有名的莫斯科地铁。莫斯科地铁在苏联卫国战争期间就发挥了重要作用，果然名不虚传，我亲自搭乘后发现地铁很深，上下几层，车站宽敞雄伟，四通八达，票价很便宜，进了地铁只要不出去，就花一次的票钱。我真佩服苏联人 20 世纪 40 年代就修建了这样的地铁，到现在还不显得过时。莫斯科的人很热情，也很守纪律。当然，办事效率不高，我排了两天的队购买莫斯科到北京的车票也没买着。不是没有票，而是办事效率太低，一个售票点卖票要打电话问售票总部有没有票，但要么就是电话打不通，要么就是打通了也没人接，一上午能卖一两张票就不错了。中午吃饭时，窗口一关——“停止卖票”，下午重新排队。害得我只好乘飞机回国（多花了好多钱）。

成立北京大学金融与证券研究中心

要想更好地研究金融问题，就需要有一个研究平台，一个专门的研究机构。1995 年下半年，我们向学校申请成立“北京大学金融与证券研究中心”。有人质疑为什么叫“金融与证券研究中心”？证券已经包括在金融里了，叫金融研究中心不就行了吗？其实这个名字是我起的，当时中国证券市场已经发展起来，有许多问题需要研究，起这个名字就是要重点研究证券市场（资本市场）。学校于当年 12 月批准了我们的申请。

1996 年 1 月，北京大学金融与证券研究中心成立大会在当时的法学院模拟法庭召开。大会很隆重，校领导以及金融、证券业界的很多专家学者都出席了。时任北京大学党委书记任彦申，校长吴树青，光华管理学院院长厉以宁，证监会主席刘鸿儒，著名经济学家董辅礽、萧灼基、戴园晨，中国工商银行行长张肖等出席了开幕式，研究金融证券的青年学者吴晓求、刘纪鹏和韩志国等也参加了会议，并在研讨部分发言。

中心以北京大学光华管理学院在金融与证券方面的科研力量为主，联合北京大学其他院系在金融、保险、法律等领域的专家、教授，并借助国家各部委、科研机构以及国内外商业银行、保险公司、证券公司、投资基金等方面的研究力量组建而成，主要从事金融、证券和保险方面的理论、实务、政策及法律研究。中心的领导班子也是全校范围聘任的，主任：曹凤岐，副主任：吴志攀、孙祁祥、于鸿君等。

北京大学金融与证券研究中心自成立以来，先后聘请了数十位在国内外享有名望的专家学者作为顾问和特约研究员，综合金融、证券和保险等方面的研究力量，形成了一支跨院系、跨学科的研究队伍，对金融、证券和保险领域中的许多重要问题进行了深入系统的研究，取得了高水平的研究成果。

董辅礽、厉以宁、刘鸿儒、梁定邦、萧灼基、戴园晨、高尚全、张肖、吴晓求、刘纪鹏、韩志国、常青、邵友保（香港著名银行家）等都曾任中心顾问和特约研究员。

二十多年来，中心积极承接了多项国家、部委以及国内外企业、金融机构等委托的关于金融、证券和保险等方面的研究项目，取得了丰硕的成果，为国家重大决策提供了重要的参考意见。其中，“中国资本市场发展与管理研究”是国家自然科学基金重点项目；“中国企业管理案例库组建工程”是教育部人文科学研究“九五”规划重大科研项目；“金融市场全球化下的中国金融监管体系研究”是教育部哲学社会科学研究重大课题攻关项目。中心参与起草了《证券法》《证券投资基金法》，有关监管改革的建议被提交到中央，受到重视。

中心依托科研项目，出版了多部专著和教材，在国内外重要刊物上发表了大量的学术论文、研究报告。中心与外界进行了广泛的学术交流活动，举办了一系列学术会议、论坛、讲座。这些会议、论坛层次高、权威性强，取得了很好的效果，产生了很大的影响。例如，1998 年中心同香港城市大学联合举办的“香港与内地 21 世纪金融市场发展国际研讨会”，当时著名的金融“大咖”黄达、高尚全、刘鸿儒、厉以宁、赵海宽、梁定邦、史美伦、张仁良等都来了，有 200 多人参加。在 1998 年的“中国资本市场国际研讨会”上，时任证监会主席周道炯、全国人大常委会副委员长成思危、财政部部长甘子玉、香港著名银行家邵友保等均拨冗参加。

中心多次召开投资基金、证券法等方面的研讨会，例如，1996 年召开了“中国投资基金管理高级研讨会”，很多权威的专家学者都参加了会议。

中心举办的讲座（经济与金融高级论坛）有 120 多期，按期排列的［“经济与金融高级论坛（× × 期）”］已经达到 100 期之多，国内外知名专家学者董辅礽、厉以宁、林毅夫、刘伟、李稻葵、吴晓求，以及周小川、

在“中国投资基金管理高级研讨会”主席台上就座的有刘鸿儒、高尚全、董辅礽、闵维方、梁定邦、赵海宽等人

刘明康、吴晓灵、李礼辉、梁定邦等前来演讲，每次演讲会场都爆满，气氛热烈。我们把一些演讲稿汇集成书，已经出了《前沿——北大金融论坛精彩演讲》《挑战——北大经济与金融高级论坛精彩演讲》和《趋势：北大资本高级论坛》三本书。我们的讲座已成为北大的金牌讲座之一。

中心培养了大批人才。先后在中心从事研究的学者不下百人。

中心连续两届被评为北京大学文科优秀科研机构。

2006 年，我们以召开中国商业银行发展与创新高级论坛的方式庆祝中心成立 10 周年。当时的全国人大财经委员会副主任委员吴晓灵、中国银行行长李礼辉、中国工商银行行长张肖出席了研讨会，并做了精彩发言。

2016 年，中心成立 20 周年。11 月 5 日，20 周年座谈会在北京大学光华管理学院 1 号楼 203 会议室举行，北京大学常务副校长、北京大学金融与

参加“香港与内地21世纪金融市场发展国际研讨会”的主要嘉宾合影

“中国投资基金管理高级研讨会”合影，前排就座的有厉以宁、周道炯、江平等人

“当前国际国内经济形势和我国未来经济发展”讲座［经济与金融高级论坛（第 91 期）］，林毅夫教授演讲，（2014 年 4 月）

“混合所有制与深化国企改革” 讲座［经济与金融高级论坛（第 93 期）］（2014 年 11 月）

证券研究中心副主任吴志攀教授，北京大学常务副书记、北京大学金融与证券研究中心副主任于鸿君教授，北京大学经济学院院长孙祁祥教授，北京大学光华管理学院副院长龚六堂教授，北京大学光华管理学院副院长金李教授，北京大学光华管理学院金融学系副主任张峥教授等嘉宾以及社会各界人士前来参会。会议由北京大学金融与证券研究中心副主任孙祁祥教授主持。

座谈会上，吴志攀教授首先发言，他对北京大学金融与证券研究中心在过去20年取得的成就表示祝贺，指出“理论是灰色的，而生命之树常青，曹凤岐老师等诸位专家学者将‘灰色的理论’移植到中国大地变成生命之树，促进西方理论在中国得到改良和实践应用，具有重要意义”。

于鸿君教授随后深情回忆我指导他修改硕士论文以及金融与证券研究中心初创往事等，指出中心在过去20年完成了大量科研项目，对中国金融和证券事业的发展起到了良好的推动作用，祝愿中心未来继续蓬勃发展。

我发表了主题为“不忘初心，继续前进”的演讲。我首先简单回顾了北京大学金融与证券研究中心的历史沿革，随后指出，要面向未来进行更加深入的金融改革和创新，才能顺利完成中国经济结构的转型升级，因此，中心应当继续深入研究以下相关问题：一是深化银行等金融机构改革，促进金融为实体经济服务；二是货币理论和货币政策；三是建设多层次资本市场；四是规范发展互联网金融；五是区块链金融等新兴业态；六是新形势下的金融监管体制。

我最后向北京大学、参与中心研究工作的老师和同学、关心和支持中心发展的社会各界人士表示了感谢。雄关漫道真如铁，不忘初心，继续前进，希望中心继续研究金融发展与创新中的重大问题，不断为改革开放做出新的、更大的贡献。

庆祝中心成立 10 周年论坛现场（2006 年）

中心成立 20 周年座谈会现场，左起：张峥、金李、孙祁祥、吴志攀、我、于鸿君、龚六堂、刘玉珍（2016 年 11 月）

根据学校的规定，退休教授不再担任研究中心、研究所等机构的负责人，因此我于 2017 年 10 月辞去金融与证券研究中心主任职务，由金融系的贾春新教授接任。鉴于我对中心所做的贡献，根据中心章程并经学院批准，聘任我为北京大学金融与证券研究中心名誉主任。

对货币金融理论研究的贡献

引领我进行货币金融领域的科研活动的是陈岱孙先生，他亲自带我参加金融学会年会和各种研讨会，使我对金融研究产生了浓厚的兴趣。我对中国金融体制改革和改革开放以来形成的货币金融理论逐步有了深刻的认识，形成了自己独立的观点和理论，并向决策部门和实际部门提出了一些咨询建议及参考意见，有一些被决策部门接受了。

（一）较早提出社会主义经济是商品经济的观点

我有生以来发表的第一篇论文《社会主义商品经济与银行的作用》（1979 年 12 月）就是陈先生带我参加金融学会年会提交的学术论文，我在论文中提出了社会主义经济是有计划的商品经济的观点。我在文章中写道："从客观事实出发，必须承认社会主义经济是商品经济""社会主义经济是有计划的商品经济"（当时不允许提市场经济，所以用"商品经济"代之）。"在社会主义条件下，有计划按比例规律和价值规律同时发生作用，它们都对生产和流通起调节作用，它们相辅相成、互相促进、互相制约，是对立的统一。"在文章中我明确指出："商品经济是我国信用制度和银行制度存在的基础和基本原因。”我还提出逐步扩大银行信用范围，充分发挥信贷、利率等经济杠杆作用，银行管理要企业化等观点（参见《宏观经济运行中的货币与资金问题》，北京大学出版社，1995年）。20世纪70年代末，即改革开放初期，对于社会主义经济是不是计划经济有着激烈的争论，有人认为社会主义经济是计划经济，资本主义经济是商品经济（市场经济）。而我是国内较早提出社会主义经济是有计划的商品经济观点的学者之一。我的观点在研讨会上引发了热烈的讨论，论文被收入会议论文集中，后来被《华北金融》等杂志转载。1984年，《中共中央关于经济体制改革的决定》中“社会主义经济是有计划的商品经济”的提法，我认为是吸收了专家学者们的意见的。其实，社会主义经济是计划经济还是市场经济的讨论并未停止，所以后来有了“以计划经济为主，以市场调节为辅”的提法，直到1992年邓小平南方谈话中说，计划和市场都是调节手段后，争论才停止。

（二）较早提出银行和金融体制改革的理论

我开始研究货币金融理论时，刚好中国开始进行银行和金融体制改革。我深入研究了中国银行和金融体制的现状，提出了金融体制改革的理论和建议。

20世纪80年代初，我们还在讨论银行的性质，即银行是国家机构（列宁语）还是经济组织。我在1980年写的一篇论文《社会主义银行是经济组织》中明确指出，“同资本主义银行一样，社会主义银行仍然是特殊的企业和经济组织”“对我国带有严重国家机关色彩的银行必须改革，改革的方向就是银行企业化、专业化和现代化”。在这篇文章中，我已经提出建立中央银行体系问题，“逐步形成以中国人民银行为中央银行，以办理投资、储蓄、工商信贷、农贷、外汇等业务的各种专业银行相配合的社会主义银行体系”（参见《社会主义银行是经济组织》，《经济科学》，1980年第4期）。1981年

6月，在“外国中央银行学术研讨会”上，我和宋汝纪（原首都经济贸易大学教授，已去世）提交了《如何建立外国中央银行体制》的论文，指出中国建立中央银行体制的必要性和重要性，甚至提出建立中央银行的步骤：“第一步，从法律上正式确认中国人民银行总行及其现有的分行为中央银行总行和分行”“第二步，把中国人民银行总行和分行兼有的中央银行职能独立出来，成为超脱具体业务的独立的中央银行，专门成立银行负责工商信贷业务”（参见《如何建立我国中央银行体制》，《经济与管理研究》，1981年第5期）。我们的论文在会上引起轰动，与会人士展开热烈讨论，高层也很重视我们的观点和建议。1983年9月，中国人民银行成为独立的中央银行，其原来承担的工商信贷业务交由随后成立的中国工商银行承担。这样，就形成了包括中央银行和四大国有专业银行在内的银行体系。中国人民银行负责货币政策和金融监管，四大银行负责不同业务，中国工商银行负责工商信贷，中国农业银行负责农业信贷，中国建设银行负责长期信贷，中国银行负责外汇信贷。基于此，比较完整、合理的银行体系开始形成。我认为在建立中央银行体系的过程中，国家是吸收了包括我在内的专家学者的意见的。

我国的银行长期以来行政色彩较浓，只讲为国家产业政策服务，不敢讲利润，造成贷款收不回来，甚至豁免贷款（尤其是农业信贷），致使不良贷款增多。四大国有商业银行建立后我把主要精力放在提出要对专业银行进行企业化管理上，我在《论专业银行的企业化管理》一文中提出，专业银行必须承担责任与风险，银行必须注重经济效益，要允许银行开展适当竞争，银行机构的经营管理要实现现代化。我提出打破专业银行的分工，每家银行都可以以自己的主营业务为主，开展综合业务。我认为，要把专业银行改成商业银行（20世纪80年代还认为商业银行是资本主义银行，专业银行是社会主义银行，1992年邓小平南方谈话后，我国的银行才统称为商业银行）。

我认为，作为商业银行，应以利润为中心，要按照商业银行的企业特点，解决内部经营管理问题（《关于中国商业银行问题》，载曹凤岐编著，《宏观经济运行中的货币与资金问题》，北京大学出版社，1995 年）。在 21 世纪初商业银行继续进行产权制度改革、发行、上市的过程中我也提出了意见和建议。

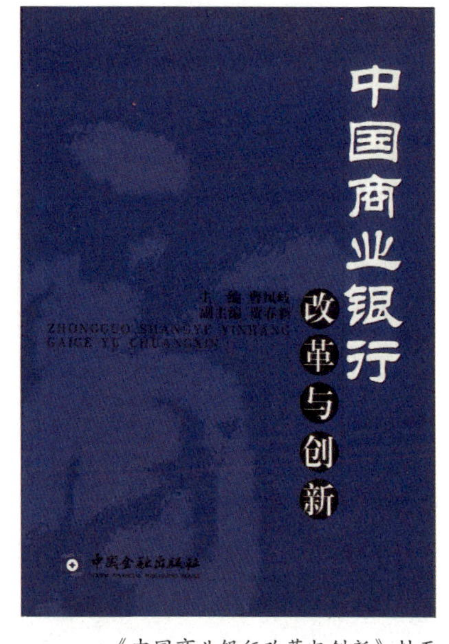

《中国商业银行改革与创新》封面

2004—2006 年，我主持了国家自然科学基金项目“WTO 与中国商业银行改革与创新”，我和参加项目的学生先后发表了有关国有商业银行产权制度改革、商业银行个人金融业务的发展战略及策略、《新巴塞尔资本协议》与我国银行资本充足水平等多篇论文。这个项目最终高质量地完成了科研计划，取得了丰厚的研究成果。据不完全统计，仅公开发表的论文就有 33 篇。课题组的核心研究成果是编著并出版了《中国商业银行改革与创新》一书，受到各方面的重视与好评。

（三）提出金融监管体制改革理论

从 2007 年开始，我主持了教育部社会科学研究重大课题攻关项目“金融市场全球化下的中国金融监管体系研究”。我们对中国金融监管体系改革进行了深入研究，发表了二十多篇论文，出版了最终的研究成果——《金融市场全球化下的中国金融监管体系改革》，产生了很大的影响。该书获得了多个奖项，包括入选国家新闻出版广电总局第四届“三个一百”原创图书出版工程、北京大学科研成果一等奖、北京市第十三届哲学社会科学优秀成

《金融市场全球化下的中国金融监管体系改革》封面

果二等奖、教育部第七届高等学校科学研究优秀成果奖（人文社会科学）三等奖。根据研究写成的研究报告、专家建议送交中央和国务院有关部门，受到高度重视。

中国目前实行的“一行三会”分业监管的金融监管体系是与中国金融业实行分业经营的实际状况分不开的。在中国金融市场不发达、金融结构很不合理、混业经营的条件不成熟的情况下，金融业实行分业经营，即银行业、保险业、证券业和信托业分业经营、分业管理、分设机构是完全必要的。金融业分业经营是从防范金融风险的角度考虑的。由于现阶段中国的银行和其他金融机构的内部约束机制较为薄弱，因此，各类金融机构承担不同的金融业务。从外部监管方面看，尚不具备综合监管和统一监管的条件，因此，在中国对金融业实施分业监管是中国金融业健康发展不可逾越的重要阶段，是适合中国国情的一种必然选择。

随着经济的不断发展，金融结构变得日益复杂，一些新的金融工具如银证合作、银行与基金合作、投资连接保险产品、互联网金融等在中国不断涌现，混业经营已是大势所趋。中国金融市场国际化的不断发展，对现行分业金融监管的有效性提出了严峻的挑战，集中体现在以下几个方面：

第一，在分业监管的实施中，缺乏一套合理有效的协调机制。

第二，分业监管易产生监管真空和监管套利。

第三，分业监管易导致重复监管，增加监管成本。

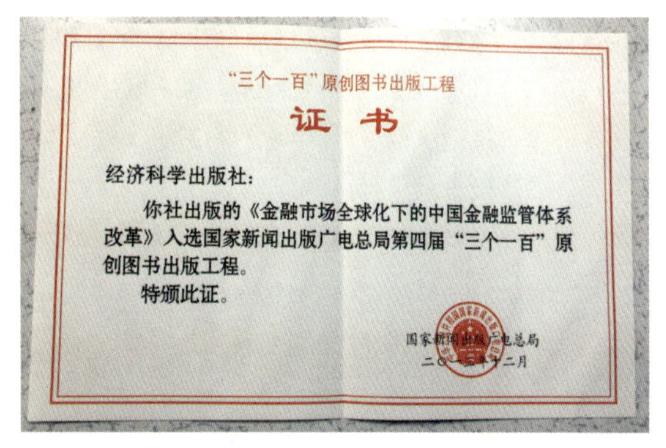
"三个一百"原创图书出版工程

证　书

经济科学出版社：

你社出版的《金融市场全球化下的中国金融监管体系改革》入选国家新闻出版广电总局第四届"三个一百"原创图书出版工程。

特颁此证。

国家新闻出版广电总局

二〇一三年十二月

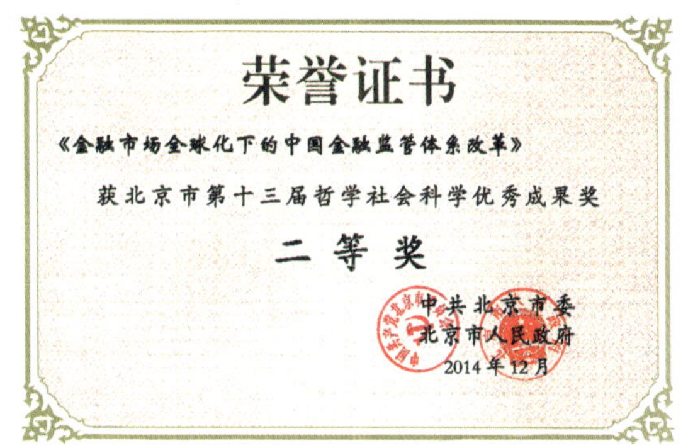
荣誉证书

《金融市场全球化下的中国金融监管体系改革》

获北京市第十三届哲学社会科学优秀成果奖

二　等　奖

中共北京市委

北京市人民政府

2014 年 12 月

第七届高等学校科学研究优秀成果奖

（人文社会科学）

成果名称：金融市场全球化下的中国金融监管体系改革

经济科学出版社　2012 年 10 月

主要作者：曹凤岐，贾春新，王志诚，田利辉，姜万军，朱乾宇，刘晓勇，张　南，郭　雳，张玉智　等

奖项类别：著作奖

所属学科：经济学

获奖等级：三等奖

教社科证字〔2015〕第 528 号

中华人民共和国教育部

2015 年 12 月 10 日

第四，很难适应金融业混业经营和金融控股公司发展的需要。

第五，难以对金融创新进行有效的监管。

第六，中国加入世贸组织以后，外资金融机构大举进入，其中很多金融机构是混业经营，综合优势明显。

2007 年国际金融危机发生后，各国都对金融监管体系进行了调整和改革，基本趋势是走向综合、统一监管，对中国建立符合现代金融特点、统筹协调监管、有力有效的现代金融监管框架有很大的启示。我们认为，中国应当走统一、综合金融监管之路。

当然，从分业监管向统一监管的转变并不是一蹴而就的事，要根据金融发展的实际情况逐步转变。成立对金融机构和金融市场进行集中统一监管的金融监管机构是一种较为理想的选择，但必须经过若干过渡才能实现。

第一，当前，在总的金融监管体制不变的情况下，我们建议进行进一步的改进和完善。首先，进一步明确各监管机构的职责，加强信息交流，强化监管协调，各监管机构充分合作与协作。其次，完善和强化中央银行与银保监会、证监会“监管联席会议机制”。

第二，为了有效协调各监管部门的关系，我们建议建立金融监管协调机构。这个机构在国务院层面建立，主席可由主管金融的国务院副总理或国务委员兼任，其成员由各监管部门的主要负责人组成。此机构可称为中国金融监管协调委员会，该委员会并不参与日常监管工作，只是定期或不定期地就金融监管中的重大问题进行讨论，做出决定，协调各监管部门的关系和跨部门监管事宜。

第三，我们建议在条件成熟时，在中国金融监管协调委员会的基础上，建立具有政府管理职能的中国金融监督管理委员会（以下简称“中国金监会”），进行综合金融管理，负责统一制定中国金融业的发展规划，通盘考虑和制定金融法律法规，协调监管政策和监管标准，监测和评估金融部门的整体风险，集中收集监管信息，统一调动监管资源。通过统一的监管机构，对银行业、证券业、保险业和其他金融部门和金融市场进行监管，以维护金融业和金融市场的稳定发展。中国金监会对中国金融机构和金融市场进行统一监管。现在的银保监会、证监会变成金监会下属的分业监管部门，分别对银行业、证券业和保险业进行监管。金监会制定金融监管政策和法规，协调各监管机构之间的关系。

2017 年 7 月，中央召开了第五次金融工作会议。会议提出，要加强金融监管协调，补齐监管短板。设立国务院金融稳定发展委员会，强化人民银行宏观审慎管理和系统性风险防范职责，落实金融监管部门的监管职责，并强化监管问责。坚持问题导向，针对突出问题加强协调，强化综合监管，突出功能监管和行为监管。这是金融监管体制改革的重大突破，对金融监管的统一性、协调性、权威性和有效性会发挥重要作用。决定合并银监会和保监会为银保监会，证监会仍保留。形成“一委两会”（金融稳定发展委员会，银保监会、证监会）监管格局。这同我们之前提出的在国务院层面上成立中国金融监管协调委员会，在改革思路和方向上是相同的。不管是否参考了我们提交的方案，我们都对中国金融监管体制改革做出了应有的贡献。

2015 年 4 月我出版了《金融改革创新论》（北京大学出版社，2015 年）一书。这本书主要收录了我 2002 年到 2015 年 1 月的金融研究成果。2002—2015 年，我发表了近 100 篇经济与金融研究方面的学术论文（含演讲稿）。考虑到论文集的篇幅，我选择了 60 余篇具有代表性的文章放到论文集里，共计 40 多万字。全书共分 9 篇，第 1 篇：宏观经济与金融；第 2 篇：货币理论与货币政策；第 3 篇：利率和汇率改革；第 4 篇：金融国际化；第 5 篇：商业银行改革与创新；第 6 篇：资本市场改革；第 7 篇：普惠金融与中小企业融资；第 8 篇：金融创新；第 9 篇：金融监管体系改革。这本书是我近年来研究货币金融的集大成之作，反映了我在金融改革与创新方面的主要思想。厉以宁教授为这本书写了序，对我的科研态度和成果予以高度评价，对我继续深入研究金融问题起到了很大的鼓舞与鞭策作用。

签名售书（2015 年）

中国的金融改革虽然取得了很大的成绩，但还任重道远。我们的金融体系还不够健全，金融市场还不够发达，还不能满足经济发展的需要。中国金融市场化与国际化的过程，是金融创新的过程。在这个过程中，有很多我们不熟悉的东西，需要不断地学习，不断地探索，不断地追求。不仅要向书本学习，还要向实际学习，尤其要不断学习国外的先进经验。中国的改革与发展，中国金融市场化和国际化过程中提出的许多新的问题，需要我们去研究和探索。

2020 年 12 月底，鸿儒基金会授予我 2020—2021 年度中国金融学科终身成就奖。2021 年 4 月 11 日，颁奖大会在北大召开。这是对我一生从事金融教学和科研所取得的成绩的认可与肯定！我写了一首诗表达我的心情：获得终身成就奖，如此殊荣哪敢当？年轻胸怀鸿鹄志，金融报国力图强。银行改革探新路，资本市场有主张。溪流只为江海阔，千回百转奔前方。

颁奖现场 (2021 年 4 月 11 日)

我虽然已经退休好几年并早已进入古稀之年，但作为一个理论工作者的责任感，促使我继续研究金融改革和创新中的理论与实践问题，为中国的金融改革和创新继续做出我的绵薄贡献。

第六章

股份制改革

股份制改革理论的研究在我从事科研的领域中占有重要的位置，正是对股份制的研究使我成为最早提倡推行股份制，进行产权制度改革的专家学者之一。现在，股份制改革理论不仅被广泛接受，而且在改革实践中被广泛应用。无论是国有企业改革、民营企业改革，还是农村产权制度改革，股份制都被大量应用，党的十八届三中全会提出的发展混合经济，就是股份制改革的2.0版。股份制改革是中国企业制度最重要的改革之一。我为自己能参与股份制改革的研究，并提出被认可和实施的建议、意见，感到骄傲和自豪。

我是最早提倡推行股份制的学者之一

是厉以宁教授把我领进了股份制改革研究的大门。如果被称为“厉股份”的厉以宁教授是中国股份制研究的开山鼻祖的话，我则是他最早的忠实追随者和合作者。

2009年11月22日，第二届中国经济理论创新奖颁奖典礼在中国人民大学举行。本届经济理论创新奖授予了以厉以宁为主要贡献人的“国有企业股份制改革理论”。获奖的“国有企业股份制改革理论”是改革开放以来中国经济改革和发展最具代表性的经济理论之一，它为国有企业股份制的推行以及证券市场的培育等社会主义市场经济微观基础的建立奠定了重要基础，对所有制改革起到了重要的推动作用。获奖者北京大学光华管理学院名誉院长厉以宁教授长期致力于中国经济改革与发展的研究和实践，是中国当代最具影响力的经济学家之一。厉老师是在中国最早（1980 年）提出国有企业要进行股份制改革的学者，并且身体力行进行研究与实践，是中国股份制改革理论的主要贡献者，他获奖是实至名归！作为厉老师的学生和助手，我向他表示热烈祝贺！

得知评选结果后，厉老师在接受采访时表示，有许多经济学家都为“国有企业股份制改革理论”做出了贡献，获得这个奖项的应该是一个集体，他只是这个集体中的一员。他说董辅礽先生 1979 年就提出了所有制改革问题，他还列举了 1980 年 4 月至 5 月在中共中央书记处研究室与国家劳动总局联合召开的劳动工资座谈会上，他提出采取股份制来振兴我国经济的建议后，与会的很多经济学家如蒋一苇、王珏、童大林、萧灼基、冯兰瑞、鲍恩荣、赵履宽、胡志仁等都同意他的观点。厉老师还特别提到了我，他说：“曹凤岐做了很大贡献，他不仅宣传了股份制，而且在《证券法》的起草上发挥了重要作用。”这是他对我进行股份制研究给予的很高的评价与褒奖。在这里，我要非常感谢厉老师对我所做的研究的肯定！

对于以厉以宁教授为主要贡献者的“国有企业股份制改革理论”获奖，我感到非常欣慰。首先，从改革开放四十余年来看，有两项最重要的改革：一项是农村联产承包责任制，另一项就是国有企业股份制改革。“国有企业股份制改革理论”获奖是中国企业改革的胜利，是坚持改革的一批经济学家的胜利！其次，以厉以宁教授为代表的一批北大学者（“国有企业股份制改革理论”创新奖的主要贡献者候选人列了三个人：厉以宁、我、吴稼祥。我和厉老师是北大学者，而吴稼祥是我们的学生），首先提出在中国应当推行股份制，并身体力行，这是北大学者对中国最重要的改革之一所做的重大贡献。最后，在这项中国最重要的企业制度改革中我做出了自己的努力和贡献，这是值得我骄傲和自豪一生的事情！

我是在厉老师的带领和指导下在国内比较早地进行股份制研究的学者之一。厉老师1980年提出股份制改革的建议后，在北大我是第一个也是最积极的响应者和践行者。1989年在我主编的《中国企业股份制的理论与实践》一书的序言中，厉老师写道：曹凤岐同志对股份制和企业集团的研究已有七八年之久了。1981年的夏天，他同我一起去烟台参加中国金融学会举办的中央银行研讨会时，就同我讨论了如何用股票形式来集中社会闲置资金和转化消费基金为生产基金等问题。我记得很清楚，自从我在1980年4月至5月于中共中央书记处研究室与国家劳动总局联合召开的劳动工资座谈会上提出采取股份制来振兴我国经济的建议后，曹凤岐就是最早同我一起为股份制而奔走呼吁的北大教师之一。

我记得1981年7月在烟台的芝罘宾馆参加外国中央银行学术讨论会时，我和厉老师住在同一个房间里。厉老师向我提出了一个问题，他说："凤岐，你看中国用股份制来集资的办法行不行?"我说："完全可以。"厉老师说："那你就研究股份制问题吧。"于是我开始研究这一问题。1982—1983年，我对中国的一些企业进行了考察。我认为，中国的企业尤其是国有企业存在的主要问题不是缺乏资金，而是企业经营管理制度落后。企业对内缺乏动力，对外缺乏压力。中国的企业改革不是修修补补就能解决问题的，而是要进行制度性改革，就是要推行股份制。我最早公开提出股份制改革的观点是在1984年，当时我为《金融经济师手册》(杨培新、易宏仁主编，北京出版社，1985年)一书写了"社会主义条件下的股份制度""社会主义条件下的股份企业性质""社会主义制度下股息和红利的性质""社会主义制度下有价证券发行、交易和管理"等内容，有一万字左右。我在《北京大学学报（哲学社会科学版）》1985年第1期上发表的文章《试论社会主义条件下的股份制度》（是由厉老师推荐到《北京大学学报（哲学社会科学版）》的），阐述了股份制的性质、中国为什么要推行股份制以及中国如何推行股份制和开放股票市场等问题。这是我系统研究股份制的第一篇文章。这篇文章产生了很大的影响，后来又被收录到《论财产股份制》(韩志国、曹勇戎、王勇编，辽宁大学出版社，1989年)一书中，列在全书的第一篇（各部分内容按发表时间顺序排列）。

从此之后，我一发不可收地开始对股份制改革进行深入的研究。

1989年1月，我又在《北京大学学报（哲学社会科学版）》上发表了《再论社会主义条件下的股份制度》一文，全面阐述了用现代公司制度改造国有企业的问题。“七五”期间，我承担了国家教委高等学校哲学社会科学青年科研基金项目“中国企业股份制实施途径与管理研究”，项目的成果之一《中国企业股份制的理论与实践》于1989年4月出版（曹凤岐主编，企业管理出版社，1989年）。这本书系统地论述了股份制的理论，股份制与经济体制改革，企业的产权关系，企业股份制实施途径，我国企业股份制发展的外部环境，股份公司的组织与管理，股票的发行、交易和管理，企业集团与股份制，产业结构转换与股份制等问题，还列举了我国几家股份制企业组建的实例。“八五”期间，我又承担了国家教委人文社会科学重点科研项目“股份制理论与实践”，作为项目的研究成果之一，《股份制与现代企业制度》（曹凤岐著，企业管理出版社，1998年）一书出版，对我国股份制改革的理论与实践做了新的探讨。1997年，针对股份制改革中出现的新问题，我在《上海证券报》（1997年9月4日）上发表了《股份制改革路在何方》的文章，引起各方面的高度重视。

三十多年来，我发表了多篇有关股份制改革的文章，2001年出版的《股份经济论》（曹凤岐著，北京大学出版社，2001年），收录了我的30篇研究文章。从1985年到2005年的20年间，我在《北京大学学报(哲学社会科学版)》上发表了十篇有关股份制改革的系列文章（“十论股份制”），在国内产生了较大的影响。在一种学术期刊上用20年的时间连续就一个问题发表十篇系列文章在国内外可能都很少见。早期我还直接参与过北京旅行车股份有限公司、天龙股份有限公司和沈阳金杯股份有限公司的股份制设计与改造工作。

股份制改革理论是我的科研理论最重要的组成部分之一。我对中国股份制改革的理论和实践所做的贡献，在我发表在《北京大学学报（哲学社会科学版）》上的“十论股份制”的文章中得以反映与体现，这十篇文章的具体信息如下：

《试论社会主义条件下的股份制度》，1985 年第 1 期。

《再论社会主义条件下的股份制度》，1989 年第 1 期。

《三论社会主义条件下的股份制度》，1993 年第 3 期。

《国有企业改革难点与对策——四论社会主义条件下的股份制度》，1996 年第 2 期。

《改进与完善我国公司制企业法人治理结构——五论社会主义条件下的股份制度》，1997 年第 6 期。

《上市公司资产重组与并购——六论社会主义条件下的股份制度》，1999 年第 1 期。

《中国企业集团的组建与管理——七论社会主义条件下的股份制度》，2000 年第 4 期。

《论国有股减持与流通——八论社会主义条件下的股份制度》，2002 年第 4 期。

《上市公司董事会治理研究——九论社会主义条件下的股份制度》，2004 年第 3 期。

《上市公司高管人员股权激励研究——十论社会主义条件下的股份制度》，2005 年第 6 期。

2007 年 8 月 2 日，我应邀参加北大、清华支援烟台大学建设委员会第九次会议，乘车路过芝罘宾馆时，真是感慨万千。因为 1981 年夏天，我和厉以宁教授到烟台参加外国中央银行学术讨论会时，就住在芝罘宾馆。在这里，我们共同讨论了在中国推行股份制的问题。可以说这里是最早提出在中国推行股份制，要对股份制改革进行深入研究的地方。我有感而发，写了《七律·芝罘回眸》：芝罘宾馆面向东，日出大海一片红。惊涛拍岸心绪湃，股份融资思潮涌。企业改革何处去，资本联合必其中。而今星火燃遍地，回眸当初自为荣。

一本研究股份制的书改变了我的命运

前文谈到，1989 年企业管理出版社出版的我主编的书《中国企业股份制的理论与实践》，是我主持的国家教委高等学校哲学社会科学青年科研基金项目的主要成果。是我带领一批比我更年轻的同志，经过对股份制理论的系统研究，对股份制试点实践进行调研后总结而成的，是我研究股份制的集大成之作，也是我的心血所在。这本书提出了有关股份制的新理论和新观点，在股份制改革的理论方面有很大的创新性和超前性，在股份制的实践方面有很强的可操作性。最重要的是，这本书回答了“中国为什么要推行股份制”的重要问题。

我在书的导言中写道：

> 十年来，我们沿着所有权与经营权分离的思路进行了一系列改革：扩大企业自主权的改革，利改税的改革，进而推行各种经营责任制，在全民所有制大中型企业中普遍推行经营承包制，取得了很大的成绩。然而，全民所有制企业，尤其是全民所有制大中型企业真正火起来了吗？

没有！使我们百思不得其解的是：为什么乡镇企业有那么旺盛的生命力？为什么条件优越的大中型企业竟然竞争不过小小的乡镇企业？为什么要提出把乡镇企业的机制引入全民企业中？除了乡镇企业船小好掉头的因素，还有什么奥秘？

我们终于明白了：中国以往的企业，尤其是大中型全民所有制企业是建立在传统的公有制基础之上的。传统的公有制模式最大的特点或弊病就是产品经济模式。企业所有者不明，产权界定不清。企业内部机制不能发挥作用，外部不能正常参与市场交易与公平竞争。国家既是全民所有制企业的所有者，又直接参与企业经营。一方面表现为企业的所有者是抽象的国家，造成所有者主体缺位；另一方面国家各行政机构又都成了企业当然的所有者。这就导致企业成了政府的附属物，政企不分。经过几年的改革，虽然企业活力有所增强，但由于没有从企业体制上进行根本性的改革，企业内部的动力和制约机制没有真正形成，企业也没有从根本上摆脱国家行政干预的藩篱。这就向我们提出了一个尖锐的问题：我国企业改革，尤其是大中型全民所有制企业改革向何处去？结论只有一条：彻底改变传统公有制模式，走产权明晰化道路。

如何明确企业产权关系？迄今为止，除了推行股份制，还没有找到更好的途径。因此，中国推行股份制的意义并不在于前面谈到的它有社会集资功能且能增强职工的主人翁感，重要的是，它能促进我国新型企业制度的形成。

我明确指出推行股份制有以下五点好处：

第一，股份制企业不是我们通常所说的所有权与经营权的分离，而是股权、法人所有权和经营权在企业内部的分离与统一。股份制企业是没有主管部门的企业，有独立的经营权，并承担风险和责任。因比，股份制企业能够真正形成企业的动力机制、风险和利益的制约机制，促使企业行为长期化。

第二，实施股份制可以从根本上改变企业同国家的关系，促进国家对企业管理体制的改革。在股份制企业中，作为资产所有者的国家只是企业的股东之一，享有股东权，它只能通过参加董事会、股东大会等方式对企业进行间接管理。作为政府，主要通过财政、税收、价格等经济手段，也通过计划、行政和法律方法，对经济进行宏观控制，对市场进行调节，进而引导企业。

第三，典型的股份制使产权商品化、货币化、证券化、市场化，能使我国企业资产的存量和增量都活动起来，迅速集中和转移，有利于我国产业结构的调整和资源在社会范围内的合理配置。

第四，中国经济体制改革的一大难点就是，既要发挥市场机制的作用，又要坚持公有制。推行股份制从本质上来说是所有制的改革，但绝不是像有的同志所说的，是变公有制为私有制，而是公有制形式本身的改革。股份制与纯粹的私有制是根本不同的，它是社会所有制，是对私有制本身的一种扬弃。它改变了传统的、僵化的、产品经济的公有制形式，却没有改变公有制的性质。它创造了适应商品经济的公有制形式，但这种公有制不是抽象的、不着边际的“一大二公”，而是产权关系明确、产权界定清晰的一定范围内的公有，是适应商品经济、市场交易的公有制形式。

第五，股份制是未来中国企业制度的典型模式。我们并不主张把所有的企业都股份化，有一些企业，如关系到国计民生的重大企业，一些风险大、赢利小的公用事业企业，仍应以国家经营为主。部分中小型全民所有制企业可以整体出卖。股份制主要是解决大中型全民所有制企业的深化改革问题。今后，全民所有制企业仍是我国企业的重要形式，但不是主要形式。股份制企业将是我国企业的典型模式，我国将形成以股份制企业为主，国有企业、集体企业、合作企业、私人企业、个人企业、中外合资经营企业、中外合作经营企业及外资独资企业并存的企业结构。

总之，推行股份制的目的是试图找到一种适合中国特点的企业制度，这种制度既符合公有制的要求，又适应商品经济和社会化大生产的发展。

这本书在国内首先提出，在中国推行股份制就是建立现代公司制度（现代企业制度）。股份有限公司和有限责任公司是现代公司制度的主要企业组织形式。这种理论为股份制改革确立了明确的目标。

这是研究股份制的一本好书，受到了欢迎，很多企业以这本书中的理论为指导，以书中提供的案例样板试点股份制。

在改革初期有不少人对股份制改革不理解，认为搞股份制就是搞资本主义，用股份制改造中国的企业就是私有化。股份制改革理论与实践是在改革过程中逐渐被认识的。实际上直到党的十五大召开后人们对股份制改革的认识才趋于一致。股份制改革理论的提出是付出了成本和代价的。

1989 年政治风波过后，思想和政治领域的反对资产阶级自由化扩大到了经济领域。其中列了几十种经济改革中的资产阶级自由化观点，最主要的观点一是认为社会主义经济是计划经济，资本主义经济是市场经济，在社会主义条件下发展市场经济，就是搞资本主义，甚至复辟资本主义。二是认为社会主义是公有制，搞私有化就是搞资本主义，认为股份制是典型的私有制、私有经济，鼓吹股份制就是搞私有化，就是发展资本主义经济，尤其反对在国有大中型企业中试点股份制。

《中国企业股份制的理论与实践》封面

我的《中国企业股份制的理论与

实践》一书刚好在1989年4月出版，可以说是生不逢时，出版后不久就发生了1989年政治风波，股份制被打成典型的“私有化”形式，遭到批判甚至挞伐。我的这本书被打成“大毒草”，我也因这本书遭到批评和批判，教授职称也被拿掉了（后续详述）。

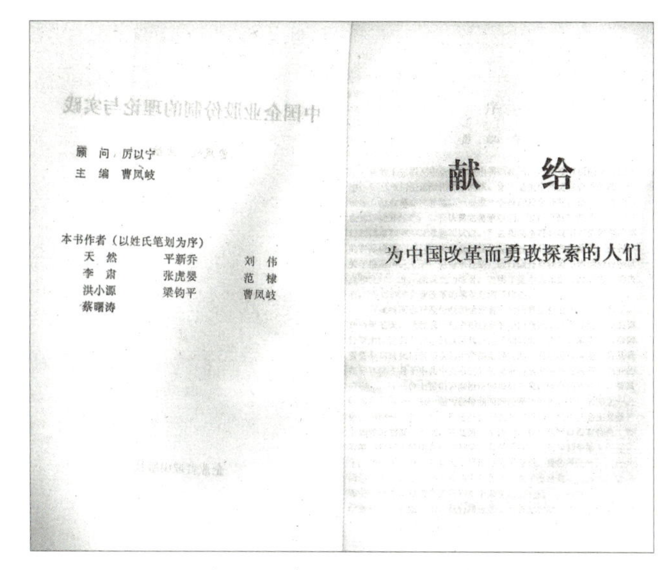
顾　问　厉以宁
主　编　曹凤岐

本书作者（以姓氏笔划为序）
天　然　平新乔　刘　伟
李　肃　张虎婴　范　棣
洪小源　梁钧平　曹凤岐
蔡曙涛

献　给
为中国改革而勇敢探索的人们

书的扉页上写有“献给为中国改革而勇敢探索的人们”

一次后果很严重的批判会

1989年10月24日，北京大学经济学院经济研究所召开了“搞活国有大中型企业研讨会”，邀我去会上做一个发言，说想专门听听我的股份制观点。我本来在给学生上课，说没时间，但他们特别诚恳，三番五次邀我到会。盛情难却，我只好答应了。本来是4节课，上了2节后我对学生们说：“我要参加一个重要会议，你们自学吧。”研讨会在勺园2号楼4层会议室召开，我到会场一看主标题下还有一个副标题：批判私有化。那时会议已经开始了，有同志在发言，看我进去了，会议主持人就说：“别人先停一下，让小曹发言吧。”我说：“我先听听别人的意见再发言。”主持人勉强同意了，后来有一位老师发言后，主持人非让我发言不可。于是我就股份制问题做了一个发言。我讲了中国为什么要推行股份制改革，认为国有企业推行的承包责任制是经营机制的改革，不能解决企业的根本问题，必须彻底解决企业的产权关系。我还讲了股份制改革的好处，也谈到中国推行股份制从本意和实际上都不是搞私有化，而是公有制内部产权关系的调整。我特别强调股份制在社会主义条件下是公有制、共有制的性质，我说：“即使股份制企业的资本完全是个人集资，也是根据公司法建立起来的，企业的性质与纯粹的私有企业也是有区别的。它是多个个人联合投资组成企业公共财产的企业组织形式，投资者只享受股东的权利，而不能直接经营企业，不能随意抽走资本。有人说这种企业是股份共有制，股份共有制也是一种说法，我认为这是对的。既然是共有，与纯粹的私有就是有所不同的。对于在资本主义条件下由公众通过购买股票兴办起来的股份企业的内部财产，马克思认为，其不再是相互分离的各个生产者的私有财产，而是联合起来的生产者的财产。因此，是法人的财产，是法人资产，是共同的资产。”

我发言以后有一些老师对我的发言和我主编的《中国企业股份制的理论与实践》进行了批评及批判，他们是有准备的，纷纷拿出事先准备好的讲稿，照稿发言。很多老师还以讨论的方式进行发言，有少数老师则对我进行了无理的攻击。最典型的是Z老师（他早已去世，为了尊重他，我隐去了他的姓名）的发言，他在发言中专门强调这本书是厉以宁写的序（他是想通过这本书对厉老师进行批判，其实，当时的形势对厉老师已经很不利了，不仅因为他提倡股份制，还因为他被当作当时被批判的一部电视纪录片《河殇——中华文化反思录》的顾问，后证明他与这部片子无关）。他引用了书中的一些话，认为我歪曲马克思主义，认为搞股份制就是发展资本主义，对我的观点上纲上线，甚至把我的这本书和当时被批判的《河殇——中华文化反思录》联系起来，认为我鼓吹所谓的“黄色文明”。他发言后我当场进行了解释和说明，并坚持自己的观点。

还有一位X老师的发言“左”得更“可爱”。他倒没有直接攻击我，但是他认为鼓吹股份制就是复辟资本主义，并表示自己要以死抗争。下面引用他的几段话：

> 大家都讲改革，实际上有两种目的、两个目标、两个态度：一是搞公有制的自我完善，搞社会主义的自我完善。二是挖社会主义墙角，把公有制拐弯抹角地挖掉。有人说，我没有要挖掉社会主义啊，我认为那就叫作挂羊头卖狗肉。改革有这么两种，就是这样的，要把社会主义的脑袋砍掉，因为公有制是基础嘛。
>
> 北大怎么有两种（声音）呢，我再举两个例子。就在西方资本主义思潮弥漫中国上空、北大乌烟瘴气的时候，今年年初，就在咱们这间大教室，一个学生说了一句什么话呢，他说：“西方资产阶级一个闷屁，到了中国某些人的头脑里，几经循环周转，就会得到响亮的回声。”咱们这样的先生们感不感到脸红啊？这是北大青年的声音。再听听北大老教授的声音。有一次，开股份制讨论会，我记得是在一教101，去的人很少。陈岱孙先生过去怎么样我不清楚，但这次对我的教育很深，最后的总结会他废话不多，但是一字值千金。他说：“这样搞，大倒爷把大企业倒去了，小企业让小倒爷倒去了，那像咱们这些人，就真正成为名副其实的无产者了。”这是陈岱孙先生1989年1月在北大一教101教室说的话。现在北大应该发扬马寅初坚持新人口论的那种精神，这种精神现在还太少。所以说，北大也不是一种声音，而是两种声音。
>
> 最后，还有两句话，是我给经济研究所赠的我喜欢的两句诗，叫作“咬定青山不放松，任尔东西南北风”；“粉身碎骨浑不怕，要留清白在人

间”。有的同志可能会说，“你现在甭狂”，我现在没有狂，在社会主义初级阶段，资本主义的复辟性可能还存在，鼓吹私有化把中国搞成资本主义的势力还存在，还要大量地较量。较量的时候我也不改变我的观点。复辟怎么办呢，那还是“粉身碎骨浑不怕，要留清白在人间”。欢迎大家批评，欢迎大家指导，也等待谩骂，恭候穿小鞋。[①]

大家听了X老师的发言后，都哈哈一笑，认为他是在开玩笑，都说：“X老师，你别太认真了。”没想到X老师还真实现了自己的“承诺”。X老师在党的十四大开幕当天（1992年10月12日）的夜间从北大第四教学楼四层跳楼自杀了！在四层的一间教室里留有他的风衣和一本《红旗》(即现在的《求是》)杂志，在杂志的封面上有他的笔迹，写着“共产主义是不可抗御的”几个字。这就是当时轰动一时的“×××坠楼事件”，《北京青年报》曾用一整版的篇幅报道此事件，标题是“北大教授跳楼记”。有很多人对他跳楼很不理解，相信大家看了他的发言后就能理解了，在他的发言中曾两次提到“粉身碎骨浑不怕，要留清白在人间”，他认为搞股份制、实行市场经济，就是“资本主义复辟”，他以死进行抗争，是在实现自己的承诺！我对X老师跳楼事件的评价是：第一，我认为X老师受传统理论和思想的束缚太严重了，中毒太深了，陷入不能自拔的地步。第二，他坚持自己的观点、信念和立场是可以理解的，但采取极端手段结束自己生命的做法是不可取的，他完全可以活着去“战斗”。我认为他这样去死实在可惜，他去世时，只有52岁，两个孩子都没有工作，家庭负担甚重。第三，我非常佩服他“咬定青山不放松，

① 我当时留了个心眼，要了一份研讨会的录音磁带，这份录音磁带的部分内容我曾在给后几届研究生讲股份制的课堂上播放过，还把录音磁带整理成了文字稿。我和Z老师、X老师的发言都在我的新浪博客文章《股份制改革是一场理论和思想革命》中刊出，有兴趣的读者可去查阅。

任尔东西南北风”坚持自己的立场和信念的精神（尽管事实证明他错了），比那些“墙头草”强多了！

这次研讨会不仅改变了 X 老师的命运，也改变了我的命运。研讨会后他们把会议材料交给学校，上报到教育部。我被当作资产阶级自由化在北大的代表，我主编的《中国企业股份制的理论与实践》一书被打成“大毒草”。刚好 1990 年我申请破格晋升教授，就因为我提倡股份制，主编了《中国企业股份制的理论与实践》一书，我晋升教授的申请在学院学术委员会和学校学术委员会都通过的情况下，还是被否决了（当时有一个终审小组，可以否定校学术委员会的意见，厉老师被排除在终审小组之外）。我可能是北大历史上教授职称在两级学术委员会都通过的情况下被拿下的第一人。在正式公布前，我已经预感到我的教授职称有可能要被拿掉了。一次，我和校长吴树青在临湖轩接待外宾后，他叫住我，对我说：“你的股份制观点很有问题，怎么资本主义股份制和社会主义股份制都一样呢?”我同他争论起来。他说：“你回去好好考虑考虑吧。”我明白了，他是间接地告诉我，我的教授职称学校没有批准。回来后我给厉老师打了电话，把同吴校长谈话的情况对他说了，我说：“我的教授职称肯定吹了。”厉老师说：“不会吧，两级学术委员会都通过了，怎么会被拿掉呢?”后来厉老师参加学校团拜会回来，给我打电话说，吴校长告诉他，我的教授职称真的被拿掉了！不过吴校长说这不是他个人的意见，说教育部有话：谁都可以当教授，就是曹凤岐不能当!

祸不单行，1990 年我申报了北京大学教学优秀奖，院领导告诉我学院都没批，给我一个冠冕堂皇的理由是所有的干部都不能申报，我明白是怎么回事。后来又有人找到我，告诉我，说我开的“股份制改革”的课也得暂时停掉。

改革为什么这么难啊？！

柳暗花明又一村

我受排挤和被误解的情况直到1992年邓小平南方谈话后才有所转机。小平同志1992年视察南方是一件对深圳、对中国乃至对全世界都意义深远的大事件。当年3月26日时任《深圳特区报》副总编辑的陈锡添在《深圳特区报》上发表了著名的新闻通讯——《东方风来满眼春》。该文真实记录了小平同志在深圳视察时所做的重要谈话。该文的发表成为新闻界在思想解放运动中的一个标志性事件。《东方风来满眼春》被全国各家报纸转载。我看到这篇新闻通讯后十分兴奋，尤其小平同志关于证券、股票的讲话使我很受鼓舞。小平同志说：证券、股市，这些东西究竟好不好，有没有危险，是不是资本主义独有的东西，社会主义能不能用？ 允许看，但要坚决地试。看对了，搞一两年对了，放开；错了，纠正，关了就是了。关，也可以快关，也可以慢关，也可以留一点尾巴。怕什么，坚持这种态度就不要紧，就不会犯大错误。

邓小平南方谈话后，经济改革进入新的发展阶段，我的命运也发生了戏剧性的变化。

1992年4月，为了使干部适应改革开放的形势，北大党委组织各院系一把手去深圳、珠海等地考察。经济学院邀经济管理系主任厉以宁参加，厉老师说："我刚从广州考察回来，我不去，让曹凤岐代表我去。"考察团由时任北大党委书记汪家遒和副书记郝斌带队。我发现所有的团员都是院长、书记、主任，只有我一个是副系主任。这一次到深圳、珠海等地考察，我切身体会到改革的气氛，觉得收获很大。一路上我把我的情况跟汪家遒和郝斌谈了，他们深表同情。

当年5月，我在首都经济贸易大学编写教材，吴树青校长也去了，吴校长见到我就说："今年教授职称一定给你!"那时还没开始1992年的职称评审工作呢！果然，1992年我顺利评上了教授。

我主编的《中国企业股份制的理论与实践》一书在1989年被打成"大毒草"，邓小平南方谈话后，这本书的命运也发生了戏剧性的变化。1992年股份制改革试点在各地普遍展开，急需股份制改革方面的书籍，我的书就成了"抢手货""热销货"，当时印刷了15 000册，很快销售一空。企业管理出版社的同志同我商量，准备再加印。我考虑到，这本书尽管在理论和实操方面对当时的股份制试点仍有指导及帮助作用，然而它毕竟写于1987—1988年间，经过4年多的时间，情况发生了很大的变化，书中的有些材料已经陈旧。之前股份制试点刚刚起步，还很不规范，彼时股份制试点企业多起来了，而且正向规范化方向发展，并且国家有关部门已经公布了一套规范股份制企业的政策、法规。于是我决定组织力量对原书进行修订。虽然我们对书做了大修大改，但很快就修订完了，修订版于1993年1月出版。在修订版中我放上了我和厉老师在长城上的照片，表达了股份制改革要有"不到长城非

修订版封面

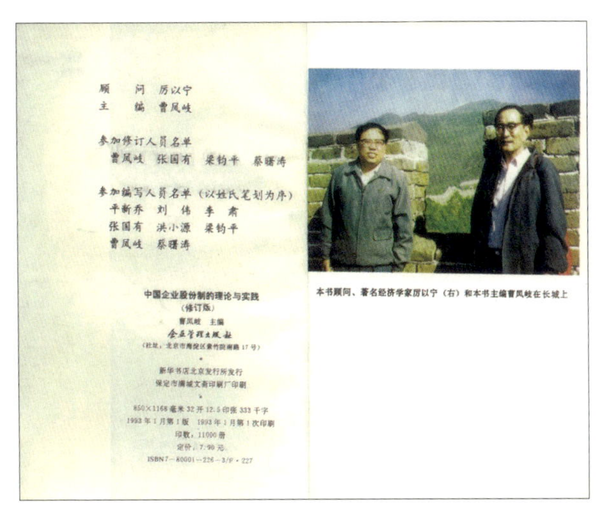
顾　　问　厉以宁
主　　编　曹凤岐

参加修订人员名单
曹凤岐　张国有　梁钧平　蔡曙涛

参加编写人员名单（以姓氏笔划为序）
平新乔　刘　伟　李　肃
张国有　洪小源　梁钧平
曹凤岐　蔡曙涛

中国企业股份制的理论与实践
（修订版）
曹凤岐　主编
企业管理出版社
（社址：北京市海淀区紫竹院南路17号）
·
新华书店北京发行所发行
保定市满城文教印刷厂印刷
·
850×1168毫米 32开 12.5印张 333千字
1993年1月第1版　1993年1月第1次印刷
印数：11000册
定价：7.90元
ISBN7－80001－226－3/F·227

修订版扉页：股份制改革，不到长城非好汉

好汉”的决心。扉页上保留了写有“献给为中国改革而勇敢探索的人们”的字样，表达了我们对为中国经济改革做出贡献的人的敬意和对改革的信心。修订版对后来股份制改革的规范发展起到了实实在在的参考和指导作用。

在《中国企业股份制的理论与实践》（修订版）的前言中我写道：

> 我们认为，中国经济要起飞，加速现代化建设，就要加大改革开放的步伐，建立社会主义市场经济体制。这里很重要的一点，就是要进一步解放思想，更新观念，从传统的思想、观念、理论和习惯中摆脱出来。股份制改革从理论上已经摆脱了姓“资”姓“社”的干扰，但是股份制改革实践中还会出现很多的理论问题需要研究。比如，什么是规范的股份制企业？如何通过企业股份化转换企业经营机制？如何对股份制企业进行管理？公有股能否上市、如何上市？企业如何发行人民币特种股票（B股）？中国企业股票能否到国外上市、如何上市？……企业改革是经济体制改革的核心，而股份制是转换企业经营机制的一种好形式。股份制是一种既符合公有制要求，又适应市场经济和社会化大生产需要的企业制度，在我国推行企业股份制是完全必要的。同时我们也认为，发展股份制是一项系统工程，不仅需要企业内部经营机制的转换，而且需要政府职能的转换，还需要财政、金融、货币、价格、市场和社会保险等方面的配合。在这些方面，有些条件还不成熟。因此，我国推行股份制有一个试点过程，不能盲目上，不能一会儿冷一会儿热，也不能形成一阵风，一哄而起。要取得经验，条件成熟再大面积推开。企业股份制试点要严格按规范化要求进行。我们相信，只要我们按照党的十四大确立的理论、路线和方针去办，保持清醒的头脑和科学的态度，在企业股份制改革中，勇于实践，大胆创新，总结经验，逐步规范，我国企业股份制和企业集团必将健康发展。

最后，我们将第一版结束语的最后一段话作为修订版前言的结束语：股份制是现代化的一块重要基石，在这块基石上，可能也可以建立起现代化的大厦。现代化作为一种历史趋势，有着无可遏制的力量，而从经济组织形态上说，股份制正代表了这样一种力量。无论欢迎还是不欢迎，它迟早会在中国的现代化舞台上一展雄姿。

回过头来看，我的论述和预言已经逐步变为现实。

继续深入研究股份制改革

1989年后的一段时期，因为我主张在中国企业中进行产权制度改革，推行股份制，就被扣上了搞“私有化”、搞资本主义的帽子，教授也没评上。我一时之间陷入彷徨，自己真的错了吗？经过反复思考，我认为自己并没有错。一切都是人们对股份制改革不理解所致，有些人还沉浸在传统的思想理论框架中无法自拔。早在1989年我就曾说过，中国推行股份制无论在理论上还是在实践上都比人们想象中的要复杂得多。推行股份制的道路是艰巨的、曲折的和漫长的。我在《中国企业股份制的理论与实践》一书的扉页上写了一句话：“献给为中国改革而勇于探索的人们”，表达了我对中国改革者的敬意，也表达了自己参与改革的决心。也许是因为我在书中展现的战斗力过强，刺激和得罪了一些理论权威，他们要给我一个下马威。我在书中写道，在推行股份制的过程中，中国的理论工作者肩上的担子是沉重的。我们的一些同志并不十分清楚什么是股份制，或盲目反对，或在企业内部搞了点集资就称之为“股份制企业”。因此，我们对股份制的研究必须从头开始，首先要弄清股份制的 A、B、C。在中国，不少同志看问题不是以生产力为标准，而是要问一下是姓“社”还是姓“资”，是“公”还是“私”，对股份制更是异常敏感。理论工作者不得不去论证股份制不是资本主义所独有的，而是商品经济社会中的高级企业组织形式。在这个过程中，理论工作者曾打出马克思这面旗帜。马克思对股份制所说的好话要比坏话多得多。我们的一些同志对经典著作还是坚信不疑的，只要马克思有言在先，他们便不作声了。然而，马克思只是谈到了股份制是从资本主义向社会主义的过渡形式，他所设想的未来社会不是商品社会，当然也就不能为社会主义中的股份制设计蓝图了（《中国企业股份制的理论与实践》导言第 5 页）。

在改革初期有不少人对股份制改革不理解，认为搞股份制就是搞资本主义，用股份制改造中国的企业就是私有化。股份制改革理论与实践是在改革过程中逐渐被认识的。股份制改革理论的提出是付出了成本和代价的。众所周知，厉以宁教授因为提倡股份制曾受到过不公正待遇，我本人研究股份制也遭到一些误解。社会科学理论的创新更是如此。我曾经说过，中国的改革是一场革命，首先是一场思想、理论的革命，必须解放思想，勇于探索，大胆创新，只有从旧的、传统的理论、思想、观点和习惯势力中解放出来、摆脱出来，才能在改革实践上有所突破。实际上，直到现在，还有一个解放思想的问题，中国企业的改革尤其是国有企业的改革，必须跳出原来传统的模式和框框。中国股份制改革还要不断发展，还有许多问题需要解决，比如，关于公司制和企业法人治理结构问题、企业家阶层问题、内部激励与约束机制问题、上市公司的资产重组与并购问题、中国公司和中国证券市场国际化问题等，都需要进一步的研究。

1989 年我遭受误解，受到批评和批判后，有人劝我，放弃股份制研究吧，这项研究风险很大。我说，我没错，我还会继续深入研究股份制！我不会妥协、不会气馁，我将义无反顾地继续探索股份制改革过程中出现的一些新问题。我深知股份制改革之路仍然是不平坦的，有些人可能还会用股份制改革过程中出现的问题来攻击股份制改革；股份制改革本身是一种所有权和所有制改革，有些人还可能挥舞所谓“私有化”大棒封杀股份制改革和对股份制改革的研究。理论研究是要承担风险的，但中国的理论工作者如果能为改革探索出一条新路，承担风险也是值得的。我如果能够做改革路上的一块铺路石子，则将终生不悔。我很欣赏马克思在《资本论》第一卷第一版序言中所说的一段话：任何科学批评的意见我都是欢迎的。而对于所谓舆论的偏见，我仍然遵守伟大的佛罗伦萨诗人的格言：走你的路，让别人去说吧！

“八五”期间，我又承担了国家教委人文社会科学研究重点项目“股份制理论与实践”的研究工作，作为项目的研究成果之一，1998 年出版了《股份制与现代企业制度》一书，对我国股份制改革的理论与实践做了新的探讨。这本书更加系统地总结和发展了我的股份制理论。1998 年 7 月，项目成果通过专家鉴定。以厉以宁为组长的项目评审专家（评审专家还有董辅礽、萧灼基、何伟、高程德等）对项目成果做了高度评价和充分肯定。鉴定书上写道：从总体上看，此项目对股份制的研究在国内处于一流水平，在某些方面在国内处于领先地位，具有很高的学术价值和实际价值。

《股份制与现代企业制度》封面

在此期间，我还发表了不少有关股份制的文章，后来都收录到《股份

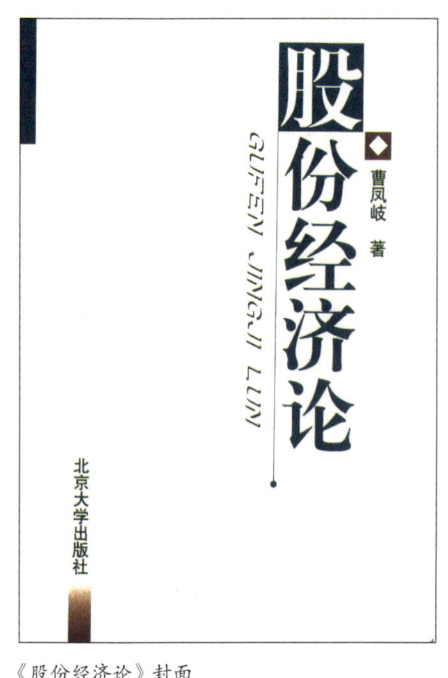

《股份经济论》封面

经济论》（曹凤岐著，北京大学出版社，2001 年）一书中。

党的十八届三中全会提出建立混合经济；十八届四中全会提出加强法制建设，以法律为依据进行国有企业改革。十八届四中全会后，结合三中、四中全会精神，2014 年 11 月 13 日，我在北京大学光华管理学院阿里巴巴报告厅做了一次讲座，题目是“混合所有制与深化国企改革——解读十八届四中全会精神”。我首先回顾了我国国有企业改革的艰难历程，并分别讨论了国有企业改革的两种思路及其实践情况、实施所有制改革的必要性和股份制企业的特点、国有企业改革的理论争论，以及国有企业股份制改革理论的曲折探索过程，讲述了理论提出的背景、中间经历的曲折和反复。之后又分析了国有企业改革的成就和问题，指出，《公司法》《证券法》的出台，为国有企业建立现代企业制度、为资本市场的规范和发展奠定了法律基础。国有资产管理体制建立并完善，国有企业中现代企业制度趋于健全，中央企业调整和重组力度加大，国有经济结构得到进一步优化，一些具有国际竞争力的大企业集团形成并蓬勃发展，国有企业改革的成就举世瞩目。不过，部分国有企业管理仍存在政企不分、一股独大、法人治理结构不健全、普通职工权益保护有待增强等问题。我认为这些问题不是股份制改革本身的问题，而是股份制改革不到位所致，因此，应当继续深化国有企业改革和股份制改革。国有企业的改革实际上是产权制度的改革。当前，经济体制改革已经进入深水区。深化国有企业改革不仅受到理论思想的干扰，也受到利益集团的阻挠。深化国有企业改革就是要把国有企业进一步推向市场，把绝大多数国有企业都变成混合所有制企业。其核心是进一步改革企业产权制度，明确企业产权关系，保护企业合法产权，建立一套完整的产权保护制度。深化国有企业改革的方向，就是发展混合所有制企业，就是深化股份制改革，是股份制改革的2.0版！我认为，要解放思想，积极发展混合所有制经济。混合所有制企业将是我国企业的主要形式和典型形式。应当把绝大多数国有企业改造成混合所有制企业。在国有经济中更多地引入非公经济战略投资者，推进产权多元化。

我还讨论了以依法治国精神深化国有企业改革的有关问题。提出，应当解放思想，积极发展混合所有制经济；应当依法深化国有企业改革；应当转变政府对混合所有制企业管理的方式和体制；应当坚持市场化原则处理国有资产运作和国有企业引进战略投资者问题；应当进一步完善国有企业的法

解读十八届四中全会精神讲座（2014年11月13日）

人治理结构；应当发展和完善多层次资本市场。我相信，随着依法治国方针的贯彻执行、国有企业改革的深化、混合所有制经济的发展和资本市场的完善，我国的企业结构将更加优化，产业结构将更加合理，企业活力将更加增强，经济也将继续平稳发展。我还回答了听众有关混合所有制企业中高管激励机制、国有金融机构改革方向、宏观经济展望等方面的问题。那场讲座有 300 多人参加，报告厅座无虚席。会后整理的讲稿经网络和有关媒体传播后，产生了很大的影响。

2018 年 12 月 2 日，在“金融改革 40 年——金融街论坛年度特别活动”上，我作为最早建议推行股份制改革的代表，讲述了股份制改革的历史，引起了热烈反响。会后，《中国金融》就股份制问题对我进行了采访，采访稿《曹凤岐：四十年股份制改革再出发》在该刊 2018 年第 24 期的“改革开放四十周年专栏”上发表。

我在金融街论坛上回顾股份制发展的历史

第七章 资本市场

近些年来，我把科研重点转到对中国资本市场的发展、规范、制度建设和监管问题的研究上。我是在国内最早提出在中国应当建立资本市场（证券市场）的学者之一，可以说我不仅是中国资本市场发展的见证者，也是中国资本市场发展和建设的直接参与者。多年来，我在中国资本市场的制度建设、规范化管理和建立资本市场法律体系方面进行了深入的探索与研究，形成了比较完整的资本市场规范化、制度化和法制化理论。我对中国资本市场的发展和建设做出了自己的努力与贡献。

我是在国内最早提出发展资本市场的学者之一

如前所述，1981 年夏，在烟台，厉以宁教授让我研究用发行股票的办法进行社会集资和股份制改革后，我开始研究股份制，同时也就开始了对股票市场（证券市场）的研究。

我在资本市场规范化、制度化和法制化理论方面的主要贡献有：

《试论社会主义条件下的股份制度》（刊登在 1985 年第 1 期《北京大学学报（哲学社会科学版）》上）一文中，我就已经明确提出中国要开放股票市场，并对如何管理股票市场提出了自己的见解。在文章的第三部分“如何建立社会主义的股份制度”中，我提出了几个重要观点和建议：我国利用入股方式筹集资金，应在国家计划指导下进行；我国应建立广义的股份制度，采取多样化的组织形式；逐步使我国股票发行和交易法律化、规范化；有控制地和适当地开放股票市场。

我不是提出开放股票市场（证券市场）的第一人，却是最早提出这方面建议的学者之一。最早明确提出在中国要开放证券市场的是比我更年轻的一批人。那是在1984年10月于安徽合肥召开的中国金融学会年会上，中国人民银行研究生部的蔡重直、吴晓灵等十几个研究生（是研究生部的第一届研究生，他们的主要课程是由北大和人大的老师教授的，其中西方经济学理论部分是厉以宁老师教授的）向大会提交了一篇文章——《叩开中国证券市场大门》。一石激起千层浪，会场炸了窝，引起了广泛的争论，不少老年专家学者极力反对在中国开放证券市场，认为把"最资本主义的东西"引入中国是非常危险的。我当时在会上坚决支持年轻人开放证券市场的观点，认为好得很！

到20世纪80年代中后期，已经有一些公司进行了股份制改造并向社会发行股票，如上海的小飞乐、延中实业、真空电子等，北京的天桥百货（1984年就对外发行股份，但不是股票）、北旅公司、天龙公司等，深圳的宝安公司、万科公司等，还有一家值得一提的公司就是沈阳金杯股份有限公司，它就是把股票卖进中南海的那家公司。为了了解一些公司的股份制改造和发行股份的情况，我亲自到那里调研，对一些公司的股权设计和问题提出了具体的意见。在1989年出版的《中国企业股份制的理论与实践》一书中，我写了几家公司股份制改造的实例，用了"金杯"之路、"飞乐"之声、"天龙"起飞、"北旅"振兴、"南山"效率等标题进行介绍，对当时开展的股份制试点和股票发行起了参考甚至指导作用，我也结识了一些敢于"吃螃蟹"的企业家，如赵希友（金杯）、秦其斌（飞乐）、王金权（北旅）等，我很佩服这些企业家，他们是企业改革的探索者。

虽然已经有一些企业发行了股票，但由于没有股票交易市场，股票不能正常交易，股份制改革也无法规范进行。有一个标志性事件，中国工商银行上海信托投资公司静安证券营业部于1986年9月26日开始买卖股票，办理其承销的飞乐音响和延中实业两家公司股票的代购、代销业务，这使绝迹三十多年的股票交易市场重新出现。我非常重视此事，亲自到静安营业部调研，见到了时任总经理黄贵显先生。他高高的个子，说话时神情坚毅。他说："这条路再困难我们也会坚定地走下去。"后来不久国库券交易、代理发行B股业务就被推出了，甚至"静安指数"也被推出了。1987年9月，深圳特区证券公司成立，先试点国库券交易，后进行股票发行和交易。股票非交易所交易，即柜台交易开始了！

上海飞乐音响公司1984年11月18日就对外发行了股票，被称为"新中国第一股"。有一件非常有意义的事情，就是邓小平同志1986年11月14日在北京会见了来华访问的纽约证券交易所董事长约翰·凡尔林，并送给他一张飞乐音响公司的股票。这对于主张开放证券市场的人是一个很大的鼓舞，大家认为中国开放证券市场已经指日可待。

针对有不少人认为开放股票市场会出现投机问题，我在1988年12月26日的《金融时报》上发表了一篇文章：《正确认识证券市场中的投机问题》（署名：裘石），提出投机是证券市场上的正常行为的观点，认为对正常的投机应予以提倡和鼓励，对于不正当、非法的投机行为应予以取缔和严厉打击。

1988年我又写了一篇文章：《论我国的金融市场》（《经济科学》，1988年第3期），提出我国应当建立多层次金融市场，包括短期资金市场和长期资金市场（证券发行和交易市场）以及各种专业金融市场。1989年出版的《中国企业股份制的理论与实践》一书全面论述了中国推行股份制、发展股票市场的重要性和必要性，并用专门的一章论述了股票发行交易与管理问题。1990年我发表学术论文：《发展适合中国国情的证券市场》（《北京金融》，1990年第6期），提出发展证券市场的重要性和必要性。1992年我发表学术论文：《关于中国证券市场发展的途径与步骤》（《管理世界》，1992年第3期）

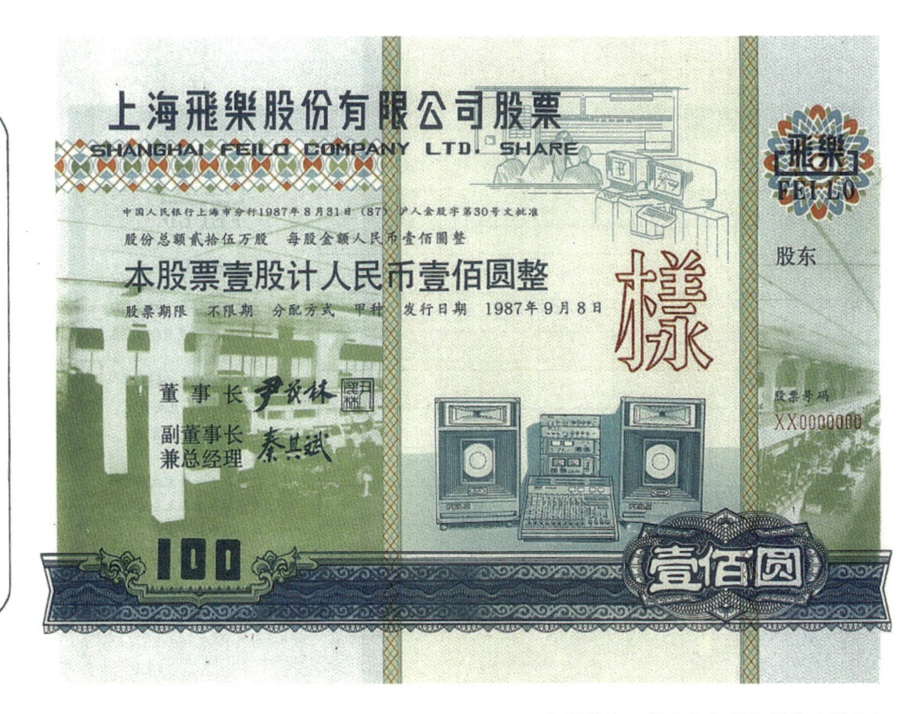

我保存的一张飞乐公司的股票（样票）

对如何发展证券市场提出了若干政策性建议。

1990 年 12 月，上海和深圳分别建立了证券交易所，改革开放后的中国证券市场终于建立起来了。我们这些证券市场发展和建设的见证者、参与者感到无比兴奋。

提出“在发展中规范，在规范中发展”的观点

1990 年证券市场设立后，关于证券市场问题的争论并未停止，主要是证

券市场是姓“社”还是姓“资”的争论。1992 年邓小平南方谈话以后，对证券市场性质的公开争论已经很少见了，而是转为中国要不要搞证券市场的争论。中国证券市场确实出了不少问题，暴涨暴跌、内幕交易、操纵市场、证券欺诈等问题严重，有人认为中国证券市场搞早了，因此搞糟了，这个市场是个“大赌场”，要“推倒重来”甚至关闭（邓小平说过，搞不好可以关掉）。

在理论界至少有两次大的、公开的争论。一次发生在 1995 年，一次发生在 2001 年。

1995 年 8 月，《上海证券报》主办“寻求证券市场大智慧研讨会”，一些著名经济学家、金融证券专家和业内人士，包括吴敬琏和萧灼基教授等都参加了研讨会。

会上展开了激烈的讨论和争论。会议主要围绕吴敬琏的文章《何处寻求大智慧》进行讨论和争论。吴敬琏的主要观点是，中国发展证券市场的条件不成熟，1990 年开放证券市场是开早了，因此搞糟了（但他并没有直接说出这样的话）。他谈到 1985 年在中国有一次非常重要的研讨会，叫“中国宏观经济研讨会”（也称为“巴山轮会议”，因为会议是在长江的一艘游轮上召开的，游轮的名字叫“巴山”），在这次会议上，中国的学者和美国的学者大都认为中国是不能搞证券市场的。当时诺贝尔经济学奖获得者托宾有一句名言，说中国搞股份制是可以的，但搞证券市场要 20 年以后。他认为，按照托宾给我们的药方，我们应该在 2005 年建立股票市场，但是我们 1990 年就建立了，因此中国证券市场搞早了，这是证券市场出现问题的根本原因。他还引用了另一位诺贝尔经济学奖获得者萨缪尔森 1992 年论述中国经济时的一段话，大意是，在落后地区，银行和当铺的作用比证券市场的作用大，以此来证明自己的观点[参见《上海证券报》专题部编，《寻求证券市场大智慧》（修订本），学林出版社，1997 年]。

很多人都发表了看法和观点，包括萧灼基、李扬、吴晓求等人都参加了讨论，讨论如何发展和规范中国证券市场，以及证券市场中的投机问题、“泡沫”问题。给我的印象是很多人认为吴敬琏的观点值得商榷。会上萧灼基与吴敬琏争论得最为激烈。

我向会议提交了论文：《在发展中规范 在规范中发展》（《上海证券报》，1995 年 7 月 17 日），提出中国证券市场应“在发展中规范，在规范中发展”的重要原则；提出“中国股市出现问题是发展中的问题，只能在发展中不断规范，如果股市不发展也不可能做到真正的规范”；应规范市场主体和参与者的行为，规范发行公司和上市公司，规范投资者行为，规范证券交易机构、中介机构和服务机构，政府行为也应规范；“在发展中规范，在规范中发展，这或许是我们的‘智慧’所在”。因此，在国内，我首先提出“在发展中规范，在规范中发展”的观点。

1997 年，我在《证券市场的发展与规范》（《现代企业导刊》，1997 年第 1 期）一文中指出，“中国证券市场从其发展情况来看是不规范的，严格规范证券市场已成为我们的当务之急”。进一步提出中国证券市场必须进行严格规范。

1998 年，我主编的《中国证券市场发展、规范与国际化》（中国金融出版社，1998 年）一书出版，这本书进一步完善了中国证券市场要“在发展中规范，在规范中发展”的观点和理论。著名经济学家董辅礽先生为这本书写了序，对其中的观点做了充分的肯定。他指出：“本书的落脚点是通过解决种种战略性问题使中国证券市场的运行和管理得以规范，而规范是健康发展的制度保证。”董先生在我研究证券市场（包括起草《证券法》）方面给了我很大的帮助和支持！在这里向董辅礽先生表示深切的怀念和感谢！

必须指出，董辅礽先生是中国企业改革和发展资本市场理论建设的先驱者及奠基人，对中国资本市场建设做出了很大的贡献。我与董先生是忘年之交，他对我的支持和帮助很大。我们一同研究项目、参加研讨会。他思维敏捷，勇于探索，洞察力很强。

2004 年 7 月 30 日，董辅礽先生不幸离世。如今，他的音容笑貌依然不时在我眼前浮现，他关心中国资本市场，为资本市场发展而大声疾呼的一幕幕，仍使我难以忘怀。我曾写过一篇文章《不能忘记董辅礽先生对中国资本市场发展与规范所做的贡献——纪念董辅礽先生逝世五周年》悼念他，还写了一首诗《悼董辅礽先生》：董老驾鹤归西去，留给学苑民族魂。挥动笔墨求真谛，革除旧制促创新。坚持真理无媚骨，守身为大见精神。长歌当哭逝泰斗，改革更有后来人。董老的离去，对于中国资本市场发展的理论和实践都是一个重大损失。我们要继承董老未竟的事业，为促使中国资本市场的进一步健康发展而努力！

第二次大争论发生在 2000 年年底到 2001 年年初。《财经》杂志 2000 年 10 月发表的《基金黑幕》一文，揭露了基金业本身存在的内幕交易等问题。2001 年年初，监管部门查处了亿安科技和中科创业等企业操纵股价等违规违法案件，引起股市波动，一场监管风暴即将来袭。中国股市的问题同样引起经济学家的关注。吴敬琏在接受中央电视台的采访时，对股市发表了一些看法，有人把吴先生的谈话总结为三个要点：①中国股市是一个大赌场，而且是一个不讲规矩的赌场。②全民炒股是不正常的现象。③中国股市的市盈率过高。不少经济学家不同意吴先生的观点，尤其是他的“赌场论”。2011 年 2 月 11 日，厉以宁、董辅礽、萧灼基、吴晓求、韩志国五位经济学家联袂与记者举行“恳谈会”，批评吴先生的观点，认为其不利于股市的发展。后来又有不少这方面的文章。

我当时在日本讲学，没有参加这场关于股市问题的争论，但我很关注，回国后也在不同场合发表过一些看法。我认为，这场争论是有意义的，归根到底是如何看待中国股市、如何发展和规范中国股市的问题。争论双方都看到中国股市存在严重的问题，都强调要加强对股市的监管，但在如何看待和对待股市的问题上存在分歧。我个人认为吴先生把中国股市存在的问题看得比较严重和透彻，这一点应当予以肯定，同时也认为他把中国股市说成是一个“赌场”，是不科学的，曲解了股市本身的性质和功能，容易造成误解。把中国股市看作一个不规范、不成熟的市场更好，这样才能更好地去发展它、规范它。

在董辅礽先生的提议下，2001 年 12 月，北京大学金融与证券研究中心（我为中心主任）和中国人民大学证券研究所（吴晓求为研究所所长）联合在友谊宾馆召开了“中国资本市场发展与规范高级研讨会”，董辅礽、萧灼基、杨启先、吴晓求、刘纪鹏、韩志国等专家学者参加了会议。我主持了这次会议。与会者就中国证券市场存在的问题展开了热烈的讨论。董辅礽先生做了主题讲演。他批评了股市“赌场论”，发出了保护投资者合法权益的声音。会上多数人认为，中国证券市场存在的问题是发展中的问题，不应当“推倒重来”，而应当严格规范，在规范中健康发展。这次研讨会产生了很大的影响。

2001 年 11 月 26 日，湖南电视台《千年论坛》节目在北京大学开讲。我演讲的题目是“论当前资本市场热点问题”，我讲到，面对新世纪，迎接新挑战，我们必须开放证券市场，中国的市场必须和世界的市场相融合，中国的市场必须国际化。我们必须做好心理和思想的准备、组织的准备和其他方面的准备。我还讲到了二板市场（创业板市场）、投资基金市场、国有股减持等问题。此次论坛向全国直播，影响很大。

此外，我还多次组织资本市场、投资基金方面的研讨会及论坛，探讨中国资本市场发展战略等问题，产生了很大的社会影响。例如，1998 年为庆祝北京大学百年华诞，光华管理学院组织和召开了“中国资本市场发展国际研讨会”（我主要负责），并出版了会议论文集《中国资本市场发展的理论与

我在湖南电视台《千年论坛》节目上演讲（2001 年 11 月 26 日）

“中国资本市场发展与规范高级研讨会”，由我主持会议（2001 年 12 月）

实践》(厉以宁主编，曹凤岐、王其文、张维迎副主编，北京大学出版社，1998年)。1999年，为庆祝北京大学光华管理学院命名五周年，“中国投资基金高级论坛”召开，厉以宁、刘鸿儒、周道炯、董辅礽、高尚全、陈定国等专家学者参会并做主题发言。

还有一件事值得一提，2008年国际金融危机也波及中国，国内生产总值(GDP)连续几个月下降，中央推出4万亿元投资计划稳定和恢复经济，提出增加内需的十项措施。与此同时，中国股市从2007年10月的6 000多点一路下跌，到2008年10月已经跌到2 000点以下。人们对股市信心全无，股市低迷，对经济的恢复产生了不利的影响，引起了不少专家学者的关注。2008年12月1日，《证券时报》发表了刘纪鹏、吴晓求等10位教授（他们是：刘纪鹏，中国政法大学；赵晓，中国科技大学；吕随启，北京大学；

和香港大律师梁定邦先生在“中国资本市场发展国际研讨会”上

主持“中国投资基金高级论坛”并演讲（1999 年）

吴晓求，中国人民大学；曹凤岐，北京大学；贺强，中央财经大学；钟伟，北京师范大学；袁钢明，清华大学；金岩石，上海交通大学；戚聿东，首都经贸大学）联合署名的文章《扩大内需应把提振股市作为切入点》，文章指出，本轮扩大内需和 1998 年（上一轮）的扩大内需相比，国内经济背景已发生较大的变化。中国 GDP 总量增长了三倍，需要的资金总量更大，财产性收入在居民收入中的比重不断提高，经济发展已进入科学发展和民生时代，如何确保扩大内需的增长质量更是中国所面临的严峻挑战。同时，中国已进入金融与资本经济时代，金融与资本市场对经济的作用和上次已不可同日而语，本轮扩大内需既要有与上一轮相近的实体经济方面的举措，更要增添全新的现代金融与资本市场管理的智慧。因此，落实十大政策应坚持：①实体经济与金融经济相结合；②银行间接融资与股市直接融资相结合；③企业债券融资与股票融资相结合；④资金保证治标与制度创新治本相结合；⑤短期见效快的措施与长远战略相结合。为此，应把振兴股市作为恢复市场信心和落实十项措施的切入点。此外，文章还提出了振兴股市的具体建议。

文章是由刘纪鹏教授起草的，他想联合一些学者上书中央，引起中央对振兴股市的重视。文章写好后拿给我看，我看了以后认为文章所提的观点和建议是好的（我不记得是否提出过修改意见），于是同意署上自己的名字。也就是说，我不是文章的策划者和主要贡献者，只是参与者而已。

文章发表后引起轰动，各界对文章展开了热烈讨论。很多人支持我们的观点，认为扩大内需必须振兴股市，并对我们对于中国资本市场发展的关心、热情和积极献计献策的精神表示赞赏。也有一些人反对我们的观点，认为中国股市与经济发展没有关系，不能把振兴股市作为落实中央恢复经济十项措施的切入点。更有甚者，有人怀疑我们的动机，认为我们是要把自己手中的股票解套才写的这篇文章。简直让人哭笑不得。中央电视台《今日关注》栏目专门讨论了这篇文章。可惜的是，他们没有找文章的任何一位作者，而是找了其他“专家”。央视的讨论全盘否定了我们的文章和观点，认为我们根本不懂经济与股市的关系，是在“瞎子摸象”。央视组织和播放这样的讨论，从舆论上误导了广大投资者，对恢复投资者信心产生了负面影响。这也说明还有一些人对中国资本市场的发展不够重视。我一直对央视组织这样的讨论感到遗憾和费解。

我一直主张早日开设创业板市场，2009 年 10 月，深圳证券交易所终于开设了创业板市场，在首批 28 家企业上市时，几位主张推出创业板的专家学者受邀出席上市仪式。

参加创业板开盘仪式，左起：贺强、吴晓求、我、刘纪鹏（2009 年）

对中国证券市场法律体系建设做出的努力和贡献

我从 1992 年 7 月起参与《证券法》的起草工作，为《证券法》起草小组的主要成员；从 1999 年起参与《证券投资基金法》的起草工作，担任起草工作组的副组长；2003 年为《证券法》修改小组顾问组成员，为中国资本市场法律体系建设做出了贡献（关于起草“两法”的艰难历程，本书将用一章专门论述）。其间，我发表了多篇有关法律建设的文章，如《没有规矩 难成方圆》（《中国证券报》，1995 年 2 月 8 日）、《构建证券市场法律体系》（《中国证券报》，1996 年 4 月 10 日）、《用法律规范证券市场》（《中国证券报》，1997 年 1 月 9 日）、《证券法出台过程及对市场发展的重大意义》（《证券市场导报》，1999 年第 1 期）、《证券法实施的几个问题》（《经济学家》，1999 年第 1 期）、《关于投资基金立法的几个问题》（《财会通讯》，2001 年第 2 期）。

提出加强资本市场制度建设的理论

我一直认为，中国资本市场最大的缺陷是制度缺陷，因此，要想使资本市场平稳和健康发展，就必须加强制度建设。

早在1990年我就在《发展适合中国国情的证券市场》（《北京金融》，1990年第6期）一文中明确提出，加强证券市场法律和制度建设应“规范化”操作。该理论后来逐步发展与完善。1995年，我在《中国证券市场发展战略》（《中国证券报》，1995年10月25日）一文中提出“根据我国的具体情况，建立行政管理、法律管理和自律管理相结合的证券管理体系”的观点。1998年，我在《中国股市风险特征及其防范与管理》（《中国期货》，1998年第8期）一文中指出，“对于体制性风险和市场缺陷风险的防范与管理，主要应通过深化改革，加速证券市场发展，加强对证券市场的法制建设和执法力度来实现”。2000年以后我又对股权分置改革、股票发行、交易制度改革、上市公司分红制度改革和资本市场的其他制度建设提出了很多好的意见和建议。研究成果集中体现在我2000年起主持国家自然科学基金重点科研项目“中国资本市场发展与管理研究”课题的研究成果上（主编和编著了四本学术著作和多篇研究报告），对中国资本市场发展战略、资本市场与经济发展的关系、资本市场结构、资本市场风险防范与管理、上市公司管理以及中国资本市场国际化问题进行了深入的研究。我还发表了多篇关于加强资本市场制度建设的文章。

2006年，我参与了股权分置改革的讨论，并提出了自己的方案，主要反映在我写的《论国有股减持与流通——八论社会主义条件下的股份制度》（《北京大学学报（哲学社会科学版）》，2002年第4期）一文中。我在讲课、演讲的过程中和各种研讨会上都阐述了自己的观点与看法，为决策部门提供参考。

四本专著的封面

我在《谈中国资本市场八大重要制度建设》（《证券日报》，2012 年 3 月 19 日）一文中谈到我国资本市场要从八个方面进行制度建设：（一）改革和完善股票发行和交易制度。（二）加强信息披露制度建设。（三）强化分红约束制度。（四）完善上市公司退市制度。（五）形成健康的资本市场信用文化体系。（六）规范和完善资本市场服务体系。（七）健全资本市场法律体系。（八）改进和完善资本市场监管制度。其中谈到，应当将监管市场和审批股票发行分开。如果企业上市申请符合《公司法》《证券法》和其他有关法规规定的发行及上市条件，证监会只进行程序性审查，而把审核发行和上市的权力下放到交易所。证监会专门审查发行和上市是否规范，是否有违规违法行为，是否有虚假陈述等，如果发现问题可以叫停发行，也就是证监会从一票决定权转变为一票否决权，而由交易所、券商、上市公司自己决定是否发行和上市。这就是所谓的监审分开。证监会把监管的重点转到如何引导资本市场健康发展上来，重点转到如何维护资本市场的公平、公正、公开，如何维护市场秩序，打击违法违规，保护投资者合法权益上来。应当进一步改进资本市场的监管手段和方式，严惩操纵市场、证券欺诈、内幕交易、利益输送、虚假披露等违法违规行为，维护好市场的“三公”原则。由于现在违法行为的手段越来越高明，因此不仅需要证券监管部门加大查处力度，还需要公安、司法、信息技术、金融机构等部门的通力合作。

2015 年，中国股市经过了过山车式的暴涨暴跌，从年初的 2 000 多点，一路涨到 5 月份的 5 200 点，之后又掉头下跌，到 7 月初降到 3 500 点。很多人（包括部分专家学者）都呼吁政府救市，政府也真的拿出资金救市，以免产生系统性风险。但股市并没有被救起来，仍一路下跌到 2 000 多点。我是不同意救市的少数专家学者之一。

我一直关注 2015 年的股市行情。2015 年 1 月，在清华大学的一次研讨会上，我说，股市的春天来了，但我不希望很快进入夏天，因为如果到了夏天，冬天还会远吗？ 5 月下旬，股市已经涨到 5 000 点以上了，我和吴晓求在新浪网组织的研讨会上指出，股市已经过热了，股民一定要注意风险，不要再跟风炒作。6 月 9 日，在“当前资本市场热点问题”讲座［经济与金融高级论坛（第 96 期）］上，我指出，股市已进入高风险区，随时可能出现断崖式下跌的情况。果不其然，过后不久，股市迅速下跌。听我话的学生都出货赚了一笔，没卖掉的学生后来都被套牢了。

2015 年 8 月 5 日，我在新浪博客上发表了一篇文章——《中国资本市场的根本问题在于制度缺陷》，分析了股市暴涨暴跌的原因，提出了保障股市平稳发展的办法和措施。我在文章中指出：中国股市暴涨暴跌、牛短熊长几乎成了常态。最根本的问题是制度缺陷。要解决这些问题必须进行进一步的改革。中国股市存在很多问题，市盈率过高，换手率过高，过度投机，等等，很多问题都是由制度缺陷导致的，因此，中国资本市场的根本出路在于制度改革。股市暴跌是一件坏事，但也可转化为好事，那就是使我们头脑清醒、痛定思痛。要加大改革力度，使中国资本市场能够长期稳定发展，为促进中国经济发展、经济转型和结构调整做出更大贡献。

我明确提出了改革和制度建设的具体建议，如要改革发行制度，改革交易制度，改革融资融券制度，改革分红制度，改革信息披露制度，改革退市制度，完善公司制度，完善资本市场法律体系，改革和完善资本市场监管制度，加强资本市场文化建设，等等，我认为，只有这样，中国资本市场才有希望。

提出发展广义资本市场（多层次资本市场）的理论

早在1995年我就提出广义资本市场理论。在《中国资本市场发展战略》（《中国证券报》，1995年10月25日）一文中，我明确提出证券市场实质是资本市场，它具有广泛的内涵，包括国债市场、企业债券市场、股票市场、投资基金市场以及期货和期权等衍生工具市场。不能片面强调发展股票市场，而应全面考虑各专门市场的发展顺序和证券市场的整体结构问题。与传统观念将资本市场局限于证券市场不同，我还提出，资本市场投融资应该既包括股权融资，也包括长期信贷和债券融资等；既包括证券融资，也包括非证券融资；既包括证券市场，也包括企业直接产权市场（参见曹凤岐著，《资本市场论》，北京大学出版社，2000年）。我支持设立创业板市场和股指期货交易市场。在2003年出版的《中国资本市场发展战略》一书中，我又进一步发展了广义资本市场（多层次资本市场）理论。

提出建立和健全资本市场监管体系的理论

早在中国证券市场开始设立时，我就提出建立和健全有关证券市场的法律，使证券发行和交易规范化；建立全国证券交易委员会，对股票、债券的发行和交易进行统一管理（参见《发展适合中国国情的证券市场》，《北京金融》，1990 年第 6 期）。1992 年，我提出，对证券市场的管理，关键是要有一个有效率、有权威的证券管理体系。我国应建立证券管理委员会（参见《关于中国证券市场发展途径与步骤》，《管理世界》，1992 年第 3 期）。1995 年，在《中国证券市场发展战略》（《中国证券报》，1995 年 10 月 25 日）一文中，提出根据我国的具体情况，建立行政管理、法律管理和自律管理相结合的证券管理体系的观点。1998 年，在《中国证券市场监管研究》（曹凤岐、徐文石，《财经问题研究》，1998 年第 5 期）一文中，提出我国应当建立集中统一的证券监管体系，将国务院证券委员会和中国证监会合并，成立国家证券管理委员会（后来，国务院证券委员会被取消，由中国证监会集中统一监管）。2000 年，主持国家自然科学基金重点项目“中国资本市场的发展与管理研究”，在研究成果中已经提出中国应当走统一监管之路的思想（参见曹凤岐编，《经济发展与资本市场管理》，北京大学出版社，2003 年）。

2017 年 6 月 13 日，《证券时报》刊登了我的一篇文章：《处理好五个关系 提高金融监管水平》，文章指出，针对金融市场出现的混乱现象，为了防范金融风险，保障金融稳定，加强金融监管是完全必要的。文章认为，要发挥监管效率，必须讲究监管艺术，提高监管水平，因此要处理好几个关系：①处理好监管风暴与日常监管的关系。②处理好外部监管与金融企业内部控制的关系。③处理好监管与服务的关系。④处理好监管与发展、创新的关系。⑤处理好分业监管与统筹监管的关系。

获证券市场20周年特别贡献奖

“1990—2010：走向资本强国——中国证券市场20年回顾与展望暨第四届中国上市公司市值管理高峰论坛”于2010年5月29日在北京召开。我参加了会议，并在会上做了发言，现摘录如下：

今年对中国证券市场有着特殊意义，中国证券市场迎来了20岁生日。20年风雨兼程，中国证券市场从无到有，从小到大，一路走来，发展迅猛，取得了举世瞩目的成就。截至目前，沪深交易所上市公司总数已经超过1 800家，总市值达到21.3万亿元，取得了与我国经济发展基本相当的地位。

20年沧桑巨变，中国证券市场取得这些成就来之不易。证券市场作为我国改革开放的产物，自诞生之日起就站在市场经济最前沿，经历了由试点到逐步推广、由不成熟到逐步完善的过程。

以1990年上海、深圳证券交易所成立为标志，中国证券市场实现了零的突破，奠定了日后快速发展的基石。1992年，国务院证监会成立，形成了统一的证券监管体制，并建立了一套较为完善的规则体系和监管体系。1999年，《证券法》颁布，标志着中国证券市场正式步入法制化、规范化发展的轨道。我国证券市场已基本形成以《公司法》《证券法》《证券投资基金法》为核心，各类部门规章和规范性文件为配套的证券监管法规体系和自律规则体系。

中国证券市场20年的发展史，也是中国改革开放的缩影。中国证券市场坚持以市场化为导向，充分发挥市场机制的作用，在市场建设、培育、监管等方面借鉴成熟市场的发展经验，浓缩了西方发达国家证券市场发展的漫长历程，走过了一条艰辛、辉煌的道路。

20年前的1990年，在我们中华大地上有一代人杰，他们顶风冒雨、夜以继日，走南闯北、呕心沥血，用他们自己的智慧、力量揭开了中国证券市场的崭新篇章。

会上颁发了证券市场20年的各类奖项，包括终身成就奖、特别贡献奖、最具影响力人物奖、最具影响力上市公司领袖奖、最具影响力财经传媒人奖、最具持续成长能力上市公司奖、最受投资者喜爱上市公司奖等。

获得终身成就奖的有两位：一位是厉以宁教授（北京大学光华管理学院名誉院长、《证券法》和《证券基金法》起草小组负责人），另一位是刘鸿儒先生（中国证监会首任主席），他们对中国股份制的推行和证券市场的建立做出了突出贡献。

我和其他8位人士获得特别贡献奖，其中有证券市场早期创建者高西庆、李青原，有上海证券交易所第一任总经理尉文渊，有中国证监会顾问、香港大律师梁定邦等。我对各种评奖已经不太在意，但这次能获得中国证券市场20年特别贡献奖还是很高兴的。首先，我们能获奖表明中国资本市场确实得到了长足的发展。其次，在两个最重要的奖项的获得者中，有两位是北大的学者，一位是厉以宁，一位是我，表明北大学者对中国经济体制改革、对股份制改革和资本市场改革做出了重要贡献，这也是北大的光荣。最后，广大网友、专家把选票投给我们，是对我们的努力的肯定。我自己感到很欣慰。在这里要感谢大家！

获奖后，我写了一首诗《获奖有感》：呼到飞鸟翩翩舞，唤起山花遍地开。笑看春风万树绿，自饮清茶坐楼台。

为了配合中国证券市场20周年研讨会的召开，胡海峰、刘国芳、张琪、施光耀主编了一本书——《资本的奇迹——中国证券市场20年回顾与展望》

特别贡献奖颁奖仪式

（经济科学出版社，2010年），总结了中国证券市场20年发展的历史、经验，展望了证券市场发展的宏伟前景。几位作者邀我写一个“开篇”（放在书的最前面），我以“改变中国的力量”为题，热情讴歌了中国证券市场的发展，指出了其中存在的问题，并对如何进一步发展提出了建设性的意见。以下摘录几段：

如果从1990年上海证券交易所和深圳证券交易所相继成立算起，中国资本市场发展已经20年了。20年来，资本市场深刻影响着中国经济，也成为推动中国奇迹产生的重要力量之一。

很难想象，如果没有资本市场的兴起，我们将如何实现计划经济向市场经济的顺利转轨。

很难想象，如果没有资本市场的兴起，我们将如何实现国有企业的顺利改革。

很难想象，如果没有资本市场的兴起，我们将如何让更多人民群众分享改革发展的成果。

很难想象，如果没有资本市场的发展，一个富裕起来的中国社会将如何把财富转化为推动发展的不竭动力。

西方国家近百年的兴衰史告诉我们：制造业的繁荣可以让一个国家从贫穷走向富裕，而资本市场的兴起则是一个国家由富裕走向强盛的必由之路。

当然，我们应当承认，中国资本市场是一个新兴的市场，是一个不完善和不成熟的市场，当前存在市场规模小、市场结构不合理、金融工具单一等问题。中国至今并未形成多层次资本市场。必须进一步改革、发展和创新中国资本市场，发展多层次资本市场，改变资本市场结构，扩大资本市场规模，为投资者提供更多投资渠道，为企业提供通过资本市场筹资和投资的机会。

为了维护市场的公平、公正和公开，维护市场纪律，保护投资者的合法权益，必须加强对金融市场的监管。美国华尔街出现的一些问题，与美国监管不力，尤其是对投资银行和衍生产品市场监管不力有很大的关系。为了保证中国资本市场的健康发展，必须进一步完善中国的金融监管体系，要更新监管理念，完善监管方法，加大对非法证券活动的打击力度，严格监管虚假陈述、内幕交易、操纵市场的行为，净化市场环境，更好地维护投资者的利益，以保证中国资本市场的健康发展。

中国资本市场的改革和发展，应该从有效推动中国经济可持续发展和构建自主创新经济体系的战略高度去规划。展望未来，随着法制和监管体系的逐步完善、市场规模的扩大和效率的提高、国际竞争力的增强，中国资本市场将在未来和谐社会的建设中发挥重要的作用，并伴随中国经济的成长而发展成为一个具有国际竞争力的市场，在国际金融体系中发挥应有的作用。这样，中国就会从一个资本大国变成一个资本强国。

现在，我国资本市场已经有超过30年的历史（1900—2021），比20年时更为成熟、更为规范、更为发达。我们完全相信，中国资本市场会在中国经济发展、经济转型过程中发挥更大的作用！

在有生之年，我将继续对中国资本市场问题进行深入研究。

继续深入研究资本市场问题

2000年以后，我继续深入研究资本市场问题，除了主持研究有关资本市场的项目，还发表了大量有关资本市场发展和建设的文章。我把重点放在资本市场制度建设，保护投资者合法权益上来。2015年出版的论文集《金融改革创新论》的“资本市场改革”专题中收录了我2002年至2015年1月研究资本市场的13篇文章，包括重组并购、制度建设、法律体系建设、注册制、沪港通和深港通等。

2017年11月16日，我在《证券时报》上发表了一篇文章——《加强制度建设 建立投资者保护长效机制》。

为了宣传贯彻十九大精神，2017年11月23日，我在光华管理学院阿里巴巴报告厅做了一场题为“学习贯彻十九大精神——促进多层次资本市场健康发展”的主题报告：

实现党的十九大确立的伟大目标必须有金融的参与和配合。深化金融体制改革，增强金融服务实体经济能力，提高直接融资比重，促进多层次资本市场健康发展非常重要。党的十九大报告在相关表述中将有关内容摆在更加突出的位置，过去的党代会报告和中央文件从来没有这样的安排。可见，党中央决策层已经注意到新时代背景下，健全和发展资本市场以及确保资本市场健康的重要作用和重大意义，这对于我们推动金融体制改革不断向纵深发展，必将发挥明确的政策导向作用，也必将极大地促进和加快相关改革步伐。

促进资本市场发展有四大益处：资本市场的股权融资不形成债务，达到去杠杆的目的；可以解决中小企业融资难、融资贵的问题；通过上市公司资产重组、并购提高存量资产的配置效率；实现经济国际化，响应“一带一路”倡议。

中国资本市场的改革和发展，应该从有效推动中国经济可持续发展、构建自主创新经济体系和为实现两个百年战略目标服务的高度去规划。因此，要继续扩大资本市场规模，调整资本市场结构，促进发行交易市场化、规范化、法律化、国际化。

总的来说，中国资本市场的战略目标是成为公正、透明、高效的市场，为中国经济资源的有效配置做出重要贡献；成为更加开放和具有国际竞争力的市场，在国际金融体系中发挥应有的作用。

以这两个目标为出发点，提升资本市场服务实体经济的能力，推动经济结构加快转型升级，我们有以下几个建议：第一，重点发展股票市场以及股权市场，具体而言，需要实现新股发行常态化，优化创业板发行条件，完善上市公司再融资制度，鼓励企业发行优先股，改善融资结构。发展股票市场以及股权市场，是促进多层次资本市场发展的重点。第二，支持区域性股权市场规范发展，研究市场定位、发展路径、监管框架等具体内容，进一步拓宽广大新兴企业对接资本市场的渠道。第三，发展债券市场，适度发展衍生品市场。第四，积极发挥资本市场在并购重组中的主渠道作用，促进存量资源调整。第五，加强资本市场制度建设，建立投资者保护长效机制。第六，加快资本市场国际化步伐，提高中国资本市场的国际竞争力。

我们相信，随着法制和监管体系的逐步完善、市场规模的扩大和效率的提高、国际竞争力的增强，中国资本市场将在未来和谐社会的建设中发挥重要作用，并伴随中国经济的成长而发展为一个具有国际竞争力的市场，在国际金融体系中发挥应有的作用。我们对中国多层次资本市场的健康发展充满信心！

在讲座过程中，我还朗诵了我填的一首词《满江红·十九大指航程》：

党旗飘扬，十九大指明航程。绘蓝图，催人奋进，砥砺前行。实现百年强国梦，豪放盛世中华情。全党全民攻坚克难，定功成。新时代，新思想，新理论，新征程。建现代国家，完成使命。为民谋福不停步，不忘初心继续行。创人类命运共同体，世界赢。

讲座产生了很大的反响。光华新闻、北大新闻、北大电视台等都做了详细报道，各平面媒体和网络媒体也都做了报道。例如，2017 年 12 月 12 日腾讯证券以“曹凤岐：把中国资本市场建成公正、透明、高效的市场”为题对讲座进行了详细报道。

《金融论坛》2018 年第 8 期刊发了我的文章《中国资本市场的改革、创新与风险防范》，在其中，我对中国资本市场的发展和风险防范做了全面、深入的分析。

2019 年 6 月 16 日，“五教授深情话股市”论坛在国家会议中心召开。会议邀请了五位中国资本市场发展的见证者、参与者就资本市场热点问题与嘉

讲解十九大精神讲座

讲解十九大精神讲座（全景）

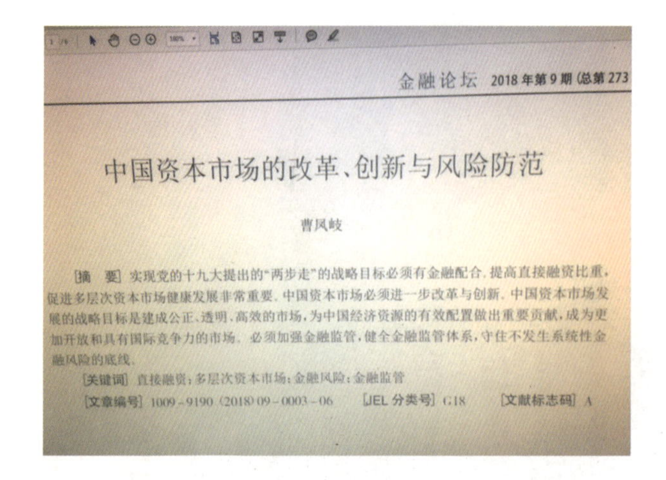

金融论坛 2018年第9期(总第273

中国资本市场的改革、创新与风险防范

曹凤岐

[摘 要] 实现党的十九大提出的"两步走"的战略目标必须有金融配合，提高直接融资比重，促进多层次资本市场健康发展非常重要。中国资本市场必须进一步改革与创新。中国资本市场发展的战略目标是建成公正、透明、高效的市场，为中国经济资源的有效配置做出重要贡献，成为更加开放和具有国际竞争力的市场。必须加强金融监管，健全金融监管体系，守住不发生系统性金融风险的底线。

[关键词] 直接融资；多层次资本市场；金融风险；金融监管

[文章编号] 1009-9190(2018)09-0003-06 [JEL 分类号] G18 [文献标志码] A

宾们进行分享和交流。参加论坛的五位教授除我之外，还有中国人民大学副校长、金融与证券研究所所长吴晓求，全国政协委员、中央财经大学证券期货研究所所长贺强，中国社会科学院学部委员、金融研究所原所长王国刚，中国政法大学商学院院长、资本金融研究院院长刘纪鹏。我们五位教授对中国资本市场的成就和存在的问题、制度建设、法制建设、科创板等问题进行了深入探讨、讨论与交流。"中国股市的成绩很

论坛现场

大，问题不少，前途光明。”这是五位教授的共同感受。

我在会上做了简短的主题发言。在发言中，我肯定了中国资本市场取得的成绩，向为资本市场做出贡献的人们表示敬意，对资本市场的未来发展充满信心。我说：

> 自1990年上海证券交易所和深圳证券交易所相继成立以来，中国资本市场已经走过近三十年的历史。虽然资本市场仍然存在很多问题，很多人不满意，但不可否认，中国资本市场取得了很大的成绩，已经建立起多层次的资本市场体系，有主板、中小板、创业板、新三板，最近又开设了科创板，在科创板上试行注册制。中国资本市场上有3 000多家上市公司，市值达几十万亿元。合格境外机构投资者（QFII）和合格境内机构投资者（QDII）不断增多，沪港通、深港通开通，A股纳入明晟指数、富时罗素全球指数。资本市场在中国经济发展和结构调整中发挥越来越大的作用。
>
> 中国资本市场的发展是不容易的。首先，它是改革开放的产物。其次，有很多人为中国资本市场的发展进行了理论和实践的探索。厉以宁、董辅礽教授在20世纪80年代初期就提出要发展股份制和证券市场，1981年就提出用发行股票的办法集资。1984年，上海飞乐音响有限公司就发行股票，被称为“新中国第一股”；1986年，邓小平曾把小飞乐的股票赠送给纽约证券交易所董事长约翰·凡尔林。1986年9月，工商银行上海信托投资公司静安证券营业部开始股票和债券交易。我1985年在《北京大学学报（哲学社会科学版）》上发表的《试论社会主义条件下的股份制度》一文明确提出，中国要发展股票市场。
>
> 要不要发展证券市场在中国有很大的争论。1985年有一个所谓的“巴山轮会议”，中美经济学家讨论得出的结论是，中国要发展股票市场，至少要20年以后。后来对资本市场也有不同的观点和认识。1995年，“寻

求证券市场大智慧研讨会”在上海召开，会上争论得很激烈，萧灼基教授等人认为，中国发展资本市场是正当其时，但是也有著名经济学家认为，中国证券市场开早了，所以搞糟了。这是非常大的一次争论，我在这次会上提出“在发展中规范，在规范中发展”的观点。2001年又发生了一场大的争论。那时，什么赌场论、推倒重来论都出来了。2001年12月，在董辅礽先生的提议下，我和吴晓求等人联合组织召开了中国资本市场发展与规范高级研讨会。2008年金融危机爆发以后，股市从6 000多点跌到不足2 000点，刘纪鹏教授组织了10位教授提出调整产业结构振兴中国股市的建议。虽然没有得到有关方面的有力支持，但是获得了广泛的社会认同。吴晓求教授牵头组织的每年一次的资本市场论坛已经办了23期了。我在北京大学组织的经济与金融方面的讲座，邀请专家学者包括业界人士来讨论资本市场，已经办了一百多期了。贺强教授在政协提案里，提出了不少发展资本市场的建议……总之，我们这些人一直在为中国资本市场的健康发展奔走呼号，哪怕被人误解也初心不改。

在这里，我们要感谢为中国资本市场发展做出贡献的人们，比我们的年龄还大一些的人，包括厉以宁、董辅礽、萧灼基、刘鸿儒等，还要感谢一些实践者，比如，上海飞乐音响有限公司时任董事长秦其斌先生、上海静安区证券营业部的黄贵显先生、上海证券交易所第一任总经理尉文渊先生，等等，由于这些敢吃螃蟹的人的探索和努力，才有了资本市场的今天。

现在，中国资本市场正在向好的方向发展，我们应当对资本市场有信心。

我今年74岁了，已经老了，但我是人老心不老，有病似无病，只要精神在，永远是年轻。我还会对中国资本市场的健康发展贡献自己的绵薄之力！

第八章

起草两法

在厉以宁老师的提携和带领下，我有幸全程参与了《证券法》和《证券投资基金法》两部法律起草的全过程，经历了起草两部法律的艰难历程，也在起草法律的过程中学到了很多法律知识，体会到了中国资本市场发展和规范的不易。参加两部金融法律的起草也是我对中国资本市场发展所做出的贡献，为此列专章写出起草两部法律的过程和我自己的体会。

《证券法》由专家牵头起草

《证券法》从起草到出台共六年多的时间，这在中国所有法律的起草中，时间是比较长的。《证券法》出台所引起的轰动相当大，获得媒体的广泛关注。

《证券法》的起草，最早是由七届人大提出来的，经过八届人大，到九届人大才得以出台。

中国证券市场从 1990 年开始（以上海证券交易所、深圳证券交易所成立为标志），到 1992 年时发展得比较快，但也出现了一些问题，主要是比较混乱以及缺乏规范和规矩。中国应该有一部法律来规范证券市场，处罚违法违规事件，保护投资者的合法权益。所以当时七届人大会议提出要起草《证券法》（当时不叫《证券法》，而叫《证券交易法》）。提出来以后，七届全国人大常务委员会委员长万里讲，像这样的法律，应该走群众路线，更多地听取专家的意见，于是就委托人大的专门委员会——财经委进行起草。财经委组织了以时任财经委副主任厉以宁为组长的起草小组开始工作。当时有好几位组员都是北大的，副组长是高程德教授（2015 年去世），成员有我，人大财经委的王连洲、刘修文，另外还有北大的两位硕士，一位叫徐卫，是高程德教授的学生，另一位叫林昌，是厉以宁教授的学生，他俩参加了前期的起草工作直到毕业。后来，高程德教授也逐步退出了起草工作，我则自始至终都参与其中。我们起草和修改了很多稿，现在我保存的打印稿摞起来有三十四厘米高。

《证券法》从起草到出台，大体经过四个阶段，时间跨度达六年多，从 1992 年到 1998 年年底。

顺利进行阶段

这个阶段从 1992 年 8 月组织班子开始，一直到 1993 年 12 月。这一段主要是进行调查研究。我们当时主要跑了上海、深圳，参阅了证券相关的大量法律法规——美国的、英国的、韩国的、日本的，以及中国香港、中国台湾地区的，看看它们是怎样管理证券市场的。因为中国内地的证券市场刚刚发展，经验还很不足。

在那个阶段我们还参考了国家当时颁布的一些法律法规。那时推进的速度很快，我们很快就拿出了《证券交易法》最初的提纲，提出了法律框架（当然是非常不成熟的了）。然后，我们很快又拿出了一稿、二稿，到了 1992 年 12 月，我们已经拿出了第三稿。这部法律很重要的特点就是公开性，所以媒体一开始就跟踪报道，像 1992 年 10 月 7 日《中国工商时报》的文章《证券法尚有一争》就提出国家股和法人股的一些问题，以及额度管理、银行关系等一系列的问题。我们在1992年12月就开了研讨会，叫作“中国证券市场发展研讨会”，而且当时很乐观，认为《证券法》1993年3月就有望出台。

在这个过程中实际上还有一些争论，比如说关于管理体制的争论，到底在中国要怎么来做。第一稿我们就提出要建立国家证券管理委员会，认为当时的证券管理是非常分散的，中国人民银行、财政部、体改委都管，我们主张建立一个机构。1992年确实建立了国家证券管理委员会（简称证券委），这个委员会由14个部委的主要负责人组成，定期开会决定重大事宜，但很难实施具体监管，因此同时还成立了中国证券监督管理委员会（简称证监会），实施日常的监督和管理。但当时证券委、证监会的关系并没有理顺。证券委只是一个议事机构，我们提出将两个机构合并为一个机构（后来确实合并了）。我们还提出国家股和法人股的问题、要不要开放场外交易市场的问题，以及关于额度管理的问题。1993年2月，我们已经拿出第四稿了。

拿出第四稿以后，当时香港证交所的律师梁定邦先生邀我们起草小组的所有成员到香港去征求意见。1993年3月1日到10日，厉以宁、高程德和我等一行人到了香港。在那里我们召开了关于中国第一部《证券法》制定过程中若干问题的会议，与会人士提了不少意见，此次会议的影响很大。在这之后，我们马上又出了第五稿，那一稿实际上就已经有点雏形了：总则、证券的发行、证券的交易、上市公司收购、证券经营机构、证券协会、交易所（包括柜台交易），以及证券服务机构、主管机关，等等，基本上已经很成体系了。接着又出了第六稿。我看到一家报纸上记者写的是“《证券法》起草六年，六易其稿”，实际上他并不知道，仅我现在手头上不完全的稿子就有二十多稿，他说“六易其稿”指的可能还是到1993年的稿子。

在这个过程中，争论还是很激烈的。1993年7月7日，全国人大财经委组织召开“证券法难点问题高级研讨会”。这次会议人大法律委员会、法工委、财经委，以及国务院、财政部、银行、券商等都有人参加。有人提出，最大的一个问题就是，《证券法》太市场化了，为什么《证券法》从一开始就没有把额度管理写在里面。确实，额度管理是中国经济非常重要的特色，但我们认为，额度管理是一项政策，如果把额度管理写入《证券法》中，那么过一段时间额度管理取消了该怎么办？（后来额度管理确实取消了。）另外，额度管理绝不是中国证券市场发展的方向，所以绝对不能写。还有管理体制的问题、要不要开放场外交易市场的问题，以及国家股和法人股的地位问题，在《证券法》起草的过程中争论得都非常激烈。

在这之后，有一件非常重要的事情，就是《证券法》的第七稿开始提交人大常委会审议。1993 年 8 月，八届全国人大常委会第三次会议第一次初审了草案，这份草案严格地说是我们拟定的第七稿。我个人认为这份草案是相当不错的一份草案。这份草案是财经委直接向人大常委会汇报，由当时的财经委主任柳随年做汇报人。共汇报了几个问题，包括宗旨以及草案分多少章

1993 年 3 月在香港召开研讨会，发言的是厉以宁教授，右三为高程德教授

写等问题。另外还重点汇报了关于管理体制的问题。草案提出国务院设立国家证券管理委员会，统一监督管理中国证券市场。各地方人民政府不设立地方管理机构，而设立派出机构。还谈到了股票发行的条件、审批的问题。当时实行的是股票发行审批制。我们认为审批制的计划和行政色彩太浓，但采取注册制还不具备条件，所以在《证券法》草案里提出实行核准制。后来在正式出台的《证券法》中确实采取了核准制。我们认为不能把额度管理写在《证券法》里面，审批并不一定就是额度管理。在草案中提出不仅要有交易所市场，还要开放场外交易市场，即非交易所交易的问题。因此，这份《证券法》草案，从总的指导思想到具体的法律规定，是比较全面的，而且是从发展、促进、规范中国证券市场的方面来考虑的。可以说这份草案和后来出台的《证券法》的规定都差不多，把证券的发行、证券的交易、公司的收购、证券经营机构、证券业协会以及投资基金等也都写进去了，此外还写了交易所市场、场外交易市场、服务机构、主管机关、仲裁、法律责任，整个法律框架都建立起来了。

我们在草案里还定义了广义证券。大家知道，在国外的证券法里，一般都用列举法来定义证券。我们所说的证券，范围比较广泛，包括政府债券、金融债券、其他企业债券、股票、新股认购权证、投资基金券，以及由主管机构认定的其他证券。实际上，我们当时规范得是比较详细的。我们对期权、期货交易以及信用交易并没有完全禁止。在草案的第三十二条，我们在证券交易中实际上已经讲到期权、期货交易了。第五十四条就讲，任何一种或一组证券，包括其指数类期货或期权交易必须经主管部门批准。虽然当时还没有指数交易，但是作为一部法律，我们已经提到了。“任何金融机构或证券机构未经主管部门许可不得提供信用以买卖证券”，也就是说，得经过批准才能做。我们也没有完全禁止信用交易，但是说了得经过批准（后来的稿子中则完全禁止了），对于客户融资融券问题我们也都提出来了。

融资问题还是开了个口子。这份草案应该说是一份相当不错的草案。在讨论的时候，人大常委会并没有提出更多的具体意见，一个原因在于，这部法律太专业化了，很多人不太了解这些法律条文的含义是什么，所以也提不出更多的问题。

人大常委会委员都问了什么问题呢？有两种意见，有的委员说："证券市场是资本主义的产物，这部法律到底是坚持社会主义还是坚持资本主义，如果说是坚持社会主义，那我就举双手赞成；如果是搞资本主义，那我就坚决反对。"另一部分委员实际上反对制定这部法律，认为没有必要。他们说："中国证券市场是怎么回事你们知道吗？如果不知道，就去看看茅盾的《子夜》，那里面说得很清楚，让军队后退五十里，这就是证券市场。你们记住小平同志的讲话没有？小平同志说了，证券市场要试验。小平同志还有后半句话你们记住了没有？小平同志说了试验不好还可以关了。在这种情况下制定什么法律呀？"因此他们根本就不同意。所以，当时的初步审议不可能通过这部法律。总的来说，当时大家认为这份法律草案无论从总框架还是一些具体问题来看都还是一份不错的法律草案。

在初步审议后，我们根据大家的意见，抓紧修改。我记得当时为了赶在12月份上会，要搞出一份新的稿子（二审稿）提交给人大常委会，我们在奥林匹克饭店几乎几天几夜都没睡觉。当时我的血压都上去了，我爱人一大早来给我送降压药。二审稿总的规则和8月份提交的那份稿子是一致的。可是这份稿子没有上成会，原因是1993年12月的人大常委会重点讨论《公司法》，两部法律都非常大，同时上是不合适的，所以当时就决定我们写的这份《证券法》草案暂时不上了，但上了一个关于修改《证券法》的意见。当时厉以宁老师已经是法律委员会的副主任了，所以这项工作就由厉老师负责，我们帮厉老师起草这份意见。该意见主要汇报了我们8月份讨论以后的一些意见，其中又提到了关于体制的问题，也谈到了各地要派出机构的问题，要建立一个委员会。另外就是交易场所的问题，我们还是坚持要开放场外交易市场。此外还有其他的几个问题，包括关于证券业协会的问题等。

在那以后，很多部门就《证券法》的相关问题征求了意见，国务院系统也征求了意见。国务院有关部门在1994年2月就《证券法》的一些问题向国务院领导做了汇报。那次汇报提出了一些问题，主要是国务院不同意设立国家证券管理委员会，认为其不是《证券法》应该说的事，而是应由国务院直接设立。刚刚机构改革，怎么又要设立一个机构，所以不同意，提出由各个部门管理。1994年，国务院还发了一个文件，规定人民银行管什么、财政部管什么以及体改委管什么。对于集中统一管理证券、期货，由一个机构管理，国务院的一些部门是不同意的。有些部门反映，当时证券管理体制尚处于试点、探索阶段，自1993年起已公布了一些行政法规和规章，尚待通过实践总结经验，因此建议《证券法》的出台时间要再斟酌。此外，大家对《证券法》的一些基本问题的意见还很不一致。但是总的来说这一段我们的工作是卓有成效的，得到了各方面的肯定。

激烈争论阶段

第二阶段的争论要比第一阶段更加白热化，是非常艰难的阶段。第二阶段可认为是从1994年1月到6月。

法律起草审议的程序是这样的：历史上，虽然人大是立法机关，但它很少直接起草法律，都是委托国务院各个部门起草。比如《预算法》交由财政部牵头起草，《中央银行法》交由中国人民银行起草。国务院要起草法律，就委托一个部门进行，然后由国务院法制局审查，法制局审查以后再由国务院常务会议审议。如果是一个行政法规，到这里就结束了，国务院常务会议讨论通过后，就可以实施了，如《股份有限公司暂行办法》就是这样的行政法规。但是作为法律，必须提交人大进行审议，首先要提交人大法工委审议。任何单位起草的法律草案，人大法工委都有权根据整个情况进行修改。人大法工委通过后，要把法律草案提交人大法律委员会审定。法律委员会的权力是很大的，由它最后定稿。之后再提交人大常委会，人大常委会还有权再改，最后才定稿，总的是这样一个程序。

《证券法》是中华人民共和国成立以来除《宪法》外全国人大自己组织人起草的第一部法律，越过国务院的程序，直接提交法工委。在第一次审议以后，第七稿我们修改后（1993 年 12 月的稿子），就直接提交法工委修改了。关键在于法工委对财经委起草小组的稿子修改得过分了。

法工委 1994 年 3 月召开了一个很著名的会议叫“雅宝路空军招待所证券法座谈会”。会上法工委拿出稿子征求意见，准备修改以后交给法律委员会，以便能上 6 月份的常委会。当时法工委在会上拿出了两份稿子，一份叫“1994 年 3 月 18 日修改三稿”，另一份叫“1994 年 3 月 28 日修改四稿”。这两份稿子我们起草小组之前都没有看过，拿到稿子一看，从立法的指导思想，到立法的原则，到整个结构，再到调整对象，全都不是我们起草小组提交的稿子，我们提交的稿子连影子都没了。原来，这两份稿子都是法工委自己起草的，到这里已经是第三、第四稿了。如果说法工委自己起草的稿子是在我们起草小组稿子的基础上修改的，是按我们讨论的指导思想、内容起草的，我们也不会有更多的意见，也会作罢，但是这两份稿子中的问题相当多：首先，它只规范证券的交易，把发行部分的内容全都弄没了，整个稿子里面基本上就没有“发行”二字。其次，第三条规定“在中国境内从事股票、公司债有价证券交易”，这样一来，中国证券市场就只调整股票和公司债了，调整对象太窄了。后来法工委一看不太好，就又加了一个“等”字，即“在中国境内从事股票、公司债等有价证券交易”。

座谈会请了不少人，大家认为法工委提交的稿子本身存在不少问题，问这份稿子到底是怎么回事。他们解释说，财经委提供的稿子和他们的稿子都是一块面，就看怎么揉了，财经委的东西都在这份稿子里面了。后来我们就说，首先，这不是一块面不一块面的问题，而是反映了立法的整个思想，到底中国的证券市场管什么，证券市场要发展什么，证券市场的调整对象是什么，这些都不是简单的问题，而且这份稿子里面的限制非常严格，连证券商的自营权都没了。这份稿子还指出《公司法》规定了股票、公司债的发行，因此，股票、公司债的发行适用于《公司法》的规定，证券的发行和交易则另行规定。这样整个来说就没有《证券法》什么事了，没有《证券法》可调整的东西了。另外，《公司法》是法工委自己起草的，而且已经通过了，《公司法》不仅规定了证券的发行，还规定了交易，这样一来，《证券法》的制定实际上就没有多大的必要了。所以这次会议是争论着开的，开了几天后就不欢而散了。

当时厉老师已经是法律委员会的副主任了，但他对法工委的稿子也一无所知。当时代表财经委参加座谈会的是时任财经委副主任董辅礽先生，我把出现的情况向他做了汇报，他在会上就提出财经委是不能接受法工委的这两份稿子的。为了使稿子6月上会，各方进行了紧急磋商，把委员长、副委员长都请来了。副委员长田纪云、王汉斌都出来跟我们一起开会，进行协调。最后达成了一个协议：财经委一份稿子，法工委一份稿子，然后这两份稿子合起来。所以当时我们就紧急弄稿子，从 3 月底到 4 月初我们又起草了一份“4 月 18 日稿”，法工委起草了一份“4 月 19 日稿”。这回法工委的稿子有进步，把“发行”二字加上了，写上了“与交易有关的发行”。我们也搞不清楚“与交易有关的发行”是什么意思，他们说这不是他们的意见，原来是他们写了一份稿子给人大的负责同志，而且讲了什么是“有关交易的发行”，解释了半天，领导同志也不知道听清楚了没有，只说“好好好”“是是是”。这就等于领导同意了，批示了。所以也没办法，只好写“与交易有关的发行”了（基本还是交易）。他们的稿子里写的还是管理股票和公司债，后来就整体进行协调，起草小组、财经委和法工委的人坐在一起，拿两份稿子往一起合，一条一条地对。整个5月份，我和厉以宁老师每天都是在那里对稿子，一条一条、一个字一个字地对。两份稿子，相差那么大，怎么往一起弄啊？这个过程可以说是非常艰难的。

那段时间我在精神上和体力上都非常痛苦。举几个例子就可以看出当时的艰难了。因为厉老师当时已是法律委员会的副主任了，不是财经委的人了，所以代表财经委的只有两个人：一个是我，另一个是王连洲（人大财经委的办公室副主任）。当时厉老师是协调组的组长，我们每天都在那里协调，厉老师也不好说话（因为法工委属于法律委员会系统），所以只有我和王连洲在那盯着，有些时候气得没办法，有些时候同他们讲道理又讲不清。有一次，为了修改一个条目，我和法工委的一个负责同志吵了起来，我没控制住情绪，拍桌子了。为这件事，厉老师批评我丢了教授的面子、失了教授的风度。我跟厉老师说，为了起草一部好的《证券法》，我宁愿丢面子、宁愿失风度。

另外还有一次，除了我们自己，我们还请了证券公司和证券协会的一些人过来，听取修改意见。在讨论“证券公司”这一章的时候，法工委的同志提出来，凡是券商以及与券商有关的人必须离开，否则不公平。当时这些人是财经委请来的，在这个过程中本来是要发表意见的，这样一来局面就非常僵，厉老师也不大好说话，所以还是得由我来说。我就说，“如果你让他们离开，那我也离开”，后来双方才妥协，即那些证券公司和证券协会的人可以在场，但在讨论那一章的时候，他们不要发言。

当时财经委的其他领导也来过几次，董辅礽先生不在的时候，财经委委员、中国人民大学的黄达教授也来参加过稿子的讨论。黄达说："法工委提供的这份稿子，我只说一句就行了，这份稿子呀，也别叫证券法了，叫什么呢？叫股票、公司债现货交易法最好。"黄达的这句话说得非常精准，或者说非常精辟。后来我在一次会上又见到黄达，他说："哎哟，我参加你们的会都害怕。"那个月真是每个字都要争，然后才整理出一份稿子，也就是"6月15日稿"，最后是6月27日印发的。根据法工委的意见，这份稿子把发行这一章全部删除，而且最后由他们来定稿，但是他们把我们协调和达成一致的东西又改回去了，反正是由他们来最后定稿，我们也没办法，就这样提交给了人大审议。这份审议稿关于调整对象的表述为：为了规范证券交易和与证券交易有关的发行，在中国境内的股票、公司债和国务院依法认定的其他证券适用本法。股票和公司债的发行是依照《公司法》的规定，《公司法》未规定的适用本法。政府债券及其他债券另行规定。

《证券法》修改座谈会（1994年4月）。前排左起第三人是厉以宁，中间的是人大常委会副委员长王汉斌、财经委主任柳随年

实际上，这份稿子还是没有规定什么实质性的内容，在向法律委员会提交的时候，我们还对其他问题提出了意见。当时我们也是为了把这部法律搞得更好一点，因此反对通过这份稿子，因为如果通过了就麻烦了。最终这次审议未能通过。

从那以后，我们的态度是有所变化的。一方面，我们敦促法律草案迅速出台；另一方面，我们坚持要推出一部比较好的法律。这就是我们态度上发生的变化。本来准备 8 月份再出一份稿，后来又觉得还不成熟就没有上会。

总结经验，调查研究阶段

第三阶段叫作“总结经验，调查研究阶段”。这一阶段的时间比较长，从 1994 年 7 月到 1998 年 7 月。我们又去了深圳，还去了其他很多地方调研。各地券商以及其他各方面的人士也都在进行研究。

关于调整对象的问题，应该是广义调整，而不是狭义调整。关于发行的问题，很多人认为应该单列一章。另外，关于交易场所的问题，关于给券商融资、券商自营、立法原则、投资基金等一些重大问题也都广泛征求了意见。当时王连洲发表了一篇文章——《〈证券法〉苦等定盘八大因素制约各方意见不一》，也谈到了关于种类、范围、调整对象的问题，包括发行市场的规范问题、监管体制问题、自营经济问题、融资问题、收购问题、场外交易问题，以及国有股和法人股问题。大家都在探讨这些问题应该怎么解决，报纸上也发表了很多关于《证券法》的文章。1996 年我也做了一个讲座，当时《证券时报》进行了报道。那时我就提出，《证券法》的出台宁可慢，但务求好一些。现在既然这样也不用着急了。要是推出一部不好的法律，还不如不推出呢。所以说当时我们的思想发生了很大的变化：要等待，不能那么着急了。

在此期间，实际上我们一直都在修改稿子。1995 年 11 月 2 日，法工委又提交了一份稿子给法律委员会审定。这份稿子实际上就没有财经委参与了，把“发行”那一章又给删了，完全回到 1994 年 3 月那份稿子的样子了。财经委自己也修改了一份稿子，即 1997 年 10 月 3 日的稿子，我参与了那份稿子的整个修订过程。因为按当时的精神，是不要“发行”这一章的，所以我们只好把它缩为一节。后来，我给厉老师、董辅礽先生都写过信，谈了我的一些意见和观点，我说发行的部分必须坚持，没有发行是不可以的，中国发行市场的问题相当多，宁可让它被删成两三条，也要让它作为一章。另外，我还给当时的法律委员会的主任薛驹同志写了一封信。在这个过程中，我们深入调研并汇总了各方面的意见，大家都倾向于我们原来起草的那份稿子的指导思想、思路和整体结构，以及一些条款，包括具体的规范。可以说，大家都看得越来越清楚了。

峰回路转,《证券法》终于出台

第四阶段我把它叫作“重新启动，争取早日出台”阶段。这一阶段应该说从 1998 年的下半年就开始酝酿了，较明确地提上议日事程是在 8 月。为什么提出这个问题呢？第一，本该是八届人大负责起草《证券法》，但八届人大没有完成。九届人大认为应该把它提到议事日程上来。第二，中国证券市场正在走向成熟，很多问题我们都看得比较清楚，趋于一致了。虽然少数人仍坚持自己的意见，但是多数人的意见基本趋于一致。证券市场发展了八年的时间，《证券法》草案已起草了六年，出台的时机已较为成熟。第三，亚洲金融危机爆发，如果中国证券市场仍没有法律的规范，那么金融风险、证券风险肯定会越来越大。中国证券市场的问题相当多，光靠行政法规是无法做到有效规范的，所以国家提出《证券法》在1998年年底出台。

1998年8月底的委员长会议是听取法律委员会、财经委、法工委修改的报告。财经委坚决抵制法工委的稿子，说这样是不可以的。在委员长会议上，财经委做了一个详细的报告。委员长会议定下来，不能把发行部分的内容去掉，而必须单列一章。这样“10月21日稿”，即提交10月份人大会议的稿子终于又把发行作为一章了。在这之前，实际上我们还开了一次研讨会，就是为了提交审议。

1998年10月12日，财经委在香山召开了“证券立法国际研讨会”。当时陈耀光、梁定邦、刘鸿儒、厉以宁等都参加了，厉老师谈到《证券法》离最后出台只有几步了，我则谈及这是一部由专家牵头立的大法。这是比较重要的一次会议，法工委的同志也参加了。

1998年10月，人大常委会再次审议《证券法》草案。这次提交审议的稿子，总体上已经可以了，但细节上还有一些问题，从调整范围到整个调整对象来说还是有一些问题。第一条已经改过来了，是“发行和交易”，而不是“交易”或“与交易有关的发行”了。

最大的问题是第二条，第二条也叫“抽象肯定，具体否定”，它是这样表述的，“在中国境内的股票、公司债和国务院依法规定的……适用本法”——这就没问题了，“广义证券”大家都清楚了。下面“股票、公司债的发行依照《公司法》的规定，《公司法》未规定的，适用于本法”——但这些《公司法》其实都规定了，没有尚未规定的了。“政府债券、金融债券、投资基金券的发行，由法律法规另行规定”——那《证券法》还调整什么？后来我跟厉老师磋商，厉老师说，第二条不改，财经委绝对不会通过这份稿子。厉老师很坚决，说要改这份稿子。后来是怎么改的呢？我提的意见是：第一，这句话应改成“在中国境内的股票、公司债和国务院依法认定的其他债券的发行和交易适用本法，本法未规定的，适用《公司法》和其他法律、行政法规”。因为《证券法》本身不能说先适用别的法律。第二，在立法原则的问题上，前法服从后法，行政法规服从大法。本法没有规定的，可以执行其他法律；本法规定的，就应该执行本法。《公司法》在好多地方都不适应需要了，所以《证券法》从某种程度上是对它的一个补充。会议接受了我的意见，改回“适用本法，本法没有规定的，适用其他法律”，把金融债券、投资基金券全都删掉了，只有政府债券的发行和交易另行规定。然而，在我看来，这一条改得还不够。至少政府债券的发行由法律法规另行规定，政府债券的交易应该服从《证券法》，交易不应该有特殊。关于这些问题，我在会上发表了意见。我说这些问题不是某个人或某个行为的问题，关键的问题是怎么看中国的证券市场，中国证券市场发展的前途是什么，中国证券市场发展的过程中怎样用法律进行规范，法律调整的对象究竟是什么，这涉及一个最根本的问题。

应该说，这份稿子的内容基本上回到了 1993 年那份稿子的样子。在管理体制问题上，证券委、证监会已经合了，实际上已经成立了一个机构，而且是国务院的机构，是集中统一证券、期货的管理。

1998 年 11 月，全国人大常委会委员长李鹏专程到深圳进行立法调研，与有关专家和实务界人士进行了座谈。起草小组在最后一段时间里对《证券法》的调整范围、股票发行核准、新股发行、禁止国有企业炒作上市股票、交易所的监管作用、证券公司的分业问题、规范交易行为等条款做了补充和修改。

1998 年 12 月 29 日，九届全国人大常委会第六次会议以 135 票赞成、

3 票弃权的绝对多数，表决通过《证券法》，并规定于 1999 年 7 月 1 日起正式施行。

经过六年半的起草，中国终于有了一部规范中国资本市场的根本大法——《证券法》。

《证券法》的出台，经历了曲折的过程，这与中国证券市场不成熟有关。《证券法》刚刚出台，1999 年 1 月 7 日，我就在北京大学光华管理学做了一场报告，题目是“《证券法》从起草到出台——艰难的历程”，紧接着，我又在《证券市场导报》1999 年第 1 期上发表了《〈证券法〉出台过程及对市场发展的重大意义》的文章。

《证券法》出台以后，有人说它的出台是“利空”，1999 年股市不好与它的出台有很大的关系。我们认为，股市不好不能说就是《证券法》出台的问题。股市不好，关键是上市公司的问题。《证券法》出台的意义，首先在于它确立了中国证券市场法律规范的总体框架。虽然中国原来有 250 个行政法规，但却零零散散，有些甚至相互矛盾，权威性不高，无法从根本上解决中国证券市场的

北京大学金融与证券研究中心
系列报告

《证券法》从起草到出台
——艰难的历程

报告人：《证券法》起草小组主要成员、
北京大学金融与证券研究中心主任
曹凤岐

1999 年 1 月 7 日

北京大学金融与证券研究中心
Research Center for Finance & Securities of
Peking University

1999 年 1 月 7 日关于《证券法》出台的讲稿

《证券法》起草小组成员编写的《风风雨雨证券法》

问题。第二，《证券法》规范了市场秩序。中国的市场秩序是非常混乱的，所以在这部法律中规范了证券市场的当事人、参与人的行为：他们应该做什么，不应该做什么；如果违反了，应该怎么处理。在这个时候，规范秩序应该说是必要的。第三，《证券法》对发行、交易以及上市公司，都要求有很高的透明度。第四，《证券法》有利于提高上市公司的质量，促进资产重组和并购的发展。《证券法》最大的特点是没有对国家股、法人股做特殊的规定，谁够条件谁上。这对民营企业、高科技企业上市绝对是一个“利好”的消息。第五，《证券法》促进了中国证券市场的发展，保护了投资者的利益。

总的来说，中国证券市场目前还不成熟，人们对证券市场的认识还不完全一致，证券市场秩序比较混乱，所以对有些问题规定得较为严格是有道理的。《证券法》不可能十全十美，要想十全十美，这部法律永远也出不来。实际上，即使现在觉得它完善了，以后证券市场发展了，它还是不完善。推出一部比较规范的中国证券市场的大法是相当不容易的，应该说这是一次伟大的胜利。

《证券法》的修订

虽然《证券法》的出台意义重大，但它仍然存在不足（不过任何法律都有不足），我们还要不断摸索，总结经验，逐步完善。

2003年我们对《证券法》进行了修订，这次我不是修订组的成员，而是顾问，但也对《证券法》的修订提出了自己的意见。最重要的修订意见是《证券法》总则里有一条规定，银行业、证券业、保险业、信托业分业经营、分业管理，分设机构。中国金融业已经向混业经营发展，金融控股公司已经是金融机构存在的主要形式，再写这一条已经不合适了，所以我和修订组的一些同志都认为应当去掉这一条，但各方面对此的分歧很大，后来这一条仍未去掉，只是加了一句话“国家另有规定的除外”，看来法律的修订也不容易。

2005年，修订的《证券法》出台。这部《证券法》与1998年出台的《证券法》总体上变化不大，在具体条目上有增删和改动。证券发行仍实行核准制。此后十几年一直沿用这部《证券法》。

2014年，国家对《证券法》进行第二次大的修订，经过近五年的努力，2019年12月新的《证券法》出台。这次修订我已经不是顾问，但也曾参与有关法律修订的讨论并发表意见。这次修订变化很大，最大的变化是《证券法》将证券的发行从“核准制”变成“注册制”。

2020年1月3日的《新京报》（网络版）刊登了该报记者对我的采访——《曹凤岐：我国证券发行处于核准制向注册制过渡阶段》。在采访中我说：

> 我国《证券法》于1998年出台，2005年有过一次比较大的修订，这是第二次全面修订。这一次修订应该说是大改，体现了进一步市场化、法治化、国际化的方向。此次修订对于控制市场风险、提高上市公司质量、维护投资者的合法权益、资本市场为实体经济服务，以及资本市场全面深化改革，都具有重要的意义。
>
> 《证券法》此次修订的一项非常重要的改革就是全面推行注册制。这实际上已经是中国资本市场发展过程中对于发行制度的第三次改革了。最初我们的发行体制是计划发行，也就是额度分配。《证券法》出台后，将计划发行改为核准制，也就是我们目前所实行的发行方式。

不过，核准制对于企业上市来说还是形成了一定的障碍，由证监会来审查，证监会决定一切。这种制度一直是存在一些问题的，大家呼吁实行注册制。所以，《证券法》此次修订的过程中，原来是增加一节，在科创板实行注册制。这次最终出台的版本，是要全面推行注册制，而不是在科创板试点。注册制体现了中国资本市场进一步的市场化，使得市场和企业能够自主发行，这是一个根本性的变化，实际上是由市场、投资者来决定发行，这与过去的计划发行和核准制有非常大的区别。

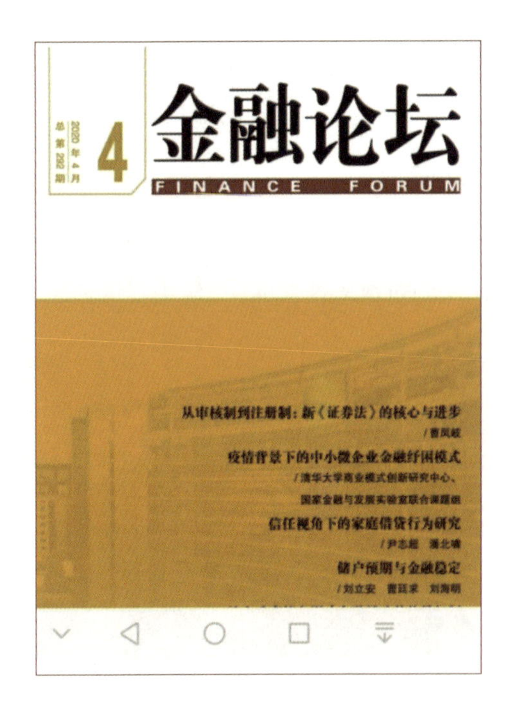

2020年第4期《金融论坛》发表了我的文章《从审核制到注册制：新〈证券法〉的核心与进步》，文中谈了五个问题：第一，全面推行注册制是《证券法》修订的核心内容；第二，从核准制到注册制应该有一个过渡期；第三，加大违法行为处罚有利于保护投资者的合法权益；第四，扩大范围须解决统一协调监管问题；第五，应继续加强资本市场制度改革和制度建设。文章发表后引起热烈反响。

《投资基金法》起草背景

有关发展投资基金的政策，最早可参见1985年中共中央《关于科学技术体制改革的决定》（以下简称《决定》）。《决定》提出，要设立风险投资基金以支持高技术开发工作。遗憾的是，《决定》出台后的很长一段时间内，真正的风险投资机制并未建立起来。

1991年10月，最初的一批老基金包括“武汉证券投资基金”和“深圳南山风险投资基金”宣告成立。截至1996年年底，全国范围内共有老基金78只，另有基金类凭证47只，分散在全国23个省市。新生的证券投资基金很快引起了立法者的关注。

当时正逢老基金整顿、新基金试点刚起步。当时的老基金大部分属于综合性基金，既可投资于证券，又可投资于实业。其中相当一部分基金将其募集的资金投向了房地产业，特别是在1992年和1993年海南高速发展、房地产开发形成泡沫时期，不少资金被套了进去。后来，国务院着手对老基金进行整顿。

1997年11月15日，经国务院批准，国务院证券委颁布了《证券投资基金管理暂行办法》。1997年中共中央第19号文件提出，要“研究制定中外合作投资基金管理办法和产业投资基金管理办法，并积极稳妥地进行试点”。《证券投资基金管理暂行办法》颁布后，第一批证券投资基金才开始发行、交易。伴随着老基金整顿、新基金试点的顺利进行，也为了顺利推动我国证券投资基金、产业投资基金、风险投资基金的发展，投资基金立法逐渐提上议事日程。

九届全国人大及其常委会履职之后，《投资基金法》作为一部重要的民商法，很快被列入《九届全国人大常委会立法规划》。

为什么要出台这样一部法律呢？主要是考虑到中国资本市场的长远发展需要大力培养机构投资者。法律的出台，既有利于培养基金这种典型的机构投资者，也可以为中小投资者进一步拓宽投资渠道。此外，投资基金本身也是一种信托关系，在这一关系中，既包括基金管理人，也包括基金持有人和托管银行，这与股票投资还不一样。在这一关系中，最重要的是如何保护基金持有人的合法权益。

1999 年 3 月 30 日，全国人大财经委在人民大会堂内蒙古厅召开了“投资基金法起草组成立大会”，确定了领导小组、顾问小组和工作小组的成员。厉以宁为起草领导小组组长，周道炯、张肖两位人大财经委委员为副组长，王连洲为起草工作小组组长，朱少平和我担任副组长。如果说《证券法》起到了规范证券市场发展的作用的话，《投资基金法》则是为规范投资基金

2000 年 6 月召开的“投资基金法起草工作会议”，前排左起第一人为董辅礽、第二人为周道炯、第五人为成思危、第六人为厉以宁，前排右起第一人为梁定邦、第二人为陈耀先，第二排右起第五人为王连洲

1999 年中国投资基金立法国际研讨会合影，前排就座的有刘鸿儒、周道炯、柳随年、庄心一、王连洲等人

出台的一部法律。我一直承担甚至领导了具体的起草工作，起草和修改了多稿草案。

为了起草好《投资基金法》，起草组多次召开工作会议和研讨会。

综合立法遇到困难

最初的时候，中央要求我们针对广义的投资基金进行立法。当时的指导思想是"综合立法"：既要规范证券投资基金，也要规范创业投资基金和产业投资基金。但随着立法的深入，我们发现这样做非常困难。一方面，中国比较成熟的主要是证券投资基金，而创业投资基金和产业投资基金发展得还很不够，我们很难去针对它们总结经验。另一方面，三类基金虽然都叫基金，但募集的方式不同，投资的方向不同，管理办法也不同。在国外，证券投资基金基本上采取公募的方式，而创业投资基金和产业投资基金一般都采取私募的方式。公募和私募的管理办法是不一样的。在这种情况下，最初的草案中，我们将三种基金有共同规律性的东西放在一起，而把特殊性的东西单独再提出来。但最后还是发现这样很难操作。因为基金各自对口的政府监管部门不同，证券投资基金归证监会管，创业投资基金归科技部管，产业投资基金归国家计委管。在政府部门的协调上同样也存在很大的问题。记得在昌平召开的基金立法研讨会上，对于如何规范创业投资基金和产业投资基金，科技部和国家计委的同志争得不可开交，对两种基金的定义、范围，由谁来监管（是由科技部管还是由国家计委管），意见也不一致。当时我主持会议，会议开了一天，还是无法统一，把我搞得头昏脑涨，血压都高了。

直到 2000 年，我们才采取分公募和私募两种类型进行规范的办法。主要针对公募基金（主要是证券投资基金）进行规范。在此基础上，单列一章，叫“向特定对象发行的基金”，实际上就是将产业投资基金和创业投资基金两个合在一起进行规范。

应该说，这样一来肯定比原来要顺了，但这样做还是有问题。因为这样一来，社会上很多人就直接把产业投资基金和创业投资基金当作“私募基金”了。而实际上，私募基金在国内主要是向特定对象发行的一些基金，这些基金主要投资在证券市场上，与产业投资基金和创业投资基金完全是两个概念。而当时在立法中不允许出现投资于证券市场的“私募基金”，认为这是乱集资。而且，稿子出现了“大肚子”的情况，即除总则和“向特定对象发行的基金”外，几乎都是对证券投资基金的规范，因此使得整部法律显得臃肿和不协调。

在创业投资基金的组织形式和管理问题上也存在很大的争论。国外创业投资基金一般采取创业投资公司的形式进行股权投资，国内也是这样。创业投资基金和创业投资公司到底是不是一回事？争论非常大。在创业投资的组织形式问题上，有的认为应当采取美国式的有限合伙制，有的认为应当采取有限责任制。实际上，中国没有有限合伙这种组织形式，所以实施起来非常困难。另外，对于由哪个部门对创业投资基金进行监管的认识也不一致。而且在具体规定上，现阶段我们也很难像证券投资基金那样，要求产业投资基金和创业投资基金也由基金管理公司去管理，由银行进行托管。

在《投资基金法》草案的写法上也存在分歧。最初，基金法的几次草拟稿都是按照基金的目标、方向的不同进行分类，对这三种基金分章节分别做出规定，其内容有交叉和冲突，所以很多人反对统一立法。起草工作遇到了困难。在第一次起草的时候，除总则、监管和附则外，证券投资基金一章，产业投资基金一章，创业投资基金一章。有几位知名学者提出，这三种基金是按投资对象划分的，风马牛不相及，放在一部法律里面，怎么来规范？这种情况下是不能放在一起的。

经过讨论，大家形成了这样一个观点，即为了规范所有的基金，要找出它们的共同点。它们的共同点可以从资金募集的角度来切入。时任证监会首席顾问的梁定邦先生出了个主意，他说，既然是从资金募集这个角度来规范的，资金募集的方法有两种：一种是面向社会大众的公募，一种是面向特定对象的私募，那么是不是两种方法都需要规范？这样其实就变成了公募基金与私募基金的区别。他建议，投资证券市场的基金主要是公募基金，应受到严格监管；而产业投资基金、创业投资基金则是私募基金，监管可以相对宽松。

没有想到，一场突如其来的关于私募基金的大讨论，波及了正在进行中的立法。正如有人所指出的那样，社会各界包括媒体对私募基金问题的过分渲染，引起了一些误解。终于，到了2002年1月，投资基金立法再起争端。有关方面认为，向特定对象募集没有提到产业投资基金，也没有提到由谁来审批，认为写得不具体、不充分，没有体现产业投资基金发起、审批前的主体等内容；也有人对于把创业投资基金等放进法律中持有异议。

《投资基金法》的起草陷入尴尬的境地。

改为起草《证券投资基金法》

起草小组认识到把三种不同性质的基金规范到一部法律中统一立法是十分困难的，而且几乎是不可能完成的任务。实际上，国际上也没有将这几类基金放到一起来立法的先例。

我国证券投资基金得到了较快的发展，同时我们也将发展产业投资基金和创业投资基金。在立法初期我们的指导思想是对证券投资基金、产业投资基金和创业投资基金进行统一立法，认为这样可以保证基金体系的完整性，有利于国家对投资基金实行统一的监督管理，而且提出在《投资基金法》中对三种基金分别进行规范。这样的立法指导思想并没有错误。但在立法过程中，我们发现，将证券投资基金、产业投资基金和创业投资基金全部写进一部《投资基金法》中难度非常大。因为尽管证券投资基金与产业投资基金和创业投资基金有很多的共同点，但不同点更多。主要表现在：①证券投资基金与产业投资基金、创业投资基金的定位不同。证券投资基金设立的目的主要是通过引进机构投资者，提高证券市场的投资理性；而产业投资基金和创业投资基金设立的目的是促进高新技术产业的发展、产业结构的调整和基础建设。②基金募集方式不同（这也是它们之间最主要的不同）。证券投资基金主要以公募形式设立，而产业投资基金和创业投资基金主要以私募方式设立。③投资对象不同。证券投资基金主要投资于二级市场的股票、债券和其他金融衍生工具等有较高流动性和变现性的投资品种，而产业投资基金和创业投资基金以投资实业为主（有人主张将产业投资基金和创业投资基金统称为实业投资基金或直接投资基金），主要投资于企业未上市股权，投资的流动性和变现能力不强，风险大，普通的个人投资者很少。由于向社会公募的基金涉及的是社会公众，关系到一国金融和社会的稳定，因此，各国和地区一般都有专门的立法及专门的机构规范与监管公募基金。对公募的证券投资基金的申购、交易赎回、定价、投资运作、信息披露等都有严格的法律规定，而由于对产业投资基金和创业投资基金基本采用私募发行方式设立，投资者多为机构投资者和有经济实力的个人，投资的行业和企业千差万别、风险各一，因此，在一些国家没有专门的立法，也不设专门的监管机构。从国外的情况来看，投资基金主要是公募的，有关立法也主要是规范公募的投资基金。私募基金不面向公众，投资者人数不多，而且多为机构投资者和非常富有的人，承担和忍受投资所带来的各种风险的能力较强。在美国，私募基金被认为是富人的冒险乐园，没必要进行监管，因此监管很松，这方面的立法也几乎没有。

2002年3月，鉴于统一立法的困难，起草小组决定缩小《投资基金法》的调节范围，将《投资基金法》改为《证券投资基金法》，只调节证券投资基金，重点规范公募基金，对私募基金做原则性的规范，留有余地，而产业投资基金和创业投资基金则由有关部门用行政法规做出规定。厉以宁老师首先提出分步骤立法，即先出台《证券投资基金法》，待条件成熟后再出台其他基金的法律或法规。厉老师的意见得到了周道炯、张肖和我的赞同与支持。于是我们起草了将《投资基金法》改为《证券投资基金法》的报告，提交全国人大财经委。

报告很快批下来了，于是我们按《证券投资基金法》起草，很快拿出修订稿提交人大。这是最大的一个突破。如果不是这样，这部法律很难出台。法律的出台，并非只是对某些具体条款的影响很深，而是对整个立法思想转变的影响很深。

《证券投资基金法》顺利通过

2002 年 8 月 23 日，《证券投资基金法（草案）》提交九届全国人大常委会第二十九次会议进行第一次审议。厉以宁在做提请审议的说明时说，目前在我国经济生活中存在多种形式的基金，各种基金具有不同的性质和功能。根据法律名称和讨论中的一致意见，本法只规范证券投资基金。证券投资基金是指通过发售基金份额募集资金形成独立的基金财产，由基金管理人管理、基金托管人托管，以资产组合方式进行证券投资，基金份额持有人按其所持份额享受收益和承担风险的投资组织。

一审稿草案对公司制基金做了原则上的规定，同时确定具体的管理办法由国务院另行规定，既为其今后的发展留下了空间，也为资本市场的发展和金融产品的创新留下了余地。

为方便全国人大常委会委员们对草案进行审议，2002 年 10 月 28 日，九届全国人大常委会第三十次会议在闭幕后专门举办了投资基金法律制度讲座。在那次讲座上，李鹏委员长指出，建立和完善证券投资基金法律制度，对于发展机构投资，促进资本市场的发展和完善，具有十分重要的意义，全国人大以及有关方面应加强对产业投资基金、创业投资基金等方面的研究。

当时，各方人士认为，《证券投资基金法》的出台临近了，但没有想到的是，从一审到二审，整整经过了10个月的时间，也从九届全国人大到了十届全国人大。

2003年6月18日，《证券投资基金法（草案）》提交二审。与初审稿相比，本次草案由十一章一百零九条调整为十二章一百条。其中，最为重大的修改是：不再对证券投资基金做出明确的定义，而只是规定草案对在境内通过公开发售基金份额，募集证券投资基金，以资产组合方式进行的证券投资活动适用。

从二审到三审，总体很顺利。2003年10月28日15时03分，人民大会堂全国人大常委会会议厅华灯璀璨，工作人员宣读了表决结果："赞成146票，反对1票，弃权1票。""通过！"起草工作历时4年零7个月，审议跨越九届、十届两届全国人大常委会任期，为证券市场乃至社会各界所瞩目的《证券投资基金法》终于得以降生。

在《证券投资基金法》起草的过程中我自己也得到了很大的提高，其间，我在报纸杂志上发表了多篇关于投资基金立法的文章，也组织召开和参加了多次研讨会，并发表了我的见解。《证券投资基金法》出台后，当年12月3日，我在北京大学光华管理学院做了一场讲座，题目是："《证券投资基金法》——投资者的保护神"，讲述了立法的过程、法律规范和调节的范围，以及法律出台的重要意义，等等。

2003年10月，《证券投资基金法》公布；2004年6月1日，《证券投资基金法》正式实施。此后半年内推出了六个配套实施细则，包括《证券投资基金运作管理办法》《证券投资基金销售管理办法》等。

2009年7月6日，全国人大财经委召集有关部门专题研究《证券投资基金法》的修订。7月23日，全国人大财经委召集各方在北京召开《证券投资基金法》修订讨论会，该会议组建了《证券投资基金法》修订起草小组（由人大财经委副主任吴晓灵负责），标志着《证券投资基金法》修订工作正式启动。

2010年12月，《证券投资基金法》修订列入2011年人大常委会立法计划。

我不是修订小组成员，但参加过修订小组征求意见的会议，也曾把吴晓灵请到北京大学介绍《证券投资基金法》的修订过程及遇到的问题。吴晓灵开始时有很大的雄心壮志，想用扩大"证券""基金"定义和范围的办法，把所有的基金[包括公募证券投资基金、创业投资基金、产业投资基金和阳光私募基金（通过私募发行投资于证券市场的基金）]都纳入该法调节的范围。我对她讲，这很难做到，如果可能的话，我们当年就做到了。后来修订小组还是缩小了调节范围，修订版还是叫《证券投资基金法》，最大的改动是把阳光私募基金纳入调整范围。这一规定给予了私募基金明确的法律地位，也将其纳入了监管视野，对私募基金的规范发展起到了促进作用。《证券投资基金法》的修订版于2015年4月出台。

我有幸参与了我国两部金融证券法律的起草工作和部分修订工作，认识到用法律规范证券市场是何其艰难！参加两部法律的起草和修订，也是我对我国金融法律体系建设所做的贡献。

第九章 创建学院

厉以宁老师是北京大学光华管理学院的创始人，我是他忠实的追随者、合作者，我对光华管理学院的建立、建设和发展做出了很大的努力和贡献，从某种角度上说，我也是光华管理学院主要的创建者之一。

出任经济管理系副系主任

光华的历史可以追溯到 1902 年京师大学堂设立商科，比设立经济学科（1912 年）还早 10 年。而当年的商科也就是今天的工商管理学科。1952 年，全国高校进行院系调整，那时北大只有一个经济系，下面设立政治经济学专业和世界经济专业。那个时候课堂上讲授的只有理论经济学，没有管理学，经济系的老教授们都是以史带论。

现在我们把光华管理学院成立的时间定为 1985 年北大成立经济管理系时，到 2015 年，学院已经走过了 30 年的历程。在我看来，改革开放后，管理专业的设立和招生是 1980 年，因此，光华管理学院成立的时间也可以再向前追溯 5 年，即 1980 年。

1978 年，为了适应改革开放的需要，北大经济系设立了国民经济管理教研室。这个教研室集中了农业经济、工业经济、统计、会计等庞杂的科目。国民经济管理教研室建立后，相关领导提出以此为依托建立一个管理专业。于是我们从 1978 年开始筹备，1980 年招收了第一批国民经济管理专业的学生。当时其他学校尚未设立专门的管理学科，北大的经济学研究者们最早进入管理学教育领域。

历史的节点出现在1985年。为了适应经济发展的需要，这一年的5月25日，北大隆重召开了经济学院成立大会。新成立的经济学院下设经济学系、国际经济系、经济管理系。我记得当时学校任命陈德华为经济系系主任，洪君彦为国际经济系系主任，厉以宁从经济系转到经济管理系任系主任。在经济管理系成立前不久的一天晚上，厉老师把我叫到他家里，对我说："凤岐，你来做经济管理系副系主任吧，协助我工作。"我涨红了脸说道："我可能不行，让原来的国民经济管理教研室主任王老师协助您工作吧。"厉老师说："我不是要合作者，而是要助手，我看你行，你就来干吧。"我没有想到厉老师这样信任我，于是诚惶诚恐地答应了。厉老师在给我主编的《中国企业股份制的理论与实践》写的序言中提到了此事，他说："1985年4月，北大筹建经济管理系，我之所以提名曹凤岐同志为副系主任，作为我的主要助手，除了考虑他的为人、作风和能力，也考虑到我们在学术观点上比较接近。"1985年，学校的正式任命下达了，厉以宁为经济管理系系主任，我为副系主任（当时我是唯一的副系主任）。

当时，厉老师已经是全国人大常委会委员、财经委副主任，他外面的事务繁忙，系里日常的事务性工作就都由我来承担和处理，当然大事我随时向他请示和汇报。他也比较放手，一般都会说："就按你的意见办吧。"所以我就大胆地干起来了。有人开玩笑地说，经济管理系的管理方式是"厉以宁宏观控制，曹凤岐微观调节"。

经济管理系下只设立了一个专业：国民经济管理专业，但真正的管理是对企业的管理，一帮宏观经济研究者开办的管理系，并不为人所看好，甚至有人声称北大并没有管理专业。于是在1986年，作为经济管理系副系主任的我上任的第一件事就是申报设立企业管理专业。1987年，企业管理专业正式招生。这个刚刚成立的经济管理系通过一系列的动作迅速成长起来。

我做的第二件事就是让一部分优秀毕业生留校任教和引进新的教员。因为当时国民经济管理教研室的教员只有十几个人，根本满足不了管理专业发展的需要。我们采取让优秀的本科生和硕士留校做教员的措施（那时还没有博士），从经济系经济学专业和国民经济管理专业毕业的学生中留下一些，也从校内其他系引进一些优秀人才，还从校外，如清华、人大、中国人民银行研究生部引进一些人才当教员。后来在光华管理学院工作的骨干教员相当一部分是建系前后留下或引进的，包括后来一直在系里和学院工作的朱善利（已去世）、蔡曙涛、梁钧平、刘力、江明华、王立彦等都是那时留校或引进的教员。

我们还做了一件事，就是从1986年起开始办函授班。当时办的是函授大专，高中毕业有实践经验的人可报考我们的函授课程，经过三年学习授予北大专科学历证书，后来我们又办了专升本函授。我们在全国十几个省市设立函授站，委托当地的大专院校代我们招生，我们的教员过去上课。我们的函授班很受欢迎，因为当时很多人高中毕业后没有上大学的机会，我们办学很认真，又派出优秀的教员授课，全国各地对我们的函授都很认可，学员报名踊跃。我们办了十多年的函授班，培养了几千名学生。当时教员的生活都不富裕，函授收入的一部分通过讲课费的方式发给他们，对他们而言是一笔小小的补助。我们系有一部分函授收入结余，就制定了讲课费收入规定，按课时给教员授课补贴，所有的课时都有补贴，超工作量课时增加补贴。这样教员无论是否给函授班授课，都能得到课时费，因此调动了他们上课的积极性。为此，我们与学校和学院产生了一些矛盾。学校允许我们办函授班，但收入的大部分要上交，只有小部分留在系里。对此，我多次向学校积极争取，最后学校同意只提留少部分收入，大部分还留在系里。我们办函授班与学院也产生了矛盾，因为经济管理系教员办函授班有了额外的收入，而其他两个系的教员却没有，所以其他两个系很不满，要求经济管理系把函授班交给学院统一办。学院领导找我谈了几次，要我交出函授班，由学院来办。我当然不肯交了，最后这事也就不了了之了。工商管理学院成立时系里已经积累了几百万元的资金，大都来自函授收入，当时考虑要细水长流，没有一下子分给大家。

这里我要特别感谢一个人，那就是杨岳全教授。他主动承担函授办公室主任的工作，兢兢业业、踏踏实实，不计个人得失，一心一意办函授。没有他的努力，就没有函授班的发展。可惜他在2009年突发心脏病去世，年仅62岁。我曾写过一篇文章悼念他。老杨，好人啊！

杨岳全教授主持的商务部“国家出口发展战略研究”项目的最终成果《中国品牌发展报告（2006）》，是一部123万字的很有分量的研究报告，凝结了他大量的心血。他本想申报教育部科研成果奖，但没有得到申报机会。他去世后，我找到学校有关部门和领导，建议把他的申报材料直接报到教育部，学校采纳了我的建议。这里可以告慰杨教授的是，经过专家的严格评审，他的研究成果荣获教育部第五届高等学校科学研究优秀成果奖（人文社会科学）三等奖！

我还利用自己在股份制和金融方面的知识做了一件为教员谋福利的事情。1986年，中国农业银行海淀支行行长找经济学院副院长董文俊老师，让他帮忙在北大附近找个地方建一个支行。董老师不太懂金融，于是带行长找到我。我说：“这是件好事啊！你们别建支行了，咱们利用股份制的方式建一个城市信用社吧。”（当时国家允许银行用股份制的方式与高校联合开办城市信用社，国内也已有先例。）行长一听，说可以啊！于是我们就开始筹备，经济学院用创收的钱入股3万元（集体股），教员自愿认购，因为股少人多，后来限定每人原则上只可认购1股（100元1股），在信用社中担任职务者可多认购。当时我们派出张虎婴老师担任总经理，董文俊老师担任董事，闵庆全老师担任监事，他们可认购 2~4 股。信用社的名字是我起的，叫作“燕园信用社”。燕园信用社就这样在中关园路边开设起来了。开始几年红红火火，每年都可以得到 20% 的分红，还有锅碗瓢盆等礼品，几年就回本了。1990 年城市信用社合并成立北京市商业银行，信用社领导找到我们，说：“根据上级指示，城市商业银行不再有个人股东，我们按原价给你们退股吧。”我说：“股份制公司是不能随意退股的，我们要转为城市商业银行的股东；这么多年我们的股份已经增值，你们要进行资产评估，看增值了多少。”后来进行了资产评估，原来入 1 股 100 元，现在变成了 3 700 元，增长了 37 倍！在北京市商业银行更名为北京银行时，100 元已经变成了 22 000 元（当然加上了学院分立时光华管理学院分得的 1.5 万元集体股部分，增值后我们把这些股量化到老教员个人身上，据说经济学院没有量化到个人），之前入股 100 元的教员，变成拥有 22 000 元，成为北京银行的原始股东。当时北京银行股票的发行价是 20 元，如果卖掉，可挣 40 多万元！我很少听到学院的教员感谢我的话，但我为自己能用自己的知识为大家谋福利，维护教员们作为股东的合法权益而感到欣慰！

经济管理系在创办初期，经历了今日的光华人难以想象的艰难历程。作为刚刚成立的一个系，经济管理系没有一间像样的办公室，系里的教员在四院楼梯间的一个小水房里开会、办公。与原有的国际经济系、经济学系相比，经济管理系的艰苦程度可想而知。学院分配给经济管理系办公室的一部电话都没地方安。直到 1990 年，我们才在水房外面的杂物间里隔了一间 9 平方米的办公室，招收了一名办公人员，就是范平（现已退休）。我们为此感到非常兴奋，经济管理系终于有一个办公的地方了！

当年的艰辛，如今的笑谈。回味起来不胜唏嘘。我们这一代有主见、有追求的学者，带着那最简单、最真实的梦想，毅然从经济系走出来，在一个前所未有的艰苦环境下，执着地支撑着中国管理学的成长。

为申报工商管理硕士学位而奔走呼号

在管理学科发展这条路上北大是“起了个大早，却赶了个晚集”。我们在1980年就建立了管理专业并招了本科生，但管理学科的进一步发展，却出现了很大的波折。

1984年，清华成立了经济管理学院，当时北大尚未成立经济学院。等到北大成立经济学院后，院领导又大多由搞经济史或经济思想史的同志担任，对发展管理学科不够重视。20世纪80年代末，清华、西安交大、复旦、人大等院校都在探索培养工商管理硕士（MBA）的工作，有的学校已经试点招生。我在院务会上提出我们也应当招收MBA，不要用师傅带徒弟的办法培养普通硕士，而是要从有实践经验的、已经从事管理工作的大学毕业生中招收学员，采取批量招收的办法，培养复合型工商管理人才，以适应改革开放对管理人才的需要。当我提出我们应当招收MBA时，一些领导同志一头雾水，什么？ NBA？难道让我们培养职业篮球运动员吗？鉴于此，1990年前后，我多次在院务会上提出单独设立管理学院，招收MBA学员。我的提议遭到了学院领导的一致反对。大家质疑，经济管理系教员短缺、空间有限、基础薄弱，如何能办成学院？有人直接批评我，说我搞分裂，想借成立管理学院之机升任副院长。

甚至有的领导与经济管理系系主任厉以宁教授私下沟通：“你给小曹做做工作，只要他不坚持成立管理学院，很快可以被任命为经济学院副院长。”有一次，我在国务院机关事务管理局第二招待所开会，接到厉老师的电话。厉老师说：“学院领导说，只要你不坚持分出管理学院，很快就会被提升为副院长。这件事你怎么想？”我说：“我不接受，我不稀罕什么副院长，我只想成立管理学院！不成立管理学院，咱们的管理学科发展不了，没有出头之日！”厉老师笑着说：“你这么说我就放心了。”

就在厉老师和我为设立学院而努力争取时，又一件让我们感到颜面丢尽的事情悄然发生了。

改革开放后，人们逐渐认识到优秀企业家在经济发展中所起的巨大作用。美国通过卓越的商科教育体系（MBA）培养出了足够优秀的企业家，但当时中国并没有 MBA 这样的学位制度。事实上，我们需要这样的新教育体系来摆脱人文学科的意识形态限制，不再使用各种学术标准来衡量商学教育。几所理工科院校向中央提交报告，建议设立 MBA 学位。1990 年，国家教委审批通过九所高等院校试点 MBA 学位项目，这其中包括清华、复旦、南开、人大、西安交大等，却唯独没有北大。除了众所周知的原因，最主要的原因是认为北大没有管理学科。

在审批之前，几所高校成立了一个 MBA 组织联络小组，在上海召开大会商量申办 MBA 学位项目事宜。我得到这个消息，在没有受邀的情况下，独自带着北大经济学院和经济管理系的材料到上海参加大会。在众人瞠目之时，我将复印的多份材料在会场散发。我问联络小组的有关领导：为何不邀请北大参加会议？为何申办 MBA 学位项目不让北大参加？人家的一句话就让我汗颜：北大有管理系，却并无管理（他们理解的管理是理工科的管理科学、管理工程专业），你们宏观经济的知名学者如何创建卓越的管理学科？我说：“我们有企业管理专业啊！”他们说，靠学术研究方式培养出来的学生缺乏实践经验，能成为企业家吗？

这些质疑虽刺耳，却也难以辩驳。MBA 获批的试点名单上没有北大，使学校觉得丢尽了颜面，也使多年来想尽快发展管理学科，培养更多工商管理人才的我受到很大的刺激。我找到北大时任校长吴树青，再一次阐明了申办 MBA 学位项目和成立管理学院的重要性。吴校长对成立管理学院很犹豫，认为经济管理系人员太少，办公条件也很差，成立管理学院的条件还不成熟，但对申办 MBA 学位项目很支持，让我代表学校起草申办报告，他签字，以学校名义报给国家教委。我记得我代表学校起草过三份报告。报告送到了当时的国家教委主任朱开轩手里，他传话给北大说，别再写报告了，下次国家教委再批准 MBA 试点院校，北大一定获批！

1993 年，国家教委又批准了 11 家试点院校，全国共有 24 家院校可以招收 MBA。第二批获批的试点院校中，北大名列第一。我们经过几个月的准备，于 1994 年招收了第一批 MBA 学员，共计 50 人。在第一批 MBA 学员的开学典礼上，我说："你们是北大 MBA 的'黄埔一期'，你们开创了一项新的事业！"

现在，我们已经培养了上万名 MBA 学员，他们大都成为各行各业的骨干。虽然当初申办 MBA 学位项目时历经酸楚艰辛，但看到幼苗变成大树，树木已成森林，我感到无比欣慰和满足。

2017 年 12 月 16 日，光华首届 MBA 学员 30 多人举办了毕业 20 周年返校活动。我也参加了这次活动。在活动中我讲述了北大申办 MBA 学位项目的艰难历程。学员们听了感慨万千，他们送给我一个平安瓶，外面印了几个大字：兹授予曹凤岐教授光华 MBA 敲门人荣誉称号。活动后我填了《水调歌头・参加 94 级 MBA 返校活动有感》送给这一届的学员：离别二十载，今日得团圆。工商管理硕士，首批申办难。北大黄埔一期，理论联系实践，开教育新篇。小苗得修剪，今日树参天。回北大，忆历史，感万千。乘改革风，站立潮头扬起帆。走在创业路上，不畏艰难险阻，成绩已斐然。实现百年梦，努力再加餐。

参加光华首届 MBA 学员毕业 20 周年返校活动的老师，右起：于鸿君、我、王俊宜、陈宝福、滕飞

活动中我讲述申办 MBA 学位项目的艰难历程

成立北京大学工商管理学院

20 世纪 80 年代末 90 年代初，一个尴尬的政治氛围让厉以宁教授和我设立管理学院的建议陷入了僵局。

这段历史的峰回路转就出现在 1993 年 3 月初。那时，我随厉老师一同赴香港征求《证券法》第四稿的修改意见。而与此同时，包括北大校长吴树青、副校长罗豪才等在内的主要校领导都在香港，与李嘉诚先生沟通争取修建新图书馆的 1 000 万美元捐赠事宜。我得知此消息后心里一动：平时没有机会和这么多校领导同时沟通，此时不正是一个和校领导面谈建立管理学院的绝佳时机吗？在和厉老师商量，得到他的授权后，3 月 9 日晚，我联系上了住在老希尔顿酒店的吴树青校长，说我要与校领导面谈建立工商管理学院之事。吴校长说："我们实在没时间，明天晚上 12 点以后才会回到宾馆，后天就要回学校了，回校后再谈吧。"我说："回校后很难把校领导都找到一起谈此事，就在香港谈吧，你们 12 点之后回来我也等！"吴校长说："那好吧，你明天晚上过来吧。"

第二天（3 月 10 日）晚上 11 点，我离开湾仔的新世纪花园酒店，来到位于中环的老希尔顿酒店。我在酒店大厅苦等到 12 点多，才看到吴校长一行人步入酒店。我起身迎上去，吴校长诧异了，说："你还在等啊！"我笑着说："怎么能不等？必须要等！"吴校长挥挥手说："来吧，咱们都别睡觉了，来房间里谈！"

那是 1993 年 3 月香港的一个深夜，面对一群北大的核心领导，我侃侃而谈。"北大不能没有管理学科！北大必须成立管理学院！没错，我们缺少人才，但只有先搭起庙，才能引来远方的僧人！要想发展，没有退路，这是我们必须坚持的原则！"我列举了北大计算机系从数学系分出来才得到了发展，才有了方正激光照排的实例，也谈到清华虽然是理工科院校却在1984年就建立了经济管理学院，还谈到复旦的郑绍濂教授等人都是学数学的却推动了管理学院的成立，我们有很好的人文管理基础，为什么不能建立管理学院？北大再不建立管理学院，就会被别的院校远远甩在后面。经过整整两个小时的热烈讨论，我没有想到，校领导们还真的被我说通了。吴校长大手一挥说：“管理学院，我们回北京就开始筹备建立！”

那一夜，我辗转反侧、兴奋难眠。

回校后，吴校长让我代学校起草给国家教委的关于建立北京大学工商管理学院的报告（我是把申请建立工商管理学院和申办MBA学位项目作为一个报告报到国家教委的）。当时我还不会用计算机打字，都是手写。我夜以继日地起草报告，字斟句酌，反复修改后交给了吴校长。报告经学校讨论后

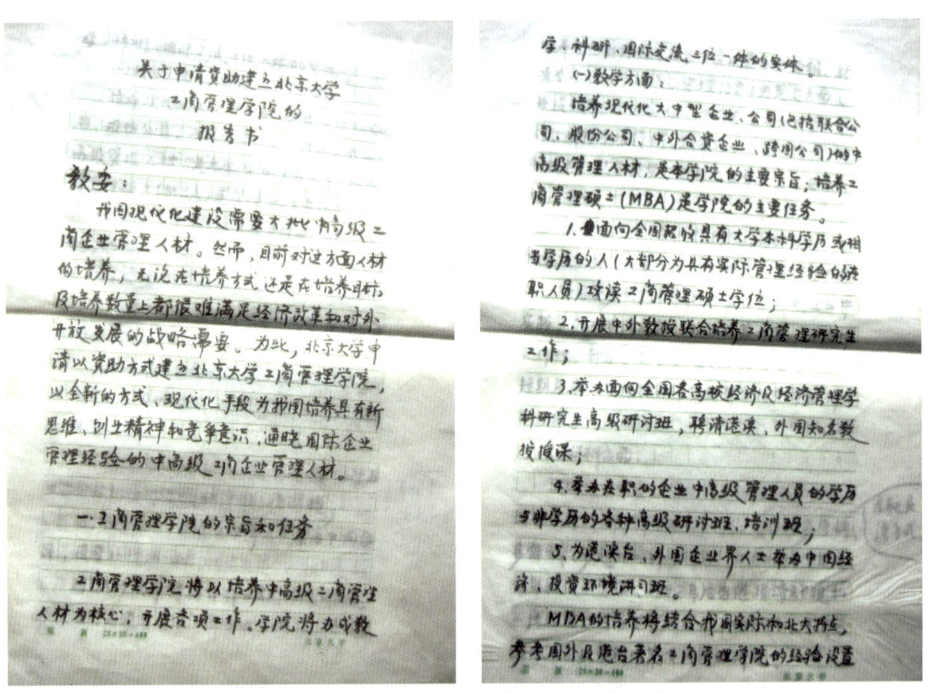

关于申请资助建立北京大学
工商管理学院的
报告书

教委：

我国现代化建设需要大批中高级工商企业管理人材。然而，目前对这方面人材的培养，无论在培养方式还是在培养目标及培养数量上都很难满足经济改革和对外开放发展的战略需要。为此，北京大学申请以资助方式建立北京大学工商管理学院，以全新的方式、现代化手段为我国培养具有新思维、创业精神和竞争意识、通晓国际企业管理经验的中高级工商企业管理人材。

一、工商管理学院的宗旨和任务

工商管理学院将以培养中高级工商管理人材为核心，开展各项工作。学院将办成教学、科研、国际交流三位一体的实体。

（一）教学方面：

培养现代化大中型企业、公司（包括联合公司、股份公司、中外合资企业、跨国公司）的中高级管理人材，是本学院的主要宗旨；培养工商管理硕士（MBA）是学院的主要任务。

1. 面向全国招收具有大学本科学历或相当学历的人（大部分为具有实际管理经验的在职人员）攻读工商管理硕士学位；

2. 开展中外教授联合培养工商管理研究生工作；

3. 举办面向全国各高校经济及经济管理学科研究生高级研讨班，聘请港澳、外国知名教授授课；

4. 举办在职的企业中高级管理人员的学历与非学历的各种高级研讨班、培训班；

5. 为港澳台、外国企业界人士举办中国经济、投资环境讲习班。

MBA的培养将结合我国实际和北大特点，参考国外及港台著名工商管理学院的经验设置

这是我起草的建立工商管理学院和申办MBA学位项目报告书的草稿（部分）

正式提交国家教委审批。国家教委大约在 1993 年 10 月批复，同意北京大学建立工商管理学院。

就如何筹办工商管理学院事宜，吴校长多次到经济管理系来，同厉老师和我一起商量。包括学院的中文名称和英文名称，都是我们一起商量的。中文名字是叫“北京大学管理学院”还是叫“北京大学工商管理学院”也是经过认真讨论的。我认为“管理学院”中的“管理”比较泛泛，行政管理、政府管理都是管理，而“工商管理”则突出了学院的特点，就是搞工商管理，培养复合型的工商管理人才。吴校长和厉老师也都同意学院的中文名称叫“北京大学工商管理学院”。学院名称的英文翻译是用 business 还是 management 也是经过认真斟酌的，最后定为用 business，专指工商管理。关于学院成立的时间，我们想定在当年 12 月，吴校长提出质疑：“今年成立工商管理学院会不会太过仓促，准备得不够充分？明年年初再成立也不迟吧。”我则坚持：“今年是今年，明年是明年，管理学院必须尽早成立！”

1993 年 12 月 18 日，北京大学工商管理学院成立大会在电教中心召开。学校领导和厉以宁教授等全系师生都参加了成立大会，香港著名企业家曾宪梓也出席了。会上，学校领导宣布在经济管理系和管理科学中心基础上成立北京大学工商管理学院，还宣布了学院的领导班子，院长厉以宁，副院长曹凤岐、王其文、张国有、董文俊。

成立大会由我主持，我由于激动再加上紧张，差点闹出大笑话来。

香港著名企业家曾宪梓出席工商管理学院成立大会并致辞。这位经历无数人生波折的企业家在台上讲起自己当年艰难的创业经历，面对工商管理学院所能提供的这么好的教育环境，激动万分且无限感慨。曾先生在临近演讲结束时，颤声高呼：“我支持北京大学工商管理学院成立！”观众席掌声雷动，我作为主持人串联过场：“好，感谢曾宪梓先生的动人演讲……”

“不行，我还没说完呢，”曾宪梓先生急忙打断，“我要资助办学，向北京大学工商管理学院捐助 100 万元港币！”

现场一时静默，随后掌声雷动。

事后，厉老师跟我开玩笑地说：“你看你，人家话没说完就被你打断了，你这一句话差点搞没了 100 万元港币啊！”

光华管理学院命名

1994 年，注定是北京大学工商管理学院历史上划时代的一年。

这一年，光华教育基金会总干事、台湾润泰集团董事长尹衍梁先生，有意资助大陆管理学科的发展。尹先生在考察了大陆的三所名校（北京大学、清华大学、复旦大学）的管理学院之后，对北京大学工商管理学院的办学理念最为认同，有资助意向。

接着就是双方之间持续了半年之久的谈判。北大方面由副校长罗豪才和学院的几位副院长——我、王其文、董文俊——参加（厉老师授权），同尹先生谈。光华教育基金会方面提出了相对严苛的条件：学院改名为光华管理学院，在北京大学校内建造学院大楼但产权属于光华教育基金会，学院的院长、教授由基金会来聘任。学院大楼的产权和学院人员的聘任权限这两项的放权要求已经超出了一所社会主义大学可以接受的范围。双方之间的谈判在六个月内几度破裂，尹衍梁先生几次一怒之下拂袖而去。但尹先生本人确实诚心资助，过些天后又回到谈判桌前，一番寒暄道歉，谈判继续。

在一次谈判濒于破裂之时，吴树青校长说：“这样吧，我请客，咱们一起吃顿饭，谈一谈。”吴校长在勺园设宴，厉老师也参加了。席间，吴校长与尹先生仔细沟通资助条件，并坦诚表示：“我们感谢您对大陆教学做出的贡献，但是目前大陆就是这个条件，您的要求如果太高，我们确实无法合作啊！”“我们只能同意工商管理学院更名为光华管理学院以及学院建立台方和我方人员共同参加的董事会，您可以出任董事长。”尹衍梁先生略作沉吟，然后朗声道：“好，好，有吴校长这句话就成了，我决定资助了！” 尹衍梁先生之所以资助学院，也是因为他对时任院长厉以宁教授的品德、学识都十分钦慕。他相信北京大学工商管理学院最符合他的资助条件、最具资助价值，最终决定向北京大学工商管理学院资助 1 000 万美元（当时折合人民币 8 600 万元）。

于是双方开始探讨签署协议事宜。协议是由我和王其文教授共同起草的，协议中的每一项条款都是我们精心拟定的。签字仪式于 1994 年 9 月 18 日下午举行。在 9 月 18 日举行签字仪式是由我提议的，寓意是光华管理学院“就要发”。当天上午，我和王其文教授还在计算机房逐字推敲协议书，其中涉及了学院大楼的建设、学生宿舍的建设、院长和教授的聘任等诸多问题。

下午 3 时，双方正式在北京大学勺园宾馆签署协议。签字仪式所挂的横

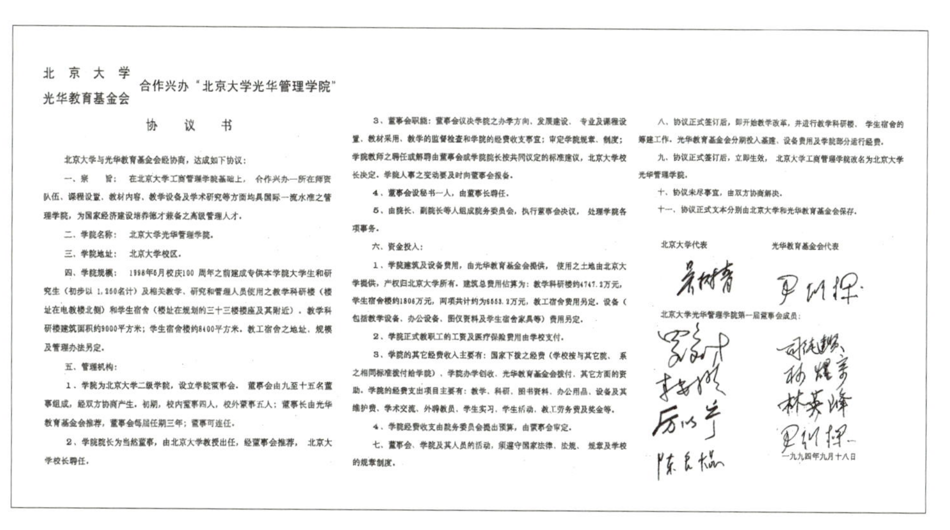

北京大学
光华教育基金会　合作兴办“北京大学光华管理学院”

协　议　书

北京大学与光华教育基金会经协商，达成如下协议：

一、宗　　旨：　在北京大学工商管理学院基础上，合作兴办一所在师资队伍、课程设置、教材内容、教学设备及学术研究等方面均具国际一流水准之管理学院，为国家经济建设培养德才兼备之高级管理人才。

二、学院名称：　北京大学光华管理学院。

三、学院地址：　北京大学校区。

四、学院规模：　1998年5月校庆100 周年之前建成专供本学院大学生和研究生（初步以 1,250名计）及相关教学、研究和管理人员使用之教学科研楼（楼址在电教楼北侧）和学生宿舍（楼址在规划的三十三楼楼座及其附近）。教学科研楼建筑面积约9000平方米；学生宿舍楼约8400平方米。教工宿舍之地址、规模及管理办法另定。

五、管理机构：

1、学院为北京大学二级学院，设立学院董事会。董事会由九至十五名董事组成，经双方协商产生。初期，校内董事四人，校外董事五人；董事长由光华教育基金会推荐，董事会每届任期三年；董事可连任。

2、学院院长为当然董事，由北京大学教授出任，经董事会推荐，北京大学校长聘任。

3、董事会职能：董事会议决学院之办学方向、发展建设、专业及课程设置、教材采用、教学的监督检查和学院的经费收支事宜；审定学院规章、制度；学院教师之聘任或解聘由董事会或学院院长按共同议定的标准建议，北京大学校长决定。学院人事之变动要及时向董事会报备。

4、董事会设秘书一人，由董事长聘任。

5、由院长、副院长等人组成院务委员会，执行董事会决议，处理学院各项事务。

六、资金投入：

1、学院建筑及设备费用，由光华教育基金会提供，使用之土地由北京大学提供，产权归北京大学所有。建筑总费用估算为：教学科研楼约4747.2万元，学生宿舍楼约1806万元，两项共计约为6553.2万元，教工宿舍费用另定。设备（包括教学设备、办公设备、图仪资料及学生宿舍家具等）费用另定。

2、学院正式教职工的工资及医疗保险费用由学校支付。

3、学院的其它经费收入主要有：国家下拨之经费（学校按与其它院、系之相同标准拨付给学院）、学院办学创收、光华教育基金会拨付、其它方面的资助。学院的经费支出项目主要有：教学、科研、图书资料、办公用品、设备及其维护费、学术交流、外聘教员、学生实习、学生活动、教工劳务费及奖金等。

4、学院经费收支由院务委员会提出预算，由董事会审定。

七、董事会、学院及其人员的活动，须遵守国家法律、法规、规章及学校的规章制度。

八、协议正式签订后，即开始教学改革，并进行教学科研楼、学生宿舍的筹建工作。光华教育基金会分期投入基建、设备费用及学院部分运行经费。

九、协议正式签订后，立即生效，北京大学工商管理学院改名为北京大学光华管理学院。

十、协议未尽事宜，由双方协商解决。

十一、协议正式文本分别由北京大学和光华教育基金会保存。

北京大学代表　　　　光华教育基金会代表

北京大学光华管理学院第一届董事会成员：

一九九四年九月十八日

协议书原文

幅上写着：北京大学、光华教育基金会合作兴办北京大学光华管理学院签字仪式。吴树青校长和尹衍梁先生在协议上签了字。自此，北京大学工商管理学院开始用北京大学光华管理学院的名称。我参加了签字仪式，非常兴奋，心想，光华管理学院新的时代开始了！

光华管理学院更名后，成立了董事会，厉以宁教授仍任院长，我仍为第一副院长，主持学院日常工作。当时董事会成员和院领导班子的结构如下。

董　事　长：尹衍梁

董事会成员：罗豪才　李安模　厉以宁　陈良焜　林英峰　林煜宗
　　　　　　司徒达贤　杜俊元

董事会秘书：张秀环

院　　　长：厉以宁

副　院　长：曹凤岐　张国有　王其文　董文俊

院 长 助 理：范平（兼）　朱善利（兼）

这是全国第一个在社会主义大学成立董事会的学院，且董事长同时也是台湾企业家。可以说这是一次吃螃蟹式的尝试。光华管理学院即将开始新世纪的成长。我们这些从未放弃追求的学者，感受到了无穷的阻力，却也看到了前方的曙光。

此刻想来难以理解的事情在于，学院更名后还掀起了一场风波。

首先，《北京青年报》的记者写了一篇报道，题目竟定为“北大工商管理学院‘卖牌’记”。我看到了这篇文章的清样，觉得不仅题目有问题，连内容也有问题，好像我们为了钱，卖了北大的牌子，不惜“丧权辱国”似的。我把这个记者叫到我的办公室，对他大发雷霆。我说：“我们用台湾的资金，让台湾商人做社会主义大学的董事长本来就有争议，你再进行这样的报道不是添乱吗？！”吓得该记者不知所措，说：“我改还不行吗？改到您满意为止。”后来他改了稿子，对建立光华管理学院之事做了正面报道。文章经我审定后才发表，就是后来发表在《北京青年报》上的报道：《北大工商管理学院“脱胎换骨”》，该报道的副标题是“光华教育基金会出资1 000万美元支持北大办教育”。

当时还发生了一件事：有人将此事告到中央高层，并冠以“卖牌”“卖院”“被台湾势力控制”“不坚持社会主义方向”等罪名，使得中央对北大很不满。这种“罪状”让学校领导十分紧张，但我们却深刻认识到，这1 000万美元的资助款项可以给学院带来怎样的实质性变化。我草拟了一份办学总结报告，经王其文老师修改定稿，交给学校，学校形成正式报告，由校领导签署。我同王其文、董文俊老师一起到国家教委做了汇报，提交了报告。报告说明学院坚持社会主义方向，校长聘任院长和教授，董事会根本不干预学院的教学和科研活动。国家教委随即将报告递交中央。风波渐渐平息。

北大工商管理学院“脱胎换骨”

光华教育基金会出资1000万美元支持北大办教育

尹衍樑和他的北大“情结”

北大管理学院的“凤凰涅槃”

《北京青年报》关于工商管理学院更名为光华管理学院的报道

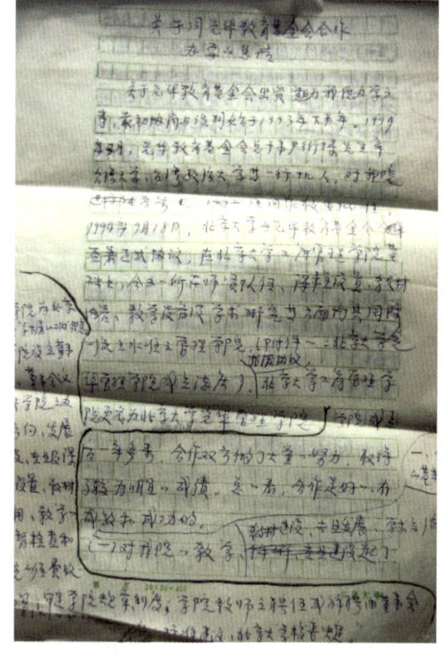

这是我起草的提交给国家教委的有关光华管理学院办学总结报告的草稿（部分）

光华管理学院得到迅速发展

学院更名后，在厉以宁院长的带领下，我和我的同事们做了几件使得光华管理学院得以迅速发展的大事。

第一件大事是我们用尹衍梁先生1 000万美元的资助，盖了一栋办公楼（光华1号楼）。我们从1995年开始选址、设计、施工，我参与了整个过程。首先是选址，学校同意拆掉1—14斋（这些二层小楼主要是阅览室、自习室），记得中间有几棵大树，后来经上报有关主管部门同意才移走。我们聘请了北京建筑设计研究院进行设计，整栋楼设计得很大气，我还亲自参与了内部房间和办公室、会议室的设计。大楼施工时，我几乎天天到工地，有人说："你已经把大楼当成你的儿子了！"我说："大楼就是我的儿子！"经过三年的建设，1997年，大楼竣工并启用。大楼面积共计11 400平方米。大楼的竣工和启用对光华管理学院的发展起了基础性、关键性的作用。我们每位教员都有了一间办公室，每间都配备了计算机，这在全国的管理院校中是首屈一指的。我们要求每位教员都学习计算机。我们还办了计算机学习班，全院教员除了厉老师，都会使用计算机。我们还利用这些款项购买了教学设备，修建了两栋学生宿舍（33楼、34楼，这两栋宿舍的标准在当时是比较高的，后来北大对老学生宿舍的改造，都是以这两栋楼为标准的），并向教员提供住房补贴。后来，尹先生又陆续向我们提供了一些资助，包括光华2号楼的建设，以及对从国外引进优秀人才给予补贴等。尹先生的资助，大大改善了我们的办学条件，为光华管理学院的进一步发展奠定了必不可少的物质基础。光华管理学院的建立和发展有尹先生很大的功劳，我们应当感谢他做出的杰出贡献！

这里也要感谢时任副院长董文俊老师，他主要负责光华1号楼的建设工

我和时任副院长董文俊老师查看建造光华 1 号楼前拆迁旧楼的情况（1995 年 9 月）

作，从选址、拆迁、设计到建造做了大量工作，耗费了大量心血。建造光华 2 号楼时，他已经从副院长的岗位上退下来了，但仍在大楼的选址、功能设计等方面尽心尽力。现在光华管理学院有两栋办公楼，教员们在舒适的办公楼里工作，不要忘记董老师立下的汗马功劳。

第二件大事就是加强学科建设。和经济学院分开后，管理学院没有货币银行专业，也就是没有金融专业。我找到了校学位办，要求增设货币银行专业，但学位办说国家教委只给了北大 78 个本科专业名额，当时已经用完，如果要增设货币银行专业，就必须停掉一个本科专业。于是我们停掉了国民经济管理本科专业（硕士专业仍保留），增设货币银行专业，后来将其变成金融专业（几年后又增设了金融专业博士点）。金融专业的增设，对管理学院的发展具有标志性的意义。本科专业除了原来的企业管理专业，还增设了财务会计、市场营销、人力资源管理等专业，硕士研究生专业设有国民经济管理、企业管理、统计学、管理科学、工商管理（MBA）五个专业。20世纪90年代末，我们获得了应用经济学和工商管理一级学科博士授予权，设立了应用经济学和工商管理博士后流动站。国民经济管理和企业管理成为全国重点学科。现在光华管理学院已经成为包括应用经济、金融、企业管理、市场营销、财务会计等在内的学科齐全的国内外知名的综合性管理学院，已经形成光华品牌，光华已经成为可以代表北大形象的一张名片。我当时已经是全国工商管理硕士教育指导委员会委员、国务院学科评议组成员，利用这些“职务上的便利”，我为光华管理学院的学科建设做出了努力和贡献，为此感到欣慰。

值得一提的是，光华管理学院在国内商学院中率先设立“高级管理人员工商管理硕士”（EMBA）学位项目。大家都公认这主要是当时主持光华管理学院工作的张维迎副院长的功劳，是他的坚持使得光华管理学院早在1999年就招收了EMBA学员，但很少有人知道，我也是做了工作的。事情是这样的：到2002年我们已经招了四届EMBA学员，但当时国家教委并没有设立EMBA学位，直到2003年国务院学位办才批准设立EMBA学位。2002年国务院学位办负责人找到我（我当时是国务院学科评议组成员），说：“你们1999年就开始招收EMBA学位学员，但现在中国并没有这个学位啊！其他院校纷纷向我们告状说北大‘非法办学’‘非法招生’，要求我们严肃处理。”我问：“中国要不要设EMBA学位？”他说：“要设，明年就准备设。”我说：“既然如此为什么要处理我们？”他说：“我们对你们可以不按‘非法办学’处理，但批准前招收的学员一律不授予EMBA学位，你们可以自己发放结业证书。”我一听就急了，说：“既然要设这个学位，我们提前招生就不是非法办学，而是创新、是探索，应当支持和鼓励。你认为我们办学规范不规范？”他说：“规范。”我问：“我们的师资队伍强大不强大？”他说：“强大。”我又问：“我们的课程安排是否合理并与国际接轨？”他说：“这方面没问题。”我说：“既然没问题就应当授予 EMBA 学位。”他说：“你们给学位办出了难题，不好办啊！别的学校会说既然北大办了你们不处理，那我们也办！”我说：“我出一个主意，就是国务院批准学位前招收的学员暂不授学位，过几年风头过去，没人再关注和追究此事的时候再补授学位不就行了吗？我知道中国人民大学就是在 MBA 学位批准设立前招收了 MBA 学员，你们不是也认可并补授学位了吗？”这位负责人说：“那就按你的意见办吧。”于是我们就在 2005 年补授了前几批学员的学位。

第三件大事就是我们大力加强师资队伍建设，实施人才引进战略。大家知道，经济管理系成立后我们只有十几名教员，光华管理学院成立初期我们也就二十多名教员，根本满足不了院系发展的需要。因此，我们实施了培养和引进教员的人才发展策略及战略。早在 1995 年，我就在《光华管理通讯》上发表文章：《稳定提高发展——我院师资队伍建设的几个问题》，其中谈到四个方面：第一，我院师资队伍现状分析；第二，稳定现有教师队伍；第三，提高现有师资队伍的素质；第四，发展壮大我院教师队伍。在如何建设我院教师队伍的问题上，我提出“最有效的办法是建立一支专职和兼职相结合的教师队伍”“要尽量多留一些博士毕业生和博士后人员；实行向社会公开招聘教师制度”“从住房等方面采取优惠和特殊政策，吸引国外留学人员来我院工作”“推行聘任兼课教员制度，外校、外单位的教师、官员、有实践经验的企业家都可聘为我院的兼职教师”“结合我院特点，聘请台湾一些大学的教授定期来我院任教；也可聘请国外的专家来我院讲课”。在文章的最后，我引用了龚自珍的诗句：“我劝天公重抖擞，不拘一格降人才。”后来，院里确实是按我提出的思路进行教师队伍建设的。建院初期我们留下北大自己培养的人员，如姚长辉、于鸿君、张一弛、江明华、贾春新等都是那个时期留下的（有的留下时是硕士学位，后来补修的博士学位），又从博士后中留下一批人员，如雷明、何志毅、王东、张圣平、杨东宁等，此外还大力从全国其他院校引进了一些教师。后来又聘请了高尚全、王梦奎等做我院的兼职教授（带博士生），还聘请了台湾的一些大学教授和相关人士来我院授课，如台湾政治大学管理学院的林英峰教授、曾任国民党主席的朱立伦先生等都来我院授过课（多说一句，我还请他们来我家吃过饺子，此事过后我就淡忘了，不过朱立伦2015年访问北大时，到处跟别人说在我家吃过饺子，还说我家的饺子真好吃）。尤其是2000年以后，我们不再留用本校人员和国内大学毕业的博士，基本都引进从国外名牌大学毕业的博士和学者来我院任教。这样，不仅很快增加了教师数量，而且改变了师资队伍的结构，增强了师资队伍的实力。

1998年，在宝洁集团的支持下，我们同美国西北大学凯洛格商学院签署协议，将我们几乎所有的在职教员送到该学院培训、进修。当时，协议规定每人去凯洛格商学院培训3个月，但教员们反映时间太短，对提高其外语和业务水平作用不大。我到凯洛格商学院找到他们的院长，提出延长培训时间，院长同意给每人6个月的培训时间。这次培训对提高我们在职教员的业务能力和外语水平起到了很大的作用。

第四件大事是我在学院建立了中国企业管理案例库。1998年1月，厉以宁教授和我联合主持（厉老师是总负责人，我是执行负责人）了教育部人文社会科学研究“九五”规划重大科研项目“中国企业管理案例库组建工程”。该项目是我国教育史上第一次以教学案例为研究对象而设立的科研项目。该项目的宗旨是：第一，建立一套企业管理案例库；第二，为企业提供咨询机会，提高企业管理水平。第三，工商管理学科在教学中使用中国企业的案例（以前都是使用国外的案例，尤其是哈佛商学院的案例）。我们联合了全国40多所院校和众多企业界人士，共同编写案例，组建中国企业管理案例库。我们到过海尔等多家企业进行调研，搜集案例，整理提高。为此，我们专门成立了北京大学企业管理案例研究中心，我任中心主任。1999年10月，厉老师

1998 年 3 月召开“中国企业管理案例库组建工程”项目论证会，右起第二人为厉以宁教授

2002 年 5 月召开“中国企业管理案例库组建工程”项目结题暨高校案例教学研讨会

和我共同主编的《中国企业管理教学案例》教材由北京大学出版社出版（同时出版了《〈中国企业管理教学案例〉使用说明》），该教材搜集了国内60多个企业的案例，更加接近我国企业发展的历史和实际情况，结束了我国工商管理教育只能使用国外案例的历史。出版后，多所高校使用该教材来讲解案例。教材在短时间内销售5万册，后被评为教育部2002年“全国普通高等学校优秀教材一等奖”。

第五件大事是我主编了宣传、记录光华管理学院发展的第一本刊物——《光华管理通讯》。光华管理学院成立后，很多人不知道它是干什么的，以为它是独立于北大的一个专门办短训班的学院。宣传光华管理学院是很重要的事情，我提议创办刊物，厉以宁院长同意了。我自己担任主编，厉以宁院长和尹衍梁先生为顾问。我们找闵庆全教授题写了刊名，又组织了一些本科生和研究生从事编辑工作。1995年10月18日，《光华管理通讯》第一期出版。吴树青校长为《光华管理通讯》题词：“发展管理教育，光大中华文化”（是我同吴校长商量这样写的，因为不少人认为“光华”的名字含有“光复中华”的意思），厉以宁院长的题词是“切磋琢磨”，尹衍梁先生的题词是“以文会友，以友辅仁”，时任团中央第一书记的李克强同志专门为《光华管理通讯》的创刊发来贺信，贺信的标题是“源自心底的祝福”。厉以宁院长为光华题的“院训”——“团结、博采、实践、创新”——首先在《光华管理通讯》上发表。《光华管理通讯》不仅报道光华发生的重大事件，还宣传我们的办院方针。例如，《光华管理通讯》第一期发表了厉以宁院长的文章——《勇于探索 开拓创新》，提出了办院方针。《光华管理通讯》从1995年创刊到2003年年初停刊，历时八年，总共出版了24期（后来我们又出版了《光华管理通讯》副刊）。在《光华管理通讯》中，我们及时刊发学院发生的新闻，报道学术研究会议、活动，确实起到了“对内交流、对外宣传”的作用。2002年学院决定停办《光华管理通讯》（领导说要出《光华年鉴》代替《光华管理通讯》，但我一直没有看到《光华年鉴》的出版），于是，我们在2003年1月出版了最后一期《停刊号》。在《停刊号》上，我以“流金岁月”为题发表了致辞，回顾了学院发展的历程，也回顾了《光华管理通讯》编辑出版的过程。《光华管理通讯》“全面翔实地记录了光华管理学院近几年的发展历程，报道了学院发生的重大事件，介绍了学院师资、教学等方面的情况，展示了我院部分德高望重老教授的风采，也

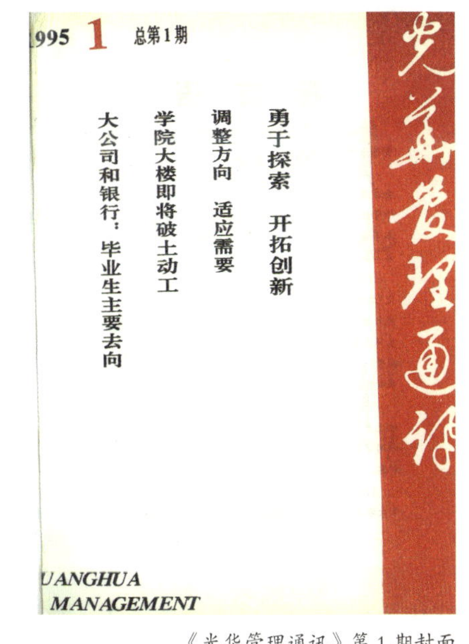

《光华管理通讯》第1期封面

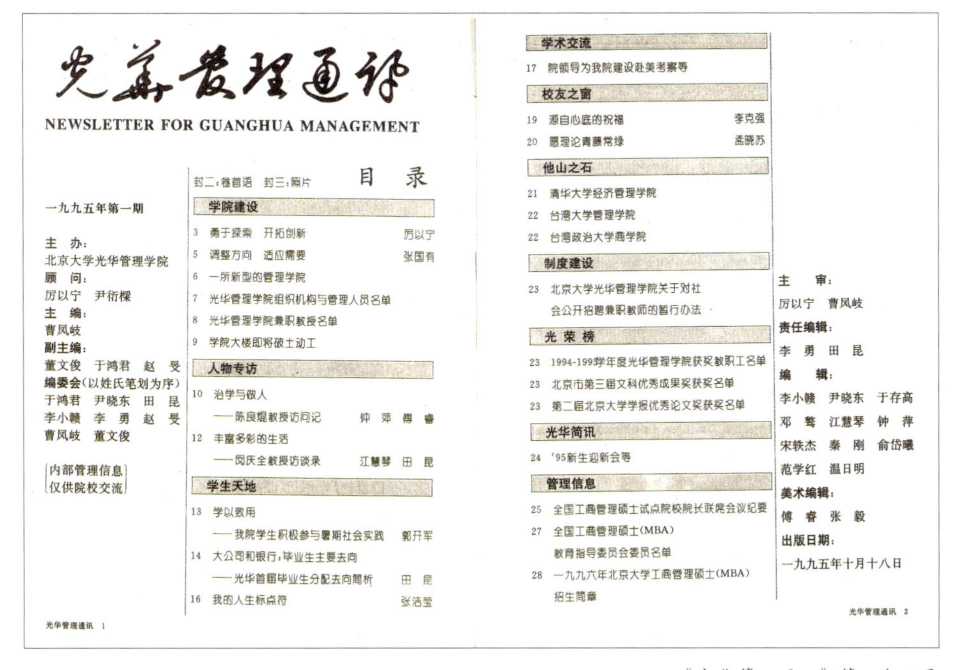
NEWSLETTER FOR GUANGHUA MANAGEMENT

一九九五年第一期

主　办：
北京大学光华管理学院
顾　问：
厉以宁　尹衍樑
主　编：
曹凤岐
副主编：
董文俊　于鸿君　赵　旻
编委会（以姓氏笔划为序）
于鸿君　尹晓东　田　昆
李小赣　李　勇　赵　旻
曹凤岐　董文俊

内部管理信息
仅供院校交流

目　录

封二：卷首语　封三：照片

主　审：
厉以宁　曹凤岐
责任编辑：
李　勇　田　昆
编　辑：
李小赣　尹晓东　于存高
邓　骛　江慧琴　钟　萍
宋铁杰　秦　刚　俞岱曦
范学红　温日明
美术编辑：
傅　睿　张　毅
出版日期：
一九九五年十月十八日

光华管理通讯　1

光华管理通讯　2

《光华管理通讯》第1期目录

发展管理教育
光大中华文化

祝贺《光华管理通讯》创刊

吴树青
一九九五.九.二十.

北京大学校长吴树青题词

切磋琢磨

祝贺「光华管理通讯」创刊

厉以宁
一九九五年九月一日

北京大学光华管理学院时任院长厉以宁题词

以文會友
以友輔仁

祝賀光華管理通訊創刊

尹衍樑
一九九五年九月一日

北京大学光华管理学院董事长尹衍梁题词

厉以宁院长为光华管理学院题的“院训”首先在《光华管理通讯》1998 年第 1 期上发表

反映了光华学子多姿多彩的校园生活”。《光华管理通讯》是以学生为主体办起来的刊物，八年时间里，在没有任何报酬的情况下，先后有 60 多名博士、硕士和本科生参与了《光华管理通讯》的编辑工作。通过《光华管理通讯》，我们培养了一批人，他们现在已经成为各条战线上的骨干。他们对《光华管理通讯》充满了感情，看看他们在《停刊号》上的感言你会为之动情。我感谢这些同学，尤其是为《光华管理通讯》做了大量工作的我的学生田昆、申霓等人。现在他们之间还有联系，他们建立了“光华管理通讯微信群”，还在一起交流和讨论问题。《光华管理通讯》停刊后，根据厉老师的指示，我们把 24 期《光华管理通讯》装订成册，印制了 100 本，作为礼物送给来访者和我院的有关领导、部门和部分老教员。

除了上述我做的一些具体工作，我还主导或参与了制定学院民主管理制度、学术委员会工作制度、职称评定制度和其他规章制度的工作。我在光华管理学院建立和发展过程中所做的工作与努力，也许很快会被人们忘记，在

1996 年校运动会学院教职员工表演团体操后合影

学院发展的历史记录中也不会留下多少痕迹，但这些对我都不重要，只要我自己觉得对得起自己的良心，对得起全院师生，觉得自己努力了，付出了，尽力了，就满足了，我的心灵就得到了安慰。

光华管理学院命名后的最初几年，学院的确发展得很快。我们在教学、科研、学科建设，包括文体活动方面都取得了很大的成绩。记得每年开全校运动会时我们都组织教员穿着整齐的服装、迈着整齐的步伐参加开幕式（多数时候由我亲自举旗带队），表演团体操，大家精神抖擞，展示着光华人的风采。那时的特点是，教员和干部之间没有什么矛盾，大家心往一处想，劲往一处使，心情舒畅，共同向前奔，人人都为光华的建设添砖加瓦，全院呈现出一派生机盎然的局面。现在一些老同志还很怀念和留恋当年的场景。

急流勇退

1999 年领导班子换届时，校领导和厉老师还是希望我继续做副院长。我经过慎重考虑后，决定不再进入新领导班子。

其实，在 1999 年换届前我已经萌生退意。一是我协助厉老师把光华管理学院建立起来，我的历史使命已经完成。二是多年的行政工作使我感到疲惫不堪，我想回归学术，利用时间好好做科研工作。三是我身体确实不好，1991 年切除了一个肾，1997 年患上了糖尿病，还有严重的神经衰弱，有时整宿睡不好觉，医生已经警告我不能太累了。四是光华管理学院的领导班子应当补充新鲜血液，让更多的年轻同志进入领导岗位，这样有利于学院的长远发展。而有国外学习经历、外语好、能力强的年轻人确实已经出现，我们这些老同志应当为他们的成长和发展提供空间，给他们施展才华的机会，使他们今后能挑起光华进一步发展的重担。

于是我给校党委写了不进入新领导班子的信，主要理由是我身体不好。据说，时任北大党委书记的任彦申同志在校党委常委会上宣读了我的信，说不是不安排我进入新领导班子，而是因为我身体不好自己提出不进班子的。任书记还在我的信上写了批语（我已找不到带有批语的原件了），大意是，同意曹凤岐不进入学院新班子，曹凤岐同志多年来做了大量工作，对他的工作成绩要充分肯定，要给他安排适当的工作。我后来继续担任光华管理学院学术委员会主任，是得到任书记首肯的。总之，我之所以提出不进入新领导班子，主要是为了使新班子中的年轻同志能够更好地工作。我是主动让贤，为新人让路。

我担任学术委员会主任期间，工作是积极主动、认真负责的，经常向学校争取多给我院一些晋升教授和副教授的名额。我主持制定了《光华管理学院教师评定职称办法》，对“海归”和“非海归”教员制定了不同的评审标准，规范了评定程序，使教师职称评定和晋升在我任职的几年中没有出现大的问题。

2006 年 9 月，我又主动辞去了学院学术委员会主任职务。主要原因是，年龄大了，思想趋于保守，在职称评定等问题上与其他同志的看法有不一致的地方，有时有争论，而我又容易激动，激动后血压都高了。我那年已经 61 岁了，已经到了告老还乡的年纪了，身体也不好，还和年轻人争什么呀！让年轻人去做吧，相信他们会比我做得更好。2006 年 9 月 13 日，我向学院和校人事部递交了辞去学院学术委员会主任职务的辞呈。学校批准了我的辞呈，并按规定免去了我校学术委员会委员的职务。辞去这些职务后我感到释然和轻松。

在辞去学院学术委员会主任职务的当天，我给学院全体教员写了一封信，发布在光华管理学院内网上，如下所示：

各位老师，大家好！

由于身体和其他原因，我决定辞去光华管理学院学术委员会主任和委员职务，以便集中更多的精力投入教学和科研工作中去。

在这里感谢各位老师多年来对我工作的支持、帮助和理解。

我热爱光华，热爱光华的教员。可以毫不夸张地说，我对光华的感情是任何人都不能比拟的。我衷心希望和祝愿光华一路走好。祝愿各位老师事业有成，身体健康，家庭幸福！

我虽然不做学术委员会的工作了，但我还将殚精竭虑地为光华的发展贡献我的绵薄之力。

曹凤岐

2006 年 9 月 13 日

后来我又写了一首诗，抒发了我当时的情感。就是这首《七律·辞职抒情》：辞去职务乃平常，教授才是无冕王。能出力处已尽力，该退出时莫彷徨。不与后生争高下，休同他人论短长。东风虽比当年弱，未忘催雨灌桃浆。

继续关心光华管理学院的发展

1999年以后，虽然我逐步退出学院的领导岗位，但我一直关心和关注学院的发展，为学院的发展做些力所能及的工作。我一直为学院的进一步发展操心尽力，当学院出现问题时我会忧心忡忡，当学院取得成绩时我会欢天喜地。我可以问心无愧地说，为了学院更好地发展，对于比我年轻的同志和新领导班子，我一直持支持和帮助的态度。

2001年夏到2005年夏，厉老师邀我参加党政联席会（党政联席会成员由院长、副院长，院党委书记、副书记，学术委员会主任组成），继续参与学院重大决策的制定，我做到了尽职尽责，协助他做了大量工作。

2006年，我辞去学院学术委员会主任职务后，担任学院博士后工作领导小组组长，负责学院博士后的培养工作（学院成立后，博士后工作实际上一直是由我负责的）。我认真组织博士后进站、培养、出站工作，制定了《光华管理学院博士后工作管理暂行办法》，还组织和参加了博士后的多项活动（参加了几次高校博士后论坛）。在纪念我国博士后制度建立20周年举行的全国优秀博士后表彰大会上，北京大学（光华管理学院）应用经济学博士后科研流动站被评为全国优秀博士后科研流动站。人事部全国博士后管理委员

北京大学博士后科研流动站博士后人员出站报告会（2005 年）

带领部分博士后到北京郊区活动（2009 年）

会出版的《中国博士后辉煌二十年（1985—2005）》（李建生主编，中国画报出版社，2008 年）一书专页介绍了北京大学（光华管理学院）应用经济学博士后科研流动站。学院培养了大批优秀博士后人员，他们成为各个工作岗位上的骨干，这里面也有我的心血、努力和贡献。

2006 年 9 月，以张维迎为首的新领导班子成立，作为一名老同志、老教员，我对新班子充满期待和希望。我给新领导班子所有成员写了一封信（这封信在一次教员会上被宣读了），全文如下。

维迎、常岐、信忠、正飞：

你们好！

得知信忠和正飞被任命为副院长的消息后我十分高兴。光华经过三年甚至多年的努力终于完成了行政班子的新老交替，这对光华今后的发展是一件好事。作为一名时刻关注和关心光华发展的老同志，我希望你们能够带领全院广大教职员工一步一个脚印、一步一个台阶地把光华办得越来越好。光华已经从初创阶段进入稳定发展时期，这就需要我们进一步精细管理。希望你们能：多做少说，低调行事，扎扎实实做好光华的人事管理、教学管理、科研管理和财务管理。希望你们在工作中能多听取群众的意见，包括不同意见，以增强决策的科学性，避免盲目性和随意性，使班子具有很高的权威性。最后，送给你们八个字，希望你们能深解其中之意：凝聚、团结、民主、和谐。

曹凤岐

2007 年 1 月 15 日

2008 年 1 月 9 日，学院召开了该学期最后一次全院教师大会，会上一些教员对学院领导的一些缺点进行了批评，希望领导能够更好地带领大家前进。我也做了一个发言，对如何建立健全光华管理学院的民主制度提出了自己的看法和意见。我在发言的最后引用了一段我在庆祝闵庆全先生九十岁寿辰大会上的讲话：

> 老一辈的同志创立了光华管理学院，并创立了光华品牌，没有他们的努力，就没有光华的今天。我们作为后来者不能忘记光华的历史，不能辜负老一辈同志对我们的期望，我们必须像爱护眼睛一样爱护光华，没有任何理由和借口，损害和破坏光华品牌，损害和破坏光华的荣誉、声誉和形象。要一心一意谋发展，扎扎实实创一流。要贯彻十七大精神，以人为本，创造出光华团结、民主与和谐的氛围，为把光华建成国际一流的商学院而努力奋斗！

2010年院领导班子换届，民意测验中出现了一位新人，就是在光华管理学院硕士毕业，到美国斯坦福大学攻读博士学位，后来又回到光华当教授的蔡洪滨同志。学校根据群众的意见，任命他做光华新一届的院长。我坚决拥护学校的安排。我认为蔡洪滨之所以能够脱颖而出，并不是因为他有多大的本事，而是因为他尊重人，尤其尊重老同志，他能够团结大多数同志一道工作，能够创造出光华管理学院和谐民主的氛围，能够调动大家的积极性，共同争创一流学院。新领导班子建立后，蔡洪滨多次找我征求如何发展光华的意见，遇到某些问题也会向我咨询，作为老同志，我毫无保留地给他出主意、想办法。2014年换届时蔡洪滨仍任院长，光华得到了进一步的发展。2016年年底，出于个人原因，他辞去了院长职务。作为老同志，我对蔡洪滨同志为光华所做的贡献表示感谢！蔡洪滨离任后，由刘俏教授接任院长职务。2020年换届，他继续担任院长一职。刘俏教授不仅学术水平很高（他是研究

在庆祝光华命名 20 周年大会上发言

金融的），在国内外有较大的影响力，而且有思想、有能力，他组织的“光华思想力”项目，不少教员参与其中，已经取得了丰硕的成果。光华管理学院在他的领导下得到快速发展，在国内外的影响也越来越大。

2014 年 11 月，学院召开了“感恩 · 家聚 庆祝光华命名 20 周年”大会。会上安排我做一个发言，我的发言题目是“光华以国家为己任”，我说：光华管理学院不仅培养了大批优秀人才，而且在中国改革开放的理论和实践方面起了很大作用，做出了突出贡献。我们尽到了为社会服务的责任，为改革开放出谋划策、提供咨询服务的责任。以厉以宁教授为代表的学者，提出了改革开放的若干理论，这些理论有些已经变成了国家改革开放的政策和法律。我还阐述了光华管理学院的师生在股份制改革、资本市场发展与规范、民营经济发展和城乡一体化等方面的理论和实践方面的贡献。

最后，我说：

以厉老师为代表的北京大学光华管理学院的师生们，已经为中国的改革做出了理论和实践方面的贡献，在继续深入改革的今天，光华管理学院的师生们应当学习和发扬敢为天下先、以国家发展为己任的精神和责任感，继续坚持改革，继续高举改革的旗帜，创新理论，勇于实践，为中国的改革和发展做出更大的贡献！

我讲了上面的话，讲了在光华管理学院创建和发展过程中我做的工作，不是为了彰显自己在光华管理学院创立和发展过程中有什么功劳，而是希望人们记住光华管理学院是经历了三十多年的风风雨雨，经过一代人的不懈努力才有今天的成就的。我们不能忘记历史，而必须尊重历史。“革命尚未成功，同志仍须努力。”我们要为把光华管理学院办成国际一流商学院而继续努力奋斗！我衷心希望和祝愿光华一切顺遂。在有生之年，我还会殚精竭虑地为光华的进一步发展做出我的努力和贡献！

我对光华取得的成绩感到骄傲和自豪，对光华未来的发展充满信心和期待。虽然一批老同志已经退出或即将退出光华的历史舞台，但我相信一代又一代光华人会把光华办得越来越好！光华成立 20 周年（2005 年）和成立 30 周年（2015 年）时，我分别写了两首诗词，表达我的感想，现抄录如下：

《满江红 · 光华之路》

（2005 年 5 月）

二十周年，光华学院不平凡。堪回首，水房办公，十几教员。教育革新创管理，凤凰涅槃建学院。光华同仁百折不回，创业难。

造大楼，引人才；建学科，促科研。谋改革方略，敢天下先。培育英才劳岁月，铸成栋梁撑地天。守望世界一流商学，再登攀。

《七律·贺光华建院三十周年》

（2015年5月）

光华走过三十年，艰苦创业不平凡。
培育英才震商界，引进俊杰立杏坛。
出谋方略责任在，创新理论天下先。
长江后浪推前浪，新人辈出再扬帆。

第十章 家乡情结

松原是我可爱的家乡，是我从小生长的地方，我是吃松原的玉米、小米，喝松江水长大的；松原是一座历史悠久、文化底蕴深厚、资源丰富的城市，我为松原的快速发展而感到高兴。我虽然身在外地，但对家乡的情结不变，热爱家乡的心不变，为家乡建设做贡献的愿望不变。

20 世纪 90 年代松原市成立后，我就被市委和市政府聘为经济顾问，2006 年后又被聘为松原市首席经济顾问。松原市政府有重大活动都邀请我回去，听取我对家乡发展的意见。我多次回家乡考察，为家乡的发展出谋划策。家乡人民和政府也没有忘记我，2008 年北京奥运会，我成为家乡的奥运火炬手之一。

参与松原市“十一五”规划的制定工作

2006—2007 年，我多次回松原调研，参与了松原市“十一五”规划的制定工作。

2006 年 9 月的《松原日报》曾报道：应吉林省松原市委、市政府的邀请，9 月 4 日至 10 日，北京大学光华管理学院教授、北京大学金融与证券研究中心主任、松原市经济顾问曹凤岐率领专家组赴松原市考察，为家乡发展规划“诊脉”“把舵”，共谋松原发展大计，受到当地党政领导和人民群众的热烈欢迎。

2006 年，我受松原市委、市政府的邀请，组织了一个经济考察课题组赴松原调研，希望能为松原的经济发展出谋划策。考察期间，我听取了松原市发改委关于《松原市“十一五”规划有关情况》的汇报，并同市农委、经委、商务局、项目办、交通局、建设局、公用事业局等有关部门和宁江区、查干湖开发区等区县负责人进行了座谈；我还深入工业企业、开发区、学校等参观考察，详细了解当地经济发展现状和城市规划、区域开发、旅游业开发及教育、环境保护等情况。

通过调研，我确实感到松原的发展是非常迅速的，当然在发展过程中还存在一些问题，我个人将其简单归纳为：“松原的底子比较薄，基础比较差，起步比较晚，城市化程度比较低，地方工业也比较落后，第三产业发展缓慢。松原的经济和社会发展处在一个非常关键的时期，面临新的机遇和挑

我和夫人同松原市领导一起考察企业（2006 年）

同松原市各委办局同志进行座谈（2006 年）

战。”我在松原调研期间同松原的领导同志进行座谈，回京后向松原市委、市政府提交了一份关于松原发展的调查报告，受到他们的高度重视。

在座谈会上和后来的调查报告中，我们肯定了松原市制定的“十一五”规划，认为这一规划的指导思想是正确的，发展战略是合理的。“十一五”规划是非常振奋人心的一个规划。我们现在需要研究的是如何落实和实施规划，如何实现规划所设定的目标。“十一五”规划中的国民生产总值从 2005 年的 365 亿元增长到 2010 年的 1 000 亿元的目标，是非常艰巨的任务，每年的平均增长要在 20% 以上。松原被评为最具投资潜力的城市之一，说明它有发展和上升的空间。

2006 年 9 月 8 日下午，我为松原市政府的领导干部做了一场经济与金融专题讲座。在讲座中，我从宏观经济发展的层面，对松原的经济发展进行了点评与分析，详细讲解了城市基础设施和开发区建设的融资问题，并对松原的发展提出了建议。

我对发展松原经济提出了一些可行的建议：

第一，以建设中心城市为突破口发展松原经济。通过中心城市的发展来带动县区经济和社会经济的发展。因为发展中心城市，包括扩大城区面积、发展工业、发展第三产业、改造棚户区、进行基础设施建设，实际上就增加了投资，增加了居民收入，带动了城市化和工业化。通过建设中心城市，带动、辐射或指导县区经济和社会的发展，其中就包括文化、教育、体育等方面的平衡发展。

第二，保护环境，发展循环经济。作为一个新兴的城市，要树立科学发展观，要城乡协调发展，要经济社会和谐发展，要创造良好的环境，而且不为后人留下遗憾，当然也要符合国家产业政策的要求。

在发展经济的过程中，尤其是在推进工业化的过程中，环境的保护是非常重要的。我们在工业化的过程中对环境的污染，包括对松花江的污染太严重了。我小的时候，松花江的水非常清，我们每年的端午节都到江里洗眼睛，据说这样可以治眼病，但是后来还敢到江里洗眼睛吗？好的眼睛都能洗成红眼病了。吉林“三大化”（染料厂、化肥厂、电石厂）建成后的一段时间内，对下游松花江的污染很严重，排出的水使酚酞都变色了。后来，政府紧急告诉人们不能直接饮用松花江水。过去，我们江里的鱼有15公斤、25公斤的，后来，因为污染，没有鱼可打了，那些打鱼的都去编炕席了。直到今天还有很多废水直接排放到松花江中。再后来，吉林“三大化”得到了治理，但还有突发事件污染松花江。松原在发展经济的过程中一定要注意环境问题，要治理环境，保护环境，这是非常重要的。

2003年4月，我作为中方专家跟国务院的一个企业发展与环境课题组到欧洲考察，访问了芬兰、丹麦、瑞士、荷兰等一些国家，就企业的可持续发展与环境的关系同有关的官员和专家学者进行了广泛探讨，回来后写了份报告。报告中称：我们发现企业的生存、发展与环境有着密切的关系，如果企业的环境行为不善，发展中对空气、水、土地等方面的污染对社会和周边的居民造成影响，那么企业也得不到很好的发展。从宏观上看，各个国家都很重视对环境的保护，对企业的治理和环境保护都提出了严格的要求，企业必须达到环保的要求才能进行生产。欧盟国家对欧盟各国的环境保护都提出了非常严格的要求，有相应的立法，欧盟各国的企业都要遵守欧盟的规定。在芬兰，我们考察了芬欧汇川集团——世界上最大的造纸集团之一，还考察了丹麦的炼油公司及荷兰的水泥集团，它们的环境保护是非常严格的。欧盟基本上解决了对废水的处理问题，现在主要是严格规定对废气的处理，以及对二氧化硫、二氧化碳的排放。

在治理环境的过程中，最关键的是企业要有社会责任感。政府在治理环境污染方面也起着非常重要的作用，要为企业治理污染创造更多的条件，为企业提供治理环境的优惠政策。例如，荷兰政府采取了一些经济措施来支持和帮助企业治理环境：首先，收取生态费，如果企业大量进行垃圾填埋和过量排放废水，政府就要收取费用，实际上咱们的政府也在收，但是往往收完也就不了了之了；其次，政府对通过技术革新和改造不污染环境的企业给予补贴；最后，政府实行排放权可交易的政策，也就是说可以规定，如果一家企业超过排放量，另一家企业没有达到排放量，则前一家企业可以向后一家企业购买排放权（排放量总体上不超过标准即可），另外还有其他的一些严格的法律规定。

丹麦的凯伦堡生态工业园区是一个企业群，企业之间有关联关系，它们在保护环境可持续发展方面就做得很好。园区内有七家相关的企业，包括石膏板厂、土地污染清除公司、发电厂、炼油厂、生物制药公司、废弃物处理公司等。这些企业相互关联，一家企业的废弃物可能成为另一家企业的原料，一家企业的原料和能源另一家企业也可以利用。例如，炼油厂从湖里取水，对水进行循环使用后将经过处理的冷却水给发电厂使用；发电厂除了向园区和其他企业供电，还可以向当地市民供应热能，发电厂的废弃物、废气通过脱硫后形成硫酸钙，可以作为石膏板厂的原料；石膏板厂生产产生的扬尘可以作为水泥厂的原料（水泥厂不在园区内），废弃物中的生物废弃物可以提供给生物制药公司用以制药，废水处理后形成的污泥给化肥厂（化肥厂也不在园区内）；化肥厂制造成的化肥给农场做肥料。园区内所有的废料由废弃物处理公司集中进行处理。政府提供良好的环境条件，集中处理废水后再进行有效利用。凯伦堡生态工业园最大的特点就是园区内企业的进入和园区的形成不是靠政府组织，也没有确定的规划，而是在企业发展的过程中自然形成的，是靠市场的力量，靠企业自身的经济利益驱动形成的。这些企业经历了三十多年的发展过程，能走到一起是因为具备了一些条件：一是这些企业有一定的差异性和关联性，它们相互之间有差异也可以互补，实际上可以构成上下游的关系；二是一家企业的废弃物可以成为另一家企业的燃料和原料；三是经济上的可行性，就是企业的废弃物能够集中处理；四是企业相对集中，减少了运输成本。

松原是一座新兴的城市，我们还没有像其他一些国家、地区和城市那样已经造成了很多的污染，现在虽然发展得不那么快，但是有一个好的条件，那就是这里还是一片较少受到污染的土地。这也是我们的优势所在。因此，我们要抓住机会，从头做起，保证松原经济的可持续发展，保证松原有良好的生态环境，做到经济和社会的和谐发展与保护环境良好的平衡。

第三，大力发展民营经济、股份制经济，培育上市公司。松原目前的经济总量居全省第三位，已经很不错了，但主要是靠石油、天然气，靠中央一些大的企业来支撑的，地方工业发展得并不够。要想真正做到工业立市，就必须发展自己的地方工业。发展地方工业就要发展支柱产业，包括石油化工、生物化工以及农产品深加工，当然还有一些油气配套工业等。在体制上应该有所创新。应该大力发展民营经济、股份制经济。

松原现在有两家重点企业：一家是华润赛力事达玉米工业有限公司，另一家是松原吉安生化有限公司。两家都是玉米深加工企业。前者主要生产玉米淀粉、食用淀粉和工业变性淀粉，后者主要生产工业乙醇，两家的共同特点是都是股份制企业。我对吉安生化有限公司很感兴趣，它既是民营企业，又是股份制企业，而且生产生化燃料，这可能是一个较好的发展方向。松原处在黄金玉米带上，玉米资源得天独厚。近几年之内玉米的深加工肯定会蓬勃发展。

松原的经济总量在全省位列第三，但是没有一家上市公司。这是一个问题。为什么要有上市公司呢？因为要建立真正的现代企业制度。现在大部分企业都是股份制企业，这对企业的发展是非常有好处的，它的机制好，结构好。所以松原一定要培育上市公司，几家有条件的企业，比如吉安生化有限公司，在条件成熟时，可以考虑搞定向发行，然后公开发行。松原还有家炼油厂，经过改制以后也可以上市。上市的好处是，建立现代企业制度，可以得到更多的项目和资金，可以扩大再生产，提高知名度，扩大市场。现在一些比较落后的地区都有很多上市公司，而松原一家也没有。我们要争取在“十一五”期间有上市公司。如果主板不行，就上中小企业板。我一直主张设立创业板，创业板和主板最大的区别是，创业板是向前看，主板是向后看，向前看就是说不用那么多的注册资本，也不要求三年盈利，企业只要有前途就可以上市，而主板则要求必须实现三年盈利，必须有较多的注册资本。

松原还要发展一些民营中小企业，发展传统产业、特色产业。松原有很多传统产业和产品，松原的酒、醋、小商品加工等一些特色产品还要发展。发展地方工业，是松原非常重要的任务。除了要引进一些大的支柱产业的企业，还必须注意发展中小企业，不一定都得上市。

第四，完善金融体系。广义金融包括银行、保险、证券。松原的企业发展还是比较快的，但一些中小企业存在贷款难的问题。松原的风力发电厂投资大约是1.8亿元，我问负责人资金是从哪里来的，他说是自筹的。我说用没用银行贷款，他说："我哪能用到银行贷款呀，1亿元资金都是自筹的，我们很多民营企业家都是自筹的钱。"中小企业向银行贷款难的原因有很多：一是国有商业银行的贷款对象主要是大企业，它的服务对象不是中小企业。二是国有银行的体制问题。三是中小企业自己的经营管理问题，在财务、信誉等方面都存在不足。在中国，中小企业申请不到流动资金贷款，也得不到创业投资资金，上市也没有办法，只好靠自己一点点地积累，这样速度很慢，而且风险非常大。所以中国的民营企业是各领风骚三五年。而在美国，中小企业的平均寿命为三十多年。目前，中国的中小企业除了自有资金，主要依靠银行贷款，所以完善银行体系非常重要。现在四大国有银行已经变成股份制银行了，肯定和过去单一的国有银行不一样了。但是我们不能完全依靠这几家银行。松原应当把一些市场化程度比较高的股份制银行，如招商银行、民生银行等引进来支撑经济的发展。松原还要建立自己的商业银行，现在可能已经在有计划、有规划地把城市信用社首先变成联社，然后再变成城市商业银行，使其为发展地方经济、发展地方工业、发展中小企业、发展民营企业服务。我支持成立地方银行，为中小企业服务。如果条件成熟，可以组建松原商业银行，可以就叫松原银行，当然也要经过审批。我们还要完善其他的金融体系，包括金融配套服务体系以及担保体系。中小企业的担保体系非常重要，如果没有担保体系，所有国家的中小企业贷款都是赔的，因为中小企业的风险非常高。因此，建立一个完善的担保体系非常重要。

第五，以旅游带动第三产业的发展。松原第三产业的比重还比较低，因此要快速发展第三产业，甚至要超常发展，但是应如何发展，值得好好研究。我也听了关于第三产业规划的汇报，需要发展的方面太多，包括服务、文教、卫生、科技还有其他一些方面，但是松原选择什么，总得有一个突破口，全抓全上肯定不行。我们认为或许可以以旅游业来带动第三产业的发展，或者说把旅游业作为第三产业的龙头来抓。

第六，松原的经济是靠投资拉动的。松原在经济和社会发展过程中需要大量的资金投入。在城镇化和工业化的过程中（我们提出工业建市），需要大量的投入；要快速发展第三产业甚至超常发展第三产业，需要大量的投入；要建设中心城市，就需要配套很多基础设施，这也需要大量的投入。在实现发展目标的过程中，资金问题可能会成为经济发展的瓶颈，融资是非常重要的一个问题。我提出用多种融资方式和融资渠道筹集更多的城市建设资金。除了本级财政拨付一部分款项，还要利用银行贷款、国家开发银行的政策性贷款来发展产业基金，利用外资、城市信托等方式来筹措资金。还可通过项目进行融资。比如，可以采用BOT（建设—经营—转让）模式。BOT的基本思路是由项目所在地的政府或所属机构对项目建设和经营提供一种特许权协议作为项目融资的基础，由本国或外国企业作为项目的投资者和经营者安排融资，承担风险，开发项目，并在有限的时间内经营项目获取商业利润，最后，根据协议将该项目转让给相应的政府机构。因此，BOT又被称为“暂时私有化”的过程，是一种普遍的项目融资方式。

我的部分建议后来被松原市政府采纳了。

关于建立以松花江为中心江旅游城市的建议

松原—— 一片古老的土地，一座新兴的城市。松原有悠久的历史文化，有丰富的旅游资源。我对松原的历史和自然景观进行了考察。我到过查干湖，在查干湖边的蒙古包里吃过百鱼宴，听过蒙古族歌曲，游览过芦苇荡，看到过水鸟在自由飞翔。我参观过查干湖博物馆，看到了查干湖冬捕的影像资料（我本来几次有机会到现场观看冬捕，但因上课时间错不开等原因最终没有去成）。我曾从松花江南江坐船经过西江，西江景色美如画，且没有被污染。我赞叹西江的美景，写了《西江美景》这首诗：松江流水绕新城，弯到西嘴向北行。鳇鱼圈里养贡品，摆渡口处过精兵。两岸绿树映倒影，一湖碧水如镜平。白鸥金滩洗羽翼，三江汇合泾渭明。我在西江与北江的交界处看到了第二松花江、嫩江和第一松花江的三江交汇处，即所谓的“三江口”（这三条江水的颜色是不一样的，可谓“二松呈黄嫩江蓝，汇成赤水一松源”），看到了那里落日余晖的美丽景象。我曾到过伯都，考察过古城遗址。我也去过北江，那里有松花江故道，即所谓的“下坎”，从坎下向坎上看，最高处的土崖有上百米的落差，非常壮观。那里有松花江湿地（近些年已筑坝围田，湿地已经减少），直通大庆、肇源的松花江大桥已经修通。从下坎再向东，有大金得胜陀颂碑、南瓮河湿地和庙宇、寺院。近年来在松原松花江段上游修建了哈达山水利枢纽工程，不仅解决了下游灌溉的问题，也增加了新的旅游景点。此外，松原的旅游资源还有乾安县泥林国家地质公园等。松原有这么多的旅游资源，但这些资源并没有被很好地开发、利用和保护，没有形成旅游景区群。

我设想以松花江为中心，形成松花江旅游经济带。从哈达山水利枢纽工程出发，经过龙华寺景区，到城区景区、西江景区，到北江的松花江湿地，再往

我到松花江西江和北江考察（2007年）

东到大金得胜陀颂碑和南瓮河湿地，形成松花江旅游圈或旅游带。

世界其他国家和我国的一些城市都利用中心江作为城市开发建设及带动城市经济和旅游发展的重要途径，因此，我提出，松原要高度重视旅游业的发展，建立以松花江为中心的旅游城市。松原旅游资源丰富，松花江是其得天独厚的旅游资源。松花江呈U字形穿松原和绕松原而过（南江、西江和北江），第二松花江流到松原的转山子村后，与嫩江汇合，变成第一松花江，流经哈尔滨再流入黑龙江。松原处于三江平原的中心地带。一条江呈U字形绕过一个城市在世界上还很少见（一般都是穿城而过）。松原有悠久的历史，有深厚的文化底蕴。松花江流经松原的地界，还有不少名胜古迹。因此，要尽快制定松花江旅游发展规划，实施有效的保护与开发。要解放思想，更新观念，提高素质，引进和培养人才，进一步加快松原经济的发展。我对建立以松花江为中心的旅游区提出了一些建议：

第一，恢复和建设沿江景观。松花江是松原得天独厚的旅游资源，但是没有得到充分的开发和利用，甚至使松花江的旅游资源受到了破坏。我小的时候，松花江的水面非常宽阔，尤其是在松花江西面的拐弯处，江面有数公里宽，简直像湖，可以看到落日余晖。但是现在看不到了，江都快成河沟了。我小的时候，松花江的沙滩非常好，是金沙滩，沙子里含有金沙，亮晶晶的，现在没有了，沙滩被毁掉了。夏威夷海滩的沙子是被运去的，巴黎的塞纳河没有沙滩，弄了个人造沙滩……松花江有天然的沙滩，但几乎全被毁掉了，所以我很痛心。我很热爱松花江，可以说松花江是我们的母亲河。我在松花江边长大，对它很有感情。应该说松原的旅游资源基本上没有得到合理的开发和利用。松原现在只有一个查干湖能拿得出手。这几年，查干湖的变化非常大。我 2001 年去过一次，那个时候只有一片湖水，我在那里吃了鱼、坐了船。今天再去看，各种旅游设施非常齐全，已经形成了一个旅游景点，又新搞了一些景观和寺院。有人说可以以查干湖为基础，带动整个松原的旅游。我认为，查干湖可以作为旅游生态区，对松原的旅游起到示范作用。查干湖为什么发展得那么快，是因为政府重视、政府投资，政府创造了一个大环境。但是它没有带动整个松原旅游的功能，也不可能做到这一点，人家可能从长春到查干湖看看就走了，不可能过江来看，因为没什么可看的。世界其他国家和我国的一些城市都利用中心江作为城市美化、城市开发及带动城市经济和旅游发展的重要途径。我到过其他很多国家，也到过我国的很多城市，其中很多城市都建在一条江或一条河边，但是没有发现一座城市是三面环水的，而松原就是三面环水。松花江从长白山下来在松原地界往西流，经过松原又往北流，同嫩江汇合后又往东流，在世界各地都几乎没有看到像松原这样三面环水的城市，而我们竟然没有很好地去利用松花江，没有很好地去开发它。

帮船工撑船（2007 年）

我看了松花江规划的一些材料，有哈达山、查干湖、三江口、鲤鱼圈、江心岛等，这些景点相当一部分实际上都是以松花江为中心的，但是我们并没有把它们串起来。松花江北江原来都是水，但是现在却被用来放羊。实际上很多国家的江河都得到了充分的利用，它们都通过江河来带动城市的发展，带动旅游的发展，甚至带动经济的发展。巴黎的塞纳河，古老而气派，它的周围修了很多的栏杆，桥上有各种石雕、石刻（当然都不是今天做的），它最繁华之处就是埃菲尔铁塔；俄罗斯的莫斯科有莫斯科河；伦敦有泰晤士河；美国的芝加哥河我去过，芝加哥河在流经城市时很窄，两岸全是高楼大厦，河宽也就几十米，但可以行大船，河里有旅游船，河口有运输船，我们是坐船观光，它的中间有桥，当船过来时桥可以分开，在船过去后，桥就合上了，那里也是非常重要的一个参观景点；奥地利的维也纳有多瑙河，《蓝色多瑙河》是奥地利电台每天的开场曲，多瑙河畔非常漂亮，除了建有观光栏，河滩也非常漂亮。国内，在松花江上，吉林市的绿化相当不错，哈尔滨的斯大林公园（位于松花江东岸）修建得也不错，松原为什么不能这样做呢？松花江现在是松原的中心江，而我们却没有很好地利用、开发它。当然目前也在做，有了规划，围江造地，修建了旅游设施，包括宾馆。我很早就提出在南江和西江的交汇处建一个壅水坝，通过它来提升松花江的水位，扩大江面，发大水时也可以调节水位，以此重造松花江的宽阔江面，或许能造出第二个松花湖。这当然是我个人的构想、梦想。但如果像现在这样，景观会受到非常大的影响。不过我不是水利专家，不能班门弄斧，这需要论证，需要审批。另外，要拆除违章建筑，植树，两岸建造绿化带。我在想，能不能建一个真正的夏季浴场，恢复沙滩？（其中至少有一部分还可以恢复，因此要赶快保留下来。）再破坏下去，松花江的金沙滩就要完全没有了，也不可再生了。我到过南江和西江交界处的江中心的一座岛上，那里全是沙滩，没有任何植物，沙滩没有任何污染。我就在想，能否在这座岛上建设夏季浴场（坐船过去），甚至进行沙疗？然后开发江上旅游项目，江上项目可以包括游船沿江旅游（西江到北江有不少自然和人文景观），冬季也可设置冰上项目。

第二，修建和恢复庙宇、寺院。正在修建的龙华寺非常好，它将宗教、文化、自然融为一体，这个景点兴许能带动松原的旅游，我是非常支持修建的。2002年，在建大殿时，台阶下有几棵松树，当地人不让动，我找当时的市长出面，建议把那几棵松树移到别处去，不砍掉，最后这件事情也解决了。

过去松原的庙宇非常多，有药王庙、娘娘庙、龙王庙、山神庙、鬼王庙、三母庙、关帝庙……关帝庙的规模非常大，正殿前修建了一个大牌坊，庙的正南百米处修建了一座大绣楼，还有天主教堂、基督教堂等。一些老人提到过这些，连我都没有见过，据说在1947年土改时全给扒了，破坏得非常严重。现在修建龙华寺是好的。另外，可考虑恢复庙宇和寺院。有一座寺院叫如来寺，现在在一中的南边，这座寺院一定要恢复。我在念一中的时候总是看到如来寺，现在的如来寺破败不堪，而且寺的后面就是一中的厕所。我在松原市政府召开的报告会上呼吁恢复如来寺，我说，龙华寺的明澈方丈说他做了个梦，梦见如来寺要重新开光，我们应当圆明澈方丈的梦。从佛教层次上来说，如来寺比龙华寺的层级高，如果不恢复如来寺，龙华寺的顶都封不上。我当时积极呼吁恢复如来寺，因为如来寺是现成的，还没有被完全破坏，把它恢复了作为市内的旅游景点是可行的。我手头恰好有过去如来寺的一些照片（包括山门和大殿外景），就把它们寄给了明澈方丈。（后来，市里向省宗教局请示，省里同意作为文物保护项目重修和恢复如来寺。现在如来寺已经重修恢复，除了大殿，还恢复了天王殿等建筑。只可惜如来寺的前面已经有一座保险公司的大楼，致使它至今没有山门。）

第三，采取正确的旅游开发策略。松花江旅游开发的策略是什么？策略是：①制定松花江旅游开发规划。现在我看到区里有规划，但还不够，应该由市里来制定，因为它是整个市的旅游带动问题，而且区里也没有那么多钱、那么多精力和人做这件事。②建立松花江旅游开发局或领导中心。这应该由市里出面，查干湖为什么能够发展到今天这种程度，就是因为有一个专门做这件事的机构。③松原市和宁江区统一开发、联合开发。因为松花江所在的宁江区也是松原的土地，是松原的中心地区，所以要市和区统一起来，完全靠区肯定解决不了问题。④要进行梯度开发、滚动开发。先开发市区沿江地带，修栏、修灯、修路、植树，把这里修成美丽的沿江公园，使大家晚上流连忘返。黄浦江边，人们晚上纷纷在江栏边观景，两岸都是灯，不但有江灯还有楼灯：东方明珠，金茂大厦……市区灯火通明，江上的栏杆上也亮着灯，熠熠生辉。还有一些地方，比如桂林等，做得都比较好。我们起码要把这个先做起来，先开发市区，把市区搞好、搞漂亮（就像大连棒棰岛的环岛公路、威海的滨海公园等，都修得很好），然后逐步开发西江和北江，现在松原是往东扩展城市，但是也要注意西江以及西江以北地区的开发，那里的景色还是不错的，沙滩碧水，白鸥飞翔，三江口的风光更是美不胜收。西江和北江最大的好处是自然景观没有被人为破坏。西江沿岸这么大一块应该开辟成旅游区，不要搞工业，而要搞旅游设施、人文景观。⑤自然景观和人文景观要统一开发。沿江一直到三江口湿地的自然景观还有很多，实际上沿江的人文景观也不少。其中，自然景观19处，古城6处，遗址18处。我们可以把西江沿江的旅游景点开发出来，让游客在江中坐船看风景，也可以上岸看遗址，即使离西江远一点，开车10分钟也到了。而伯都在松原的发源历史上起着极其重要的作用，原来扶余的新城是要建在伯都的，但是由于松花江故道的问题，就在伯都南12.5公里处建了新城，就是现在的宁江城区（老扶余城区），因此要对伯都的人文和土地进行开发、利用。⑥开发、利用和保护相结合。遗迹、故城、遗址开发应修旧如旧，重在保护。我看到过松原的一些旅游规划，里面提及要建很多新的人文景观，有的要建“小荷兰”或复制欧美的景观，或者重修故城等。我认为没有必要这样做。新疆的交河故城是世界文化遗产，其实就是黄土堆呀，什么都看不出来，但参观的人还是络绎不绝。丝绸古道重要的城镇，没有更多的修饰，恰恰呈现了重要的历史文化。我们要注意不要把遗迹修成现代建筑，如果完全修成现代建筑，不仅会花费很多钱，而且没有多大的用处。我们要把保护放在首位，因为这是不可再生的。⑦建立三江口湿地自然保护区和松肇湿地自然保护区。必须申报市级自然保护区，然后再申报省级自然保护区，这样才能真正得到保护。这些湿地资源可是不得了呀！下坎本来是松花江故道，基本是广阔的湿地，后来被人为地开垦了。松花江湿地要很好地保护，不要再开垦了，甚至江堤都可以往后撤一点，扩大湿地面积。⑧政府投资、招商引资、民间投资、社区开发相结合。要保护和开发自然景观、古城、遗迹等。

总之，要用松花江旅游带动整个松原的旅游，然后带动三产，带动服务业、餐饮业，不要修那些高级宾馆，而要修特色农家旅社。在松原，除了在查干湖吃鱼、逛芦苇荡，就是沿江旅游。在松原，旅游可以住三四天。要使人们玩在松原、吃在松原、住在松原。当然，这只是我的一个构想。其实市里已经有一个规划了，一定要重视松花江旅游，把它搞起来。这当然不是一天两天、三年五年就能做到的，而要进行梯度开发、滚动开发。

第四，要解放思想，更新观念，提高素质，引进和培养人才。我们要做这些事情，必须解放思想，如果还拘泥于原来的思想、观念和理念，就做不成事。要提高素质，尤其要提高干部的素质。要为官一任，造福一方。我们要引进专业人才，实行优惠政策。我们还要自己培育人才。我们现在缺乏各方面的人才，尤其缺乏发展第三产业、高新技术产业的人才，所以要有政策，要留住人，培养人，引进人。必须在观念上转变，才能做到面貌上的真正改变。

在给市政府报告的最后，我热情洋溢、充满希望地写道：

蓝图已经绘好，航标已经设定，风帆已经升起，让我们乘风破浪，冲过激流险滩，到达胜利的彼岸！

松原的基础比较差，但是它很多地方是没有被开垦的处女地，是最有投资价值的地方，是最有投资潜力的地方，也是能画出最新、最美图画的地方。

我们相信，在松原市委和市政府的领导下，一座美丽的江滨城市、绿色的园林城市、多元文化的城市、现代化的商业城市、适合人居的城市必将出现在松嫩平原上！我们充满自信和希望。我们期待松原变得更美好！

2008年7月，我回松原参加奥运火炬传递活动，在活动期间，又向市领导提出了一些建议，并接受了《松原日报》《松原晨报》的采访。我提出松原要“做大一产，做强二产，做优三产”，提出“松原旅游，做好历史、文化和水的文章”。

后来，我就松原发展旅游业的设想和建议给松原市政府写了报告。2019年6月，我收到了松原市文化广播电视和旅游局对我提出的《关于建立以松花江为中心江旅游城市的建议》给予的回复。回复函中称：

做大一产 做强二产 做优三产

——访我国著名经济学家曹凤岐

2008 年 7 月 16 日接受《松原日报》采访

松原晨讯 奥运圣火传递特刊

2008-7-16 星期三 责任编辑：王洪超

电子邮箱：sycx2002@126.com

第 74 棒火炬手·松原人——北大教授曹凤岐把脉松原经济

松原旅游，做好历史、文化和水的文章

相关链接：

2008 年 7 月 16 日接受《松原晨报》采访

您的建议，在对松原市城市发展进行调查研究和占有大量情况资料的基础上，提出了有分量、有见地、有可操作性的建议。从您的建议中，我们感受到您作为一名松原籍域外优秀人才对松原市未来发展的无比关注和热切期待。对于您提出的建议，市政府将在安排部署旅游工作时予以充分考虑和采纳。

回复函中提出了发展松花江旅游的策略和步骤。我看了以后感到很振奋。

2009 年 10 月 13 日（农历八月二十五），受松原市政府和明澈法师的邀请，我很荣幸地以嘉宾身份参加了亚洲第一大殿——龙华寺大雄宝殿——落成暨佛像开光大典法会。

法会当天晴空万里，开光仪式场面宏大，热烈庄严。

来自全国各大寺庙的法师、居士及信奉佛教的海内外人士大约20万人云集松原龙华寺，参加开光仪式。中国佛教协会领导及全国著名寺院的大德法师为龙华寺大雄宝殿佛像说法开光。上午9点09分，仪式开始，国歌奏响，礼炮齐鸣，彩烟、气球腾空，和平鸽飞翔。紧接着领导、高僧致辞。10点，开光法会正式开幕。

龙华寺位于松原市宁江区森林公园内，松花江畔，这里山水相依、风景秀丽，是一块风水宝地。

龙华寺的修建，不仅弘扬了佛教佛法，光大了传统文化，而且为把松原打造成以松花江为主的旅游城市画出了点睛之笔。松原将形成哈达山、龙华寺、森林公园、滨江公园（市区）、西江胜景、三江口风光、大金得胜陀颂碑（北江）相连接的旅游经济带。

我参加完龙华寺大雄宝殿落成暨佛像开光仪式后感触很深，写了一首《七律·龙华寺开光》：龙华宝刹今开光，日月同辉呈吉祥。大雄宝殿堪雄伟，佛像金身现辉煌。居士信众虔诚拜，高僧大德诵经忙。请来佛祖莲花坐，保佑国泰民安康。

我作为特约嘉宾参加龙华寺大雄宝殿落成暨佛像开光仪式（2009年）

近些年，我每次去松原探亲，必去龙华寺，拜访明澈方丈。明澈方丈为恢复和建设松原寺院、庙宇，发扬传统文化、发展松原旅游业呕心沥血，奔波操劳。他功德无量！

松原夜景（2014 年）

江边都加设了护坡和护栏，人们在江边悠闲散步（2016 年）

天河大桥顺利通车（松原市宣传部门提供）

鸟瞰新松原（松原市政府宣传部门提供）

2019 年，我和夫人同时被聘为“松原籍域外优秀人才”(我们都享受国务院政府特殊津贴)。同年 8 月 18 日，我们应邀回到松原参加“2019 查干湖人才论坛”。我在大会上做了题为“关于松原发展旅游经济的几个问题”的演讲，引起热烈反响。我们还一同参加了“松原籍域外高层次人才座谈交流会”，我在会上也做了发言。

2019 年 12 月，我被松原市委、市政府聘为“松原市高端智库专家”。

回松原参加“2019 查干湖人才论坛”(2019 年 8 月)

我和夫人孙立军在“松原籍域外高层次人才座谈交流会”上(2019 年 8 月)

不忘母校，感恩母校

我高中毕业于吉林省松原市实验高中（当时为扶余七中，后来改为扶余三中）。母校从 1957 年建校到现在已经走过 60 多年的历程。经过几代人的努力，母校从无到有、从小到大，逐渐成为全国知名的高中。母校成立 60 多年来，为国家培养了大批优秀人才，尤其近些年来，为北大、清华等著名高校输送了很多高才生。

我对母校和母校的老师充满了感恩之情。在母校成立 50 周年时，各年级的同学写了纪念文章汇集成《纪念文集》，大家要我为文集写序，我欣然提笔，表达了对母校及老师的感激之情。

下面将我写的序摘录如下：

受母校校庆办之邀，为庆祝母校 50 华诞所出版的《纪念文集》写序，欣然提笔。

时光如梭。母校松原市实验高中（曾用名扶余县高中、扶余七中、扶余三中）从 1957 年建校到现在已经走过 50 年的历程。经过几代人的努力，学校从无到有、从小到大，逐渐成为全国知名的高中。对学校 50 年来取得的辉煌成就表示热烈的祝贺！

我们很幸运曾在母校学习过、生活过。在这里，我们不仅学到了丰富的知识，更重要的是学到了做人的道理，为我们后来的发展奠定了坚实的基础。我在给左永山老师的一首诗里写道："莫道漫路人梯矮，更思漫园桃李芳。弟子终能成大器，基石牢固始做梁。"我们都有一种感恩的思想，都有一颗感恩的心，无论我们现在在哪里，无论我们取得多大的成绩，都不会忘记母校，不会忘记这里有为培育优秀人才而默默耕耘和无私奉献的老师！

巍巍大厦平地起，莘莘学子聚一堂。50 年来，母校艰苦奋斗、奋发图强创建名校，为国家培育了大量的优秀人才。我们为母校取得的辉煌成就感到骄傲和自豪。我们这些母校的学子，一定会为母校的进一步发展做出自己的贡献！

最后，祝愿母校传承中华文化，创新基础教育，继往开来，再铸辉煌！

2009 年，母校专门请我给同学们做了一场报告，我用自己的亲身经历，鼓励同学们努力学习，考上好的大学，将来为国家做出更大的贡献。同学们听了我的报告后，都很受鼓舞。

松原实验高中报告会现场（2009 年）

多年来，我对母校充满着感激之情。是母校老师的谆谆教诲，把我这个不谙世事的孩子培养成一位知名学者，是母校在50多年前把我送到北大学习，使我成为一名光荣的北大教师、教授。

为了表达对母校的感恩、感激之情，我总想为母校的建设和发展做一些事情。我每次回家乡都要到母校看望老师，为母校的发展建言献策。

母校也很厚爱我，授予我“杰出校友”的光荣称号。2010年6月，母校专门筹建了以我的名字命名的阅览室，即“凤岐阅览室”，阅览室的书籍主要由我和我的弟子们提供。同年8月2日，我和夫人回到母校，向母校捐赠了一批书籍，同时还捐了一笔款项用以购买图书。母校专门举行了“凤岐阅览室捐建仪式”。会上，市政府代表和校长刘新华先生做了热情洋溢的讲

在松原实验高中报告会后同校领导合影（2009年）

话，我和夫人发表了即席感言，同学们也纷纷发言。会上我还回答了同学们提出的有关励志、高考等大家关心的问题。

《松原日报》报道了此事：

本报讯（记者刘田）8月2日，北京大学教授、著名经济学家曹凤岐偕夫人回到母校松原实验高中，并为母校的孩子们带来了一份惊喜。

松原实验高中以曹凤岐教授的名字为名在学校建起了“凤岐阅览室”，阅览室的建立丰富了学生的课余文化生活。为了能让母校的孩子增长更多的文化知识，曹教授不顾路途遥远，特意从北京带来了多年来的著作、教材及收藏的精品书籍，他还号召自己的学生们为母校的孩子们捐书，共享知识的海洋。

采访中，曹教授说：“松花江水养育了我，我有一颗感恩的心，总想为家乡的教育事业做点什么。这次为阅览室捐书满足了我的心愿。高中时期是打基础长知识的重要阶段，希望家乡的学子们能学有所长，回报家乡松原！”

2017年是母校建校60周年。学校邀我回去，但我因有事未能成行。我写了《母校的回忆》的文章，发表在9月14日、15日的《松原日报》上。

2018年，我和夫人又一次回到母校，参观了校园、教学楼和校史馆，与刘姣校长等人进行了座谈。学校变化太大了，已经成为国内知名的高中，近些年来每年都向北大、清华等重点院校输送多名优秀人才。

母校的回忆(上)

曹凤岐

今年是扶余七中（后来改为扶余三中，现为松原市实验高中）60年华诞，勾起了我对母校的回忆。

1962年9月，我考入扶余七中。该中学是1957年成立的，当时在扶余县城的北门外，我考上的时候，学校四周还是田地。那时没有教学楼，老师的教研室和教室都是平房。教室里冬天还是靠生火炉取暖。由于是全县唯一的高中，县里很重视，很多优秀的老师都来到这个学校，师资队伍较强，教学设备比较齐全，还有物理化学实验室，被评为"吉林省重点中学"。在这所学校里我受到良好的教育。

1962年考入七中的200人，分四个班，我被分到一班，我在班里一开始就当干部，三年里我当过班长、团支部委员和副书记。

那时候学校的条件很艰苦。冬天非常寒冷，教室里还没有暖气，偌大的教室只靠中间生一个火炉取暖，每天早上都要生火，有时生不着，满屋浓烟，还要开门放烟，冻得手指僵硬，拿笔都很困难。在那样艰苦的条件下，我们可敬可爱的老师们一丝不苟地备课、讲课，毫无保留地传授知识。当时教我们的一些老师的音容笑貌至今还深深印在我的脑海里：他们有赵久礼、左永山、王凤迟、刘国良、张文印、周韵声、徐念庸、于太福、高长隆等老师，他们之中有几位已经逝世。他们为我们呕心沥血，默默奉献。当时的校长孙海廷、教导主任高权等领导时时鼓励和激励我们一定要好好学习，不仅要能考上大学，更要考上好的学校！给我印象最深的是当时有一位民主人士的老副校长范英夫先生，他每次在开学典礼上都要讲一次话，介绍我们学校有谁考上了北大、清华、中国科技大学等，接着就用浓厚的东北口音说："你们一定要好好学（xiao）习，争取考上有名的学(xiao)校，考上北大和清华！"点燃了我们努力和向往的火焰。

教我们班语文的左永山老师，对我影响很大。我入学时他已经40多岁。他的文学水平很高。他为人和蔼，对学生十分耐心，但要求很严。我入学第一次作文是写参加麦收的体会，我的文采还不错，描写麦收场面热火朝天，人欢马叫。左老师在课堂上表扬了我，说我写得好。但作文发下来后，我才得了42分。怎么回事，我不理解，一看，内容90分，但一个病句、错句扣5分，一个错字、白字扣2分，用错一个标点符号也扣2分。七扣八扣就剩42分了，可笑的是有的同学竟然得了负分！左老师的严格要求对我后来写文章注意用词规范，少写错字、白字有很大帮助。由于我也爱好文学和历史，正和老师心意，他对我疼爱有加，老给我吃偏饭，把自己喜爱的文学和古文书籍借给我看。我的文学、作文尤其是古文水平的提高，与左老师对我的言传身教是分不开的。我一直对左老师有感恩之情，我北大毕业留校后，每次回乡探亲必去看他。我们还用互相赠诗的形式来表达师生情谊。1993年夏天，我回松原探亲，又去他家看他，左老师很高兴，说我已经事业有成了，还不忘来看他，尤其我送给他一本书《中国经济学希望之光》，这本书里有一篇关于我的学术传记《不需扬鞭自奋蹄》，在传记中我提到左老师对我的教诲："他还清楚地记得，自从高中起，他就对哲学和社会科学发生了浓厚的兴趣，高中时期的老师左永山先生对他的循循善诱，更使他终生难忘。"左老师看到这段话后很是激动和感动。第二年春天，我收到了左老师寄给我的三首诗，其中一首《见曹君凤岐传记<中国经济学希望之光>感赋》写道："三更灯火五更鸡，不必扬鞭自奋蹄。远瞩高瞻临高境，励精图治绘图奇。凌云不忘人梯矮，鼓翼尚嫌天路低。经济腾飞赖俊秀，中华强富大可期。"表达了他对弟子不忘"人梯矮"心情。我马上回了他两首诗，其中一首《恩师赋》表达了我对左老师的感恩之情："卅载旧事未能忘，恩师教我读华章。字斟句酌用心苦，言传身教真情长。莫道漫路人梯矮，更思满园桃李芳。弟子终能成大器，基石牢固始做梁。"值得一提的是，从那时起，我正式开始写作诗词。

作者简介：曹凤岐，松原市实验高中（原扶余七中）62级校友，北京大学教授。

母校的回忆(下)

曹凤岐

有一件事我终生难忘，我的班主任赵久礼老师改变了我的命运。在高考报志愿时，由于家庭困难，父母要我报长春的学校，因为我的爷爷、奶奶和叔叔在长春，他们可以照顾和接济我，因此我第一志愿报了吉林大学，志愿表已经交到学校了，赵久礼老师拿着表匆匆找到我，问我为什么不报北京大学？我说家庭困难，赵老师说像你家的情况，大学会给你助学金的，北京和长春不就是差一个路费吗？你的条件完全可以上北京大学，我替你报北京大学，报考政治经济学专业，没想到我还真的考上了北京大学经济系。回头来看，如果不是赵老师替我报北京大学，我不可能成为北京大学的教授。2007年庆祝扶余七中成立50周年座谈会上，我提到了此事，对赵老师表示感谢，赵老师激动得流出了热泪，他说："是有这么回事，没想到曹凤岐这么多年还记着这件事。"我对赵老师感恩终生。

我的很多知识来自中学尤其是高中阶段，在高中阶段我对文学、历史、社会科学产生了浓厚的兴趣，学习了中国史，对中国五千年的文明史和灿烂悠久的古代文化，有一种自豪感，学习了中国近代史，对西方列强瓜分中国有一种屈辱感，学习了世界历史、社会发展简史，学习了艾思奇先生的哲学书籍，对人类社会的发展历程、西方文明的发展和马克思主义有了初步的认识。

1963年毛主席发出了"向雷锋同志学习"的伟大号召，学校组织同学开展学习雷锋运动，号召大家做好人好事不留名，树立全心全意为人民服务的思想。我是班干部，组织班上同学帮助军烈家属扫除，到"三不管"的街道打扫公共卫生。我还利用放寒假的期间，组织几位同学到电影院服务，按现在的话说就是志愿者，维护影院秩序，帮助开演后还没找到座位的人找到座位，另外就是画电影广告，出黑板报宣传电影内容等，我们在电影院服务了半个多月，受到了影院领导和观众的好评，心里美滋滋的。

1964年学校开展了青年人革命化活动，对我也产生了很大影响，所谓革命化活动是指当时共青团中央提出每个青年人都要用"革命化"要求自己，做一个合格的无产阶级革命接班人，学校开展了人生观、理想的教育，当时对我们青年人树立为国家做贡献、有宏伟抱负和理想的人生观奠定了坚实基础。

母校给了我阳光和雨露，使我成为品学兼优的学生，我不仅学习成绩好，还能抽出很多时间做社会工作，编写文艺节目演出，做团员的思想工作，在高中时期我多次受到奖励，如优秀团干部、"三好"学生等。

总之，高中阶段是我人生成长的重要阶段，我学到了丰富的知识，重要的是得到了老师们的培育和教导，从他们身上学会了做人的道理，他们无私奉献的精神，扎根于我们的心灵深处。1963年开展的学习雷锋的活动和1964年开展青年革命化活动，对于我的健康成长起了催化剂作用，使我树立了全心全意为人民服务的思想，坚定了要为国家的发展贡献自己力量的信念。我后来在北京大学任教期间能做出些成绩，成为全国知名教授，与在母校打下的坚实基础是分不开的。在母校60年华诞之际，表达对母校、对老师的感谢和感恩之情！

60年来，母校培养了大批优秀人才，功勋卓著！祝愿母校百尺竿头，更进一步，取得更大成绩！

作者简介：曹凤岐，松原市实验高中（原扶余七中）62级校友，北京大学教授。

校庆时韩光烈同学（后排左二）给我画了一幅画像，挂在学校展览室的墙上，不少同学在此留影

2018年回母校参访，最右边的是刘姣校长（2018年7月）

在“感恩母校”石碑前留影（2018年7月）

我是松原奥运火炬手

2008 年奥运火炬传递经过松原。我是松原的首席经济顾问，也是松原在外地的“名人”之一。松原市政府没有忘记我，给我争取了一个火炬手的名额。我兴奋至极！要知道，人生只有这一次机会！

2008 年 7 月 15 日，松原组织了盛大的奥运圣火传递仪式。

吉林省速滑名将、世界冠军叶乔波作为奥组委火炬接力中心特聘专家来到松原。在松原奥林匹克文化公园的起跑仪式上，叶乔波点燃了熊熊燃烧的奥运圣火。7 时 18 分，松原市首棒火炬手——时任长春市人大常委会主任、松原市市长李述高举火炬在松原市奥林匹克文化公园起跑，北京奥运会火炬接力松原站传递活动正式开始。2 008 位马头琴师齐奏《永恒的圣火》（冲击吉尼斯世界纪录），五个身着五种民族服装的圣火小天使在悠扬的乐曲声中放飞了手中代表平安和谐的和平鸽。火炬传递以松原市奥林匹克文化公园为起点，经松原大路、乌兰大街、石油广场、松原市人民政府、沿江路、五色广场、松原松花江大桥后，在松原市东镇广场举行收火仪式。110 名火炬手参加了松原市的火炬传递。

我被安排在第 74 棒，我的上一棒是松原市时任副市长范凤勤。我的起跑地点在五色广场。早晨，我被安排在广场边的道路上等候。路旁护栏后的人行道上站满了前来观看的人群，人们挥舞旗帜欢呼雀跃。我穿上组委会发放的统一服装——白色上衣、白色短裤，还带上了白色的头带，手里拿着祥云火炬。大概 7 点 50 分左右，一名志愿者首先给我手中的火炬打开了气阀，紧接着就看到范凤勤副市长手擎火炬慢跑过来，到我跟前时，用她的火炬点燃了我手中的火炬。我手擎火炬开始慢跑，有 8 名志愿者陪着我跑。100 米的路程我尽量跑得慢一点，想多一点时间享受这个过程。手擎火炬向前跑

我是松原第 74 棒火炬手（2008 年 7 月 15 日）

时，我心里非常激动，充满了骄傲和自豪。也就跑了两三分钟，就到了下一个站点。我把下一个火炬手的火炬点燃后，就停了下来。志愿者去掉我手中火炬里的气罐后，火炬就归我所有了。我至今还保留着火炬。这是永远的纪念。

高举祥云奔向收火仪式东镇广场最后一棒的是松原市前郭县评剧团演员、71 岁的老艺术家柏青（现已去世）。柏青多年从事舞台剧和影视剧表演，先后参加了《喜莲》《希望的田野》《美丽的田野》等 50 多部影视剧的拍摄，在其中多次出演老太太，被喜爱她的观众誉为“关东第一老太”。71 岁的老人家扭着东北秧歌结束了奥运火炬松原站的传递，抵达收火仪式现场后，面对众多现场观众的忘情欢呼，她激动不已，忘情地亲吻火炬，热泪盈眶。在接受采访时她说：“希望圣火的精神带着幸福，带着吉祥，带着和平，传遍世界的每个角落，也希望我的家乡在圣火的鼓舞下走向中国，走向世界！”为什么扭着东北秧歌来传递圣火呢？柏青笑着说：“就是希望展示家乡的东西，这次传递圣火，是我人生中最激动、最伟大的时刻，我将终生难忘。”

参加家乡的奥运火炬传递，也是我人生中最大的荣誉，使我终生难忘。家乡的很多亲戚朋友都为我高兴，也想分享我的荣誉，纷纷找到我，拿着火炬合影。回到北京后，我的学生也为我举行了欢迎奥运火炬手归来的聚会。

与夫人孙立军在松原奥林匹克公园火炬传递塔基座上我的名字旁合影（2014年）

松原110名奥运火炬手的名字按传递顺序被全部镌刻在奥林匹克文化公园火炬传递塔的基座上，我后来与夫人一起回到松原，专门在刻有我的名字的基座旁照相，并把它发到我的博客上，感到很荣耀。

火炬传递活动结束后，我特别激动，写了《我是奥运火炬手》这首诗：我是奥运火炬手，激动兴奋聚心头！传递圣火，点燃激情，是我的梦想与追求！我是奥运火炬手，自豪骄傲聚心头！更高、更快、更强，奥运精神水长流！我是奥运火炬手，吉祥如意聚心头！我高呼，我呐喊，中国加油，奥运加油！

第十一章

春风化雨

班主任生涯

我做班主任的时间很长，1970 年第一批工农兵学员进校时，我就负责学生工作（那时还不叫班主任），带领学生搞教改，下厂、下乡。我同 70 级工农兵学员的感情很深。我做了 73 级、76 级工农兵学员的班主任，到了 20 世纪 80 年代我甚至做了 84 级干部班的班主任。算起来我做班主任有十几年的时间。那时做班主任一不算工作量，二没有班主任费，全靠积极性和自觉性。

70 级工农兵学员进校时，我刚好负责系里的文体工作（系革命委员会委员分工），我组织这个班的学员举行篮球赛、排球赛。我还根据学员到大寨参观的体会，编写了歌舞《小分队参观大寨》，词曲都是我编写的，在学校的文艺会演中还得过奖。当然，做班主任也是有收获的，从学员们身上学到不少东西，并同他们建立了深厚的感情。70 级工农兵学员入学时的年龄参差不齐，大的有 40 多岁，小的不足 20 岁，相当一部分和我的年龄差不多。学历也不一样，大部分是高中生，也有初中甚至小学学历的。记得毕业不久，我带十几位学员下厂，领导握着年岁最大的学员的手说："老师好，欢迎您带领学员到我们厂里来。"那位学员说："错了，我不是老师！"厂领导问："那谁是老师啊？"大家说："您猜猜好了。"那次我带了 12 位学员去厂里，领导猜到第九个人（也就是我）时问："您是老师吧？"我说："是啊。"我那时才 25 岁，年轻啊！ 1971 年春，我带领十几位学员到海淀商业系统搞调研。我们就住在那里，白天调研，帮忙卖货，下午和晚上讨论商业理论，还开展唱歌等娱乐活动。现在想起来还很开心。

2016年10月，70级学员搞返校活动，当时这个班有110多人，这次回来的有70多人（已有10位学员去世）。这次有14名老师与学员见面，师生情深，嘘寒问暖。这个班的学员基本上都退休了，他们在工作时都做出了很大的成绩。

我带73级学员的经历还是比较丰富的。学员们除了上课，下厂、下乡的时候比较多，我曾带他们到市总工会调研，1975年带他们去大庆参观学习，在那里住了3个月，参观了1205钻井队（“铁人”王进喜生前所在的钻井队）以及钻井平台。当时大庆的条件很艰苦，工人们还住在干打垒的土房子里。我们为大庆工人艰苦创业的精神所感动。

同73级学员相处感受最深的是1976年7月28日唐山大地震。7月27日晚上我还和工宣队的同志开会商量下一阶段的工作安排（当时我还是系革命委员会委员），会议开到近12点，我才回到家里（当时还住在34楼的4

我在70级学员返校活动上发言（2016年10月）

层)。睡到凌晨3点多钟，忽然感到楼在晃，床也在晃，我从睡梦中惊醒，发现楼还在晃，东西从书架上、桌子上往下掉，我甚至透过窗户看到了闪电似的亮光（不知是不是地光)。我第一时间意识到，不好，地震了！我和爱人抱起女儿蹲到床边，把女儿往床底下塞。楼大概晃了半分钟左右就不晃了。于是我和爱人抱起女儿急忙跑到楼下。周围学生宿舍里的学生也都跑到楼下，校园里站满了人。我把女儿交给爱人看着，说："我要去看看我的学生。"那时经济系的男女生都住在37楼。我到了37楼，找到班干部，问了问学生们的情况，他们告诉我大家都很安全，我就放心了。接着我和工宣队的师傅、军宣队的代表到中关园去看望老师。中关园都是平房，很难抗震。我们去了以后，发现情况还好，房子没有倒塌的，只是有裂缝的。直到28日下午才得到确切的消息，是唐山发生了大地震，波及北京。接下来的几天余震不断，楼里是不能住了，学校要求以系为单位搭建地震棚。我把爱人和女儿安排在图书馆结实的房子里，自己就和学生们一起搭地震棚。我们利用拆卸下来的双层床在34楼和32楼之间的空地上搭建地震棚。晚上我就和学生们一起住在地震棚里。由于搭地震棚时挖下的地面达到一定的深度，比较潮，我睡在里面腰背都受了凉，有时会动弹不了。

余震逐渐平息以后，我就开始着手73级学员分配方面的工作，分配单位普遍不太好。当时有两件事给我的印象很深。一件事是，当时北大想让一部分学生去支援西藏，让大家自愿报名，很多学员都积极表态，说愿意去西藏。73级有一名女班干部带头报名，最后学校决定让她去。在送行的时候她哭得一塌糊涂。我对她能服从大局，不怕困难支援西藏建设的精神还是挺佩服的。还有一件事是，一个河南来的女学员，来北大学习前是村里的妇女队长，她表示自己要"社来社去"(从人民公社来再回到人民公社去。当时的农村组织是人民公社，现在的年轻人可能已经不了解了)，不要工资，不要干部待遇，回乡继续当农民。学校很支持她的想法。我亲自去河南确山帮她选了一个好的公社和大队。我大概在1976年9月6日左右乘火车到了河南确山。到了那位学员的家里，发现她家还是很困难的，父亲不久前因车祸去世，家也被1975年河南的水灾淹了，房子和护栏都是用高粱秆围起来的。社员们给我指了1975年大水的水线，我抬头看向树梢才能看到，离地面有四五米高。1975年那场大雨时板桥水库坍塌，半夜里人们根本来不及撤出，就被洪水卷走了。那次水灾死了很多人。我去的时候水灾的影响还没有完全消除。县委组织部的同志陪我到几个公社走了一下，让她在条件好的公社大队工作。其实，当时确山很落后，哪个公社大队都差不多。经过3天的选择，我帮她选了一个看起来条件还不错的公社，本来准备9月10日召开一个会，对她进行表扬和安排，但9月9日下午从广播中得到了毛主席逝世的消息，我连夜赶回北京，会也就没开成。

这次"社来社去"的安排，给她后来的生活带来了很大的困扰，就是她长期解决不了城市户口、工资和干部待遇问题。回过头来想，我真不知道我们同意她"社来社去"是对还是错。她是一位非常好的同志，但这样的安排后来给她带来诸多麻烦，我从内心里觉得对不住她。

这位学员长期解决不了城镇户口、工作安排和干部待遇问题，后来党籍又因政治形势遇到问题。当地有关部门到我这里外调，我向他们解释，她是一名很优秀的学员，是积极响应国家的号召，主动提出"社来社去"的，对她的安排是根据当时的有关政策，而按现行政策必须解决她的工作安排、干部身份和城镇户口问题。外调人员走后，我还不放心，又特地给他们县上发了专函，进一步说明了情况。也许是我的关心和一再推动起了作用，这位学员的相关问题最终得到了合理解决。我的内心才稍许安慰。

2013年，我参加了该班学员入学40周年聚会，非常有感触。不少原经济系的老师，包括张友仁、李克刚、丁国香、董文俊、弓孟谦等都参加了。

2018年适逢改革开放40周年，又是该班学员入学45周年纪念，11月中下旬，该班在各地的十几位学员相聚在改革开放的前沿——深圳，特意邀

73级学员毕业照，二排中间的是陈岱孙先生，最右边的是我，挨着我的是闵庆全先生（1976年）

73级学员入学40年师生聚会

请我和老伴参加他们的活动。我考虑到两点：一是有的学员毕业后我就没有再见过，可以借这个机会见一下，了解他们的情况；二是改革开放初期我带着学员或者我自己多次到深圳调研和开会，近些年去得很少了，想去看一下深圳的变化，所以就答应了。这是我首次参加该班学员在京外的聚会。我和老伴的兴致都很高，大家一路欢声笑语，倾心交流，唱歌联欢，师生情谊更加深厚了，一张张照片记录了欢聚的美好时光。聚会期间，恰好赶上贵阳的学员刘子和65岁生日，我们举杯为他庆贺。老师为学生过生日，成为这次聚会的一个亮点，更使他惊喜并深受感动，说自己“过了有生以来最隆重、最难忘的一个生日”。

师生聚会结束，我赋诗一首，深情记录了深圳之行，颂扬了深圳的变化：

七三同学聚鹏城，我偕老伴随同行。原是一个小渔村，卅载巨变世界惊。高楼错落路宽阔，平安大厦入云层。仙湖园里赏花木，莲花山上瞻小平。天高海阔凭鱼跃，大鹏展翅任飞腾。改革开放创奇迹，深圳速度快如风。

76级学员进校是1976年10月，当时已经粉碎了“四人帮”，但学校内部还很混乱，所以决定把这届学员全部安排到大兴分校。大兴分校原来是天堂河劳改农场的一部分，“文革”中分给了北大做分校。北大的老师在那里下放劳动，也有几批工农兵学员在那里住宿、上课，业余种水稻。系领导找我谈话，希望我继续做一任班主任，带76级的学员。既然组织信任我，我就答应了。

记得76级学员是10月19日到大兴分校报到的。他们是从校本部用大客车拉过来的，一下车全都蒙了。很多学员都问，这是北大吗？这不就是农场吗？我耐心向他们解释，这是暂时的，大家还会回本部的。

大兴分校的条件很差，就是几排平房，每间平房里放一些双层床，可以住20人左右。洗漱都在户外，厕所是围起来的蹲坑，又脏又臭。学校只有一个食堂，吃饭的人很多，我们都是把饭菜带回宿舍吃。那里只有一个小卖部，没啥商品，下午5点以后就关门了。

在那种艰苦的条件下，我们还坚持上课，记得有几个教员跟学员们吃住都在一起。由我给大家讲政治经济学，金以辉老师给大家讲《资本论》，赵靖老师（已去世）给大家讲中国经济思想史，后来范忠民老师（曾被打成“右派”，改革开放后移居加拿大）也来了，好像也讲政治经济学。

分校有几间教室，我们一般是在教室里上课，但有时教室不够用，我们就露天上。我们这排宿舍旁边堆了一大堆稻草，第二年春天我发动学员把草搬开，在那块空地上搭了一个草棚子，大约有几十平方米。我们白天上课、开会，晚上看电视（系里有一台黑白电视机被搬过去了），也还算自得其乐。

毕竟是荒郊野地，夏天蚊虫多得要命。晚上只要出门就会被蚊子围住，赶都赶不走。晚上睡觉必须有蚊帐。范忠民老师是第二年夏天来的，第一次来的时候没带蚊帐。我说：“那你晚上甭想睡觉了。”他说：“没关系，我的血不好喝，蚊子不会叮我的，在家里时蚊子只叮我爱人和孩子。”第二天早上我问他：“蚊子叮你了吗?”他说：“别提了，叮得我一宿没睡着。”我说：“不是说蚊子不叮你吗?”他说：“蚊子饥不择食，不管好喝不好喝都要下嘴!”

1977年春，学员们都参加了插稻秧的劳动，后来又轮流看稻田。我们看到宿舍旁边的鱼塘基本无鱼，塘边杂草丛生，有的学员就提议：“咱们放些鱼苗吧，秋天好捞鱼吃。”我说好啊。有的学员买来三四厘米长的小鱼苗（有胖头、白鲢、鲤鱼，还有红鲤鱼），放到鱼塘里。10月份，到了收稻子的季节，鱼塘里的鱼已经长到三四十厘米了。我向分校领导请示说想打点鱼。领导不同意，说：“鱼塘里的鱼是学校的财产，你们不能打。”我说：“是我们自己放的鱼苗，长大了我们打点吃不行吗?”领导说：“那也不行。你们系如果打了吃了，别的系的学员看到了会怎么说?”

学员们很聪明。当时负责分校的工宣队领导姓宋，我们都叫他宋师傅。此人有两个爱好：一是爱喝酒，二是爱下象棋。有一天晚上，学员们把宋师傅请到宿舍来，弄了点花生米，开了一瓶白酒，让他和大家一起喝。开始时宋师傅还不肯喝，学员们说：“在分校您最好了，最关心我们了，请您喝酒，就是表示谢意。”宋师傅架不住学员们的甜言蜜语，就喝了起来，在喝得晕晕乎乎的时候，学员们就说：“宋师傅，咱们来下盘棋吧。”宋师傅说：“好啊！”在下棋的时候，学员们故意输给他，他很高兴，说：“你们水平不行啊。”趁他喝得晕乎和赢棋高兴之际，学员们就说：“我们春天时在鱼塘里放了鱼苗，现在想打点吃。如果不打，马上就回本部了，不知会被谁捞去。”宋师傅稀里糊涂地说：“好啊，可以打鱼。”学员们就把他的话用纸和笔记下来了。

第二天，学员们扎了个木筏，有一个会打鱼的同学借了一张网，开始打鱼。一网下去就有几十条上来。打了几网就够大家吃的了。

那天上午，为了避嫌，我去稻田看水。10 点多钟时有一个工宣队的师傅急匆匆地到稻田里来找我，大喊：“曹教员（他们称老师为教员），不好了，你们的学员私自打鱼，我们管不了，你快去看看吧。”我假装不知道，问：“是吗？”我跟着师傅回到宿舍旁，看到学员们已经捞完鱼，正准备炖。他们在空地上挖了一个坑，把一个铁皮的洗衣盆支上，没有油，就把食堂打来的菜里留下的肥肉放到盆里，然后把清理好的鱼一股脑放到盆里炖。我就对师傅说：“已经打出来了，就让他们先炖了再说吧。”我对学员们说：“你们太不像话了，下不为例。”学员们心领神会，继续炖鱼。后来每人吃了一两条。大家都感到很兴奋和痛快。

但我们的行为却捅了马蜂窝。下午，本部领导也来了，工宣队把我叫去开了个紧急会议。会上领导同志义愤填膺，大批这些学员有造反派的脾气，要处分带头者。当然也对我大加批评。我表现得很无辜的样子，说：“我真不知道这回事。我了解了一下情况，学员们说是宋师傅同意打的。”当时宋师傅也在场，他说没有的事。我不慌不忙地从兜里掏出宋师傅与学员们的谈话记录。记录中确有宋师傅同意捞鱼的话。宋师傅满脸通红，支支吾吾地承认，可能是那天喝多了随便说的。本部和分校领导一听，既然是工宣队领导同意打的，那还追什么责啊，就宣布散会。当天，学员们让我吃鱼，我没吃。打完鱼后过了一两天，我们就回本部上课了。学员们给我送了两条炖好的鱼，还有两条活鱼，其中一条还是红鲤鱼。

我将这个班从头带到尾。1979 年毕业前夕，我带他们去卢沟桥中国人民抗日战争纪念馆参观，还去了周口店北京人遗址，又带他们去河北遵化参观了毛主席在合作化过程中批示的王国藩的“穷棒子”社。

我对这个班学员的感情还是比较深的。2006 年，这个班的学员在南戴河举办的纪念入学 30 周年的聚会邀请我去了。回来后我填了一首词《水调歌头 · 师生相聚》，其中几句是：相识三十载，今日得团圆。回忆当年往事，感慨有万千。草棚小凳上课，除草浇水收稻，谈笑在田间。撒网打鱼乐，清炖真香甜。

带领 76 级学员参观全国劳动模范王国藩领导的“穷棒子”社（1979 年）

后来我又多次参加 76 级学员的聚会活动。

2017 年 4 月 16 日，这个班的部分学员返校参加入学 40 周年师生见面会。那天我刚好腰疼病犯了，几乎动不了，但我还是坚持去了，还热情洋溢地发了言，并赠送给他们一首诗——《76 级学生返校有感》：燕园四月尽飞花，喜迎学子再回家。当年青春活力放，今朝满头银丝发。大兴草棚听高论，校园课堂吸精华。三载学习奠基础，四十功名上云霞。师生友情照日月，奋斗

76 级学员入学 40 周年师生见面会（2017 年）

不息为中华。

1984 年，为了给西南、西北地区培养干部，中组部在北大举办了干部培训班（大专学历），经济系（当时还没有成立经济学院）承办了两期，即 84 级和 85 级干部班。我曾担任 84 级干部班的班主任。这个班的学员毕业后都担任了各地区的中层干部，有的做到省部级干部，像云南的晏友琼、四川的徐松南等。在这个班里发生过很多故事，我同这个班的学员结下了深厚的情谊。

2014 年，在 84 级干部班的学员入学 30 周年时，部分学员在北京重聚。我参加了他们的活动，深有感触。我填了一首《念奴娇 · 84 级干部班 30 年聚会有感》表达情思：

卅载重聚，再相见，青丝已变白发。改革开放，育人才，八方来到北大。走进课堂，聆听师说，读书在灯下。基础坚实，才有厚积薄发。

2014年5月，84级干部班部分学员重返北大，庆祝入学30周年，并与部分老师合影，前排左起第4—10人为朱善利、张国有、厉以宁、何玉春、我、冒大卫、晏友琼

投身火红年代，改革潮头，困难不惧怕。东西南北，岗位不同均成绩有佳。虽已年暮，金秋色更浓，遍地黄花。地久天长，幸福春秋冬夏。

从某种意义上说，我做了大半辈子班主任。即便现在，我仍是“班主任”，是“特殊的班主任”，是“永远的班主任”。2011年，我已经退休，但我仍担任光华管理学院博士后工作领导小组组长。2013年，我组织部分博士后去延安参观学习。我们参观了毛主席住过的窑洞、“七大”会址、黄河壶口瀑布等，我与学生们同游、同吃、同住，畅谈友情和国内外大事。学生们觉得我是一位好老师，我也希望以后多接触他们、指导他们。参观结束后，他们决定成立“延安精神学习班”，并聘请我做这个班的班主任，而且是“永远的班主任”。“延安精神学习班”成立后组织了很多活动，例如2014年组织到山西太谷参观曹家大院，还组织了多次研讨会、读书会等，我都尽量参加。2018 年 8 月，“延安精神学习班”组织了我的自传《坦荡人生无悔路》读书分享会暨经济形势研讨会，同学们做了热烈发言和讨论，我也讲了话。现在这个班的微信群里已有 200 人。我自己也为 70 多岁了还能做“班主任”而感到青春不老和自豪。全中国也很少有我这样的“班主任”了吧？

严格要求，负责到底

从 20 世纪 80 年代初我就开始指导学生的毕业论文。最初我是指导本科生的毕业论文，后来重点指导硕士及以上学生，包括普通硕士、MBA、EMBA 和博士生的毕业论文，还指导博士后出站报告。学生们编辑的《曹凤岐教授弟子通讯录》上列的学生名录，主要包括硕士层次及以上的学生，也就是我直接指导的学生（不包括早期指导本科毕业论文的学生）近四百人。

我一丝不苟地指导学生论文。凡选我做毕业论文指导老师的学生，我都先与他面谈，帮助他确定选题，编写写作提纲。写作提纲拟好后，我会认真审查提纲，提出修改意见。初稿完成后，我会认真阅读，提出修改意见（有的论文我提出修改意见达两三次之多），直到达到参加答辩的水平，我还帮助和指导学生如何答辩。我的想法是，对每个学生负责，不让一个学生掉队，都让他们顺利毕业。有优秀论文我会推荐到相关杂志正式发表。在指导学生论文（包括博士后出站报告）方面，我花费了大量心血。

在 2003 年“非典”时期，师生不能见面，我是最先在电脑上批改论文的老师之一。每个学生的论文我都认真修改，写出了详细的修改意见。

李礼辉是光华管理学院96级博士生，他当时是中国工商银行副行长，是在职学习。最初他提交的毕业论文写作提纲包括初稿，就是一份银行工作总结。我指出，工作总结和博士论文不是一回事，要把工作实践提高到理论高度。后来，他的确从理论高度分析银行信贷问题，写出了一篇很好的毕业论文，顺利通过答辩，他的论文还被评为优秀论文。

96级还有一个博士生，叫张后奇，他在写论文期间到英国访学。为了使他能按时提交论文，顺利通过答辩，我通过电子邮件同他保持沟通，让他把论文通过电子邮件发给我，我利用春节假期修改，修改后再发给他。他回国后按时参加答辩并获得通过，顺利毕业。他很感激我。下面是我写给他的其中一封电子邮件。

后奇：

你好！

你7月27日发来的电子邮件我已经收到。因为我前一段时间不在北京，故未能及时回复。我同意你9—10月通过电子邮件将你的论文发过来，我看过以后再给你提出意见。我希望你的论文能够在明年3月左右成稿，并准备预答辩（4月中旬左右），希望你能够在6月份按时答辩（1日左右）。

我申请了国家自然科学基金重点项目“中国资本市场发展与管理研究”，前几天去了厦门进行项目答辩。全国有13个单位申请这个项目，通过通讯评审拿掉11个，只剩下我和国家计委宏观研究院的课题组进行答辩，二者取一。经过答辩，我很有信心把这个项目拿下来。这个项目的资助金额是50万元人民币，是我历年项目中资助最多的。如果这个项目能够拿下来，你们几位博士生的论文都可以作为项目的组成部分。

明年参加答辩的除了你，还有庞金华（写的是有关风险投资管理的论文）、于凤坤（写的是有关资产证券化的论文）、陈重（写的是有关企业重组的论文），他们已于今年7月通过了开题报告，现在正在写作。李礼辉、小庄、小贾已经通过论文答辩，并获得博士学位，小贾留校当教员，小庄去了中国建设银行。

看到你在英国的情况很好，我很高兴，希望你利用这段时间把英语搞上去，同时也不要安排得过于紧张，抽一些时间到英国各地和欧洲其他国家转一转。有机会到奥地利维也纳去转一下，那是一座非常美丽的城市，也是一座音乐城，我曾在那里待过几个月。

祝一切顺利！

曹凤岐

1999年8月6日

戎晓畅是我指导的最后一个博士生，因此也就是我的“关门弟子”。一方面，由于他岁数较小，我很关心他的生活，经常请他到家里吃饭；另一方面，我对他的学习严格要求，我对他说：“你是我的‘关门弟子’，我要关好这个门。”那时他刚在英国帝国理工学院完成金融学硕士的学习回国不久，考虑到西方金融学大多以研究微观金融为主，他可能缺乏对宏观金融的系统学习，一入学我便要求他补学宏观金融的课程。在我的安排下，他听了不少应用经济系、统计系的课程，补充学习了宏观金融的知识。在此过程中，他对宏观金融产生了浓厚的兴趣，向我提出博士学位论文研究宏观金融方向，我欣然应允。在博士论文写作过程中，我几乎手把手地教他，还推荐他向系里、学院的其他老师请教，让他综合各位老师的意见后反复修改论文。最后，他顺利通过论文答辩，其论文还被评为优秀论文。毕业时他父母专程从广州到北京参加他的毕业典礼。他父母非常感谢我对他们儿子的培养。我对他们说，为国家培养高素质的有用人才，是做老师的责任和义务，没什么值得感谢的。当然，我也为自己能关好博士培养的门而感到高兴。

我的一个博士生是硕博连读，如果博士论文通过答辩，5 年毕业可以直接获得博士学位。但他一直拿不出毕业论文，已经超过 6 年了，按学校规定应按退学处理，如果这样他只能拿到学士学位。他自己好像不太在乎，我却比他还着急。我把他叫到办公室，晓以利害，对他说："如果你按退学处理，只能拿到学士学位，6 年书不是白念了吗？我给你办延期申请，你放下其他工作，集中精力把论文搞好。"他听了我的话，终于把论文写出来，顺利通过答辩，获得了博士学位。

我的一个博士生写博士论文时遇到困难，精神几乎要崩溃，我派另一个博士生常去他宿舍了解情况，并向我汇报。我又把他叫到我家里开导他，具体指导他如何修改论文，如何答辩；还请他吃饭，陪他打扑克，减轻他的精神压力。后来，他通过论文答辩，顺利毕业。

我指导的一个硕士生，论文该答辩了，他却回老家了（据说是去炒股了），教务告诉我他还差 0.5 个学分，不能参加答辩，不能毕业。我一听就急了，打长途电话让他赶紧回来（那时还没有手机）。那天我在电话里跟他发了火，也许是急火攻心，我大口吐血，吐了半塑料袋，被急救车送到北医三院，一检查原来是胃出血，止血后住了几天院。还好他乖乖回来了，补足了学分。后来，他也通过了论文答辩，顺利毕业。

还有一个硕士生，能力很强，做了很多社会工作，但写毕业论文时不够重视，在来不及的情况下，抄袭了别人的研究成果，我严厉地批评了他。他当时的毕业论文没有通过答辩，不好意思见我。毕业时，我请我指导的学生吃饭，为了帮助和鼓励他，把他也叫去了，他没想到，很是感动。第二年他顺利通过论文答辩。后来他跟别人说："曹老师，伟大的老师！"

绵绵师生情

2018年我的回忆录《坦荡人生无悔路》出版后，受到各方面的欢迎和好评。我的不少同事、朋友、学生和亲人阅读回忆录以后，很受感动和启发，写下了感人至深的读后感。这些读后感不仅情深意切，而且结合自己的实际谈了人生的感悟和自己的奋斗目标，也表达了对母校、对老师的感激、感恩之情。这些读后感实际上也是一笔精神财富。为了更好地教育年轻人，北京大学曹凤岐金融发展基金秘书处挑选了一些读后感编辑成册（非公开出版），希望大家能从这些读后感中得到更多的启发。这本读后感集主要是我的学生们写的，重点谈了师生关系、师生感情，以及他们毕业后的发展，也褒扬了我在教书育人方面的努力和贡献，因此书名定为《春风化雨　桃李芬芳——〈坦荡人生无悔路〉读后感集》。以下部分我将结合学生们在读后感集中提到的一些故事、感想谈谈我和学生们的深厚感情。

读后感集的封面

我对学生付出真情实意，用感情感化学生，用真情与他们沟通。早在20世纪七八十年代我家庭还比较困难的时候，逢年过节，我都会把一些单身的教员、不回家的学生叫到我家吃饭，后来主要是我指导的硕士、博士、博士后，包括访问学者到我家吃饭。可以说，现在光华的一些教授、当年我们留校或引进的青年教员，绝大部分都在我家吃过饭。最让学生们回味无穷的是我夫人孙立军做的饺子和馅饼。“孙氏饺子”已名扬天下。书中不少学生都谈到了在我家吃饺子的事，说曹老师家的饺子香得很！太好吃了！我指导的学生帮我做项目我会给他们项目经费补贴，周末还能来我家里吃饭，这让其他老师指导的学生很羡慕，都说，让曹老师做指导老师好幸福啊！

江明华（现为北京大学光华管理学院教授，是我代表学院把他留校的）在读后感中写道：“在系里，曹老师特别注重打造‘家文化’，每年都要组织老师们郊游，让大家在郊游中放松、交流，从而为工作和生活增添更大的动力！在光华，这种文化一直传承到今天。另外，逢年过节，曹老师都会邀请‘无家可归’的单身青年到他家里欢聚：一边吃孙老师包的饺子（20 世纪 90 年代初吃顿饺子跟过年一样一样的），一边畅快地聊天！曹老师家的‘饭局’是我与很多年轻老师从认识到熟悉的重要场景，现在还时时浮现在我的脑海中……”

朱乾宇（现为中国人民大学农业与农村发展学院副教授，是我指导的博士后）写道：“老师和师母对自己节俭，对学生们却十分慷慨。师母为了给学生们改善伙食，会经常叫上在读的学生到家里吃饭，除了做几个菜，主食少不了饺子。我是到曹老师家吃过师母包的饺子的众多学生之一。说起师母包的饺子，那真是一绝，馅儿大皮薄，是我这个南方人吃过的最好吃的饺子！每次师母都会用心地准备，饺子也要准备好几种馅，用什么肉，什么虾，什么青菜，什么油，什么面粉，如何和面，如何醒面，如何擀皮，如何让包出来的饺子又好看又好吃……这些师母都边包饺子边教过我，但很惭愧，我至今也没有掌握这些技巧。但是我清晰地记得第一次去曹老师家吃饭见到师母写的一张小纸条时，心里暖暖地，好感动。师母在小纸条上写着准备要做的几道菜，列出了需要准备的食材。师母说年纪大了，不写下来怕记不住会忘这忘那，所以买到一样食材打一个钩，做完一个菜再打一个钩。我总在想，我吃的哪是饺子呢，是师母的一片心意啊！那时刚到北京不久，父母也不在身边，每次到老师家吃饭，与老师和师母谈谈对今后学习及生活的打算，觉得老师和师母就是自己的亲人，所以虽然也知道每次去老师家吃饭都会给老两口增添许多麻烦，但打心底里还是经常盼着能有机会去老师家品尝师母亲手包的饺子，与老师和师母说说话！”

“孙氏饺子”已经成为一种“品牌”。连光华管理学院董事长尹衍梁先生和国民党前主席朱立伦先生都到我家吃过饺子。有一次，一个学生带一位企业家过来，说：曹教师，把“孙氏饺子”注册吧，以此开一家“孙氏饺子馆”。我说：孙氏饺子是非卖品，注什么册呀！婉言谢绝了。

我从不摆架子，喜欢和学生交朋友，能和他们打成一片。空闲时，我会找一些学生来家里打扑克，我输了照样贴纸条、钻桌子。在日常生活中，学生和我的关系是“新三陪”关系：陪老师吃，陪老师喝，陪老师玩。有的学生说：“我们对一些教授有敬而远之的感觉，而与曹老师就没有距离感，曹老师既像慈父，又像兄长。”的确，学生把我看成是他们的家长，选了对象往往带到家里请我和孙老师“审查”“把关”，生了孩子向我报喜，甚至夫妻闹矛盾也要我出面调解。连我的博士生庄乾志的名字都是我改的，他原来叫庄欠志，我说：“‘欠志’多不好啊，我给你改成‘乾志’吧，志气满乾坤！”于是他改成现在的名字庄乾志。博士后马建在读后感中写道：“入学没多久，我就检查出怀孕了，当时，各项指标都不好，医院通知有唐氏儿的可能。面对情绪低落的我，曹老师不仅耐心开导，还语重心长地说：‘你家里既然没有唐氏儿的先例，老天让这个孩子来了，就自有它的道理。’作为一个经历了半世风雨的老人，他的这番话无疑给当时极其迷茫的我很大的鼓励。后来，我有了一个健康可爱的女儿，曹老师的夫人孙姨看到照片和视频后特别高兴。如孙姨所言，曹老师对自己的学生诚心诚意，爱护有加，从来都是针对问题直言不讳，不会因为怕担责任而选择敷衍了事。他总是以一个长者的豁达和乐观感染并影响着我们。”

学生及家人在我家，左起：俞岱曦、李红（庄乾志的夫人）、庄乾志、孙立军（怀里抱的是庄乾志的儿子大壮）、我、张后奇、田昆、张松洁（田昆的夫人）（2005年7月）

我真诚对待学生、爱护学生、保护学生。在1976年“天安门事件”中，我冒着极大的政治风险，保护了参加活动的学生，不少学生至今记忆犹新，对我表示感激和感谢。73级学员杨书久回忆道：“不止一次听北京的一位同学说过，在校期间，他1976年清明节前几次悄悄去天安门广场，看悼念周总理、痛斥‘四人帮’的诗词，并把一些自认为写得好的抄写下来。一次晚上回来，他匆忙中把抄录诗词的本子落在了自行车车筐里，被人捡到交到了系里。‘天安门事件’被上面定为‘反革命事件’后，学校布置层层搞清查，可那位同学却平安无事。我们班当时有许多同学结伴或独自去过天安门广场，但清查时曹老师没有向学校上报一个学生的名字，尽自己最大的努力保护了学生。”杨书久的同班同学张百琴写道：“回想起当年发生的‘天安门事件’，让我记忆犹新的是曹老师对学生的关切、爱惜和保护。那年我怀着悲痛的心情去了天安门广场，悼念了周恩来总理，并代表我们全家七口人向烈士纪念碑敬献了七束白绢花，还抄录了一些悼念诗词。回校后，听说学校要追查，我就把诗词扔掉了。可是过了好多天也没有人来找我询问情况，后来听说是被曹老师应付过去了。那时我就想曹老师以善良宽厚、兄长般的温暖呵护着同学们，理解和认可了同学们淳朴的感情，这是值得我们信赖的老师啊！"

那时我们师生之间的关系和感情是真诚的、透明的，不掺杂任何私心杂念。73级学员张宪通在读后感中讲了一个"4分钱"的故事。1975年，我曾安排他到国家计委参加物价调查工作。他在读后感中写道："这期间，我们国家计委调查组到了江西景德镇调查。除正常工作之外，为了给我们这些'中央来的人'以照顾，景德镇方面以很低的价格卖给我们一些次品瓷器（因为正品瓷器都有经过批准的计划价格，在一些大城市的商店里可以买到）。他们几位老同志工资高，买了几套，而我这个穷学生没钱，就花1.46元买了

2008年5月师门爬香山

2009 年 4 月师门游颐和园

一套碗碟。那是很漂亮的青花瓷，只是每件上都有缺口或裂缝，不过仍可正常使用。工作结束后回到学校，我把这套碗碟送给了曹老师。他询问价格，我如实相告。第二天，他给了我 1.5 元，我说找给他钱，他说不要，而我口袋里当时也确实 1 分钱都没有。第三天，我专门到曹老师位于 34 号楼的家里，找给他 4 分钱硬币，他嗔怪地长长‘唉——’了一声，不过也随手接过了钱。应该说，曹老师对我是有大恩的，而我们师生之间在钱财上又是一清二楚的。这在今天可能是一个笑话，在当时却是真实的事实。君子之交淡如水嘛！”

我用真诚的态度对待学生，也受到他们的爱戴。

2010 年年底我即将退休，上最后一次课时，学生们给我献上鲜花，并以全体学生的名义献给我一首诗《春风杨柳笑斜阳》：一代宗师是吾师，大风起兮云飞扬。体制改革建长策，证券市场做栋梁。清风两袖任平淡，正气一身凭刚强。求索不知老将至，春风杨柳笑斜阳。在诗的前面他们写道：您，66 岁高龄依然坚持给我们上课，让我们十分感动。您说这可能是您最后一年讲这门课，我们感到莫大的幸运。适逢 2010 年的最后一天，作诗一首献给您，表达我们对您一学期教诲的感谢，以及最真诚的新年祝福！我不同意他们把我称为“宗师”，我在和大家的诗中写道：宗师称号不敢当，老师教学乃本行。传道授业是天职，教书育人为平常。殚精竭虑培高树，鞠躬尽瘁育栋梁。只要桃李芬芳在，功成身退又何妨。

别开生面的生日聚会

我和学生们有着深厚的感情。他们几乎每年都张罗着给我过生日（我的生日是 7 月 12 日，他们都知道）。但一开始我不同意学生们给我过生日，主要是怕耽误他们的工作，夫人孙立军更不同意，怕大张旗鼓地过生日影响不好，甚至影响我的“前程”。后来我觉得学生们都是真情实意，热情很高，如果老不答应，就会觉得我架子太大，不近人情，他们会很失望的。另外，学生们工作后天各一方，有些即使在同一个城市，由于平时工作繁忙也很少有机会能够聚到一起，而且我各层次的学生很多都相互不认识，在我过生日的时候聚一聚，一方面可以看望我和夫人，另一方面也可以有更多的机会学习、交流与合作。生日聚会可以是一个相互交流的平台，甚至给大家架起了相互合作的桥梁。最后我应允了学生们的请求，同意举办生日聚会。但规定每五年（逢五逢十）可以举办一次较大规模的聚会，其他年份则不搞生日聚会或在小范围内吃顿饭了事。同时约法三章：一是不要大范围通知，希望大家在不影响正常工作的情况下自愿参与，不鼓励外地的学生专程来北京参加；二是所有参加生日会的学生一律不能送礼，否则不仅礼物拒收，而且要被点名批评；三是所有参加生日会的人员（包括我和夫人）严格实行 AA 制，费用均摊，形式从简。

我每次的生日聚会都有不同的主题和特色，寓教于乐。

我58岁生日（2003年）时第一次举办规模较大的生日聚会。是我的一部分博士、硕士生组织的，那次的主要内容是去房山搞拓展活动。有些项目还是有一定难度的，不过学生们鼓动我也参加。有一个项目是人站在两米高的高台上向后仰，有两排人在台下接着，避免硬着地。学生们“哄”我上去，我硬着头皮上了高台，但不敢后仰下去。学生们鼓励我勇敢一点，说没问题，有他们接着呢！我站在高台上两腿发抖，不敢后仰下去。最后一咬牙、一闭眼，还是后仰下去了。学生们真的把我接住了！事后我的心一直咚咚跳。还有一个项目是扎竹筏子过河，考验扎竹筏子的技术，看筏子是不是到河心就散了，如果是，大家就会掉到水里。几个学生密谋“害”我，他们故意把接头绑得不紧。筏子到了河中心果然散了，我掉到水里，他们还哈哈大笑。最后我们是推着筏子上岸的。那天吃晚饭时，我向学生们赠送了我的两本书：《股份经济论》和《资本市场论》。

和学生们一起参加拓展活动（2003年7月）

60 岁生日聚会（2005 年）时，我们召开了学术研讨会，我的学生于鸿君、姚长辉、马化祥等就股份制、资本市场、金融改革及光华的发展等问题做了发言。我在感言中告诫他们，要正确对待金钱。

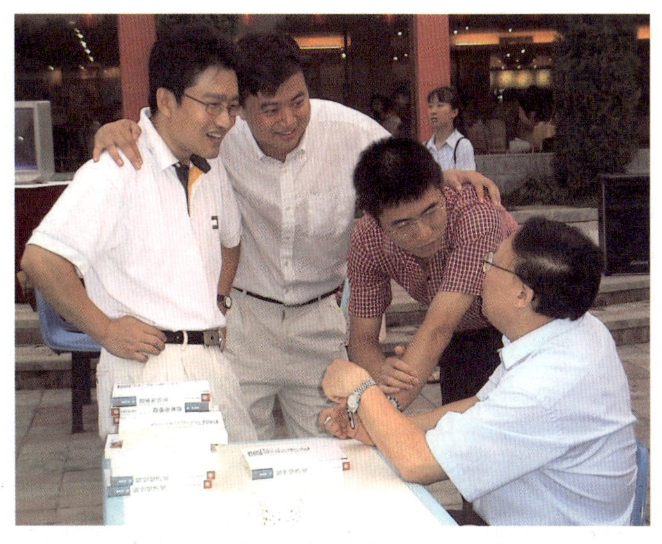

在 2003 年师生聚会上，我向学生们签名赠书。
右起：我、马化祥、于立勇、李锋，后面的学生是刘琪

2009 年，学生们组织诗词朗诵会祝贺我的生日

与我指导的几位博士生合影，左起：赵明华、庄乾志、贾春新、我、李礼辉、张后奇、于凤坤（2010 年）

“君子爱财，取之有道。”一定要抵住诱惑，不贪不腐。我还特别向学生强调要加强道德修养。

在 65 岁生日会上，我做了“无悔人生”的报告，和学生们分享了自己的经历和人生感悟。大多数学生都是第一次听到我讲小时候和青年时期的故事，了解了我小时候很苦，青年时期很励志，深受感动。为了让参加聚会的学生能够更有收获，生日会上我们还安排了金融论坛环节，邀请我的学生李礼辉、刘晓勇、王贵亚、张后奇、于鸿君、姚长辉、何志毅、贾春新等做了专题演讲，以闭门会的形式分享了他们对中国经济、金融形势的一些看法和体会。在这次生日会上，学生们还发起了成立“北京大学曹凤岐金融发展基金”的倡议。后来，北京大学曹凤岐金融发展基金于 2011 年 4 月 24 日隆重成立。基金每年举行颁奖大会，针对经济与金融领域的不同群体设立经济与金融理论突出贡献奖、金融实践创新奖、金融青年科研优秀奖、金融教学优秀奖、凤岐奖学金等五个奖项，分别奖励在经济与金融理论上做出突出贡献的著名学者、在金融实践领域具有较大影响力的企业家、北京大学的优秀青年科研人员、北京大学的优秀金融教学人员和北京大学经济金融专业的优秀学生。此外，北京大学曹凤岐金融发展基金还设有凤凰助学金，对贫困学子进行资助。发展到今天，基金已经举办了九届颁奖仪式，为在北京大学乃至全社会范围内传播金融知识、宣传金融理念、促进金融发展做出了积极的贡献。

2015 年我 70 岁生日，学生们自发地组织了一次联谊会。会前组织排练节目。联谊会当天，来了 200 多人（含家属、孩子），大家表演节目，载歌载舞。我自己也参加了节目表演，和大家一起跳了舞蹈《小苹果》。虽然我的动作笨拙、不到位，但还是赢得了热烈掌声，换来了一片笑声。舞蹈结束

在 65 岁生日聚会上，和学生们一同唱歌

与学生们一起跳《小苹果》

表演配乐诗朗诵《永世不忘父母恩》

时，学生们做了一个造型，像众星捧月一样把我围在中间。会上我还朗诵了我自己创作的长诗《永世不忘父母恩》，加上配乐，感动了很多人。我还唱了一首我喜欢的歌曲——电视剧《汉武大帝》的插曲《等待》，“明知辉煌过后是暗淡，仍期待着把一切从头来过”。虽然唱得不好，原唱韩磊听了可能会晕过去，但这首歌确实抒发了我的情感，也赢得了阵阵掌声和欢呼声。联谊会上，蔡洪滨院长发表了热情洋溢的致辞，学院还送来了鲜花。生日晚宴上，学生们向我敬酒祝福。我很感动，感到骄傲和幸福。我曾写过一首诗来表达我的情感，感谢我的学生们：今年吾到七十寿，弟子聚会来庆生。唱歌跳舞送欢笑，举杯祝福献深情。春风吹过万树绿，桃李不言满园丰。桐花万里丹山路，雏凤清于老凤声。

桃李不言，下自成蹊

我曾经说过，回忆人生，最值得骄傲和自豪的是我选择了教师职业，最大的荣幸和光荣是我能成为北大的教授，最大的满足和成功是我培养了众多优秀的学生。我认为，培养人才的工作，是生产力的再生产，是高素质生产力的再生产。这个生产力的发展，所带来的经济和社会发展的力量是无穷的，所培养的高素质的人才是中国经济和社会发展的最大希望。多年来，我忠实履行教师的职责，踏踏实实地做好教书育人的工作。在培养学生的过程中，我与学生们建立了新型的师生关系，产生了深厚的师生感情。

多年来我培养了大批的学生，本科生不算，在我名下指导的硕士、博士、博士后、MBA、EMBA、访问学者等有近四百人。如果算上早年我指导过论文的本科生、我当过班主任的班级的学生，再加上系统听过我一门以上课的学生，跟我一起研究项目、编书、编辑《光华管理通讯》的学生，我教过的学生肯定比孔夫子的 3 000 弟子要多得多，起码有上万人。我的学生有的当了大学校长、教授，有的做了省部级领导、银行行长，有的成为各证券公司、保险公司、基金管理公司、私募股权基金等金融机构的老总和各层级的负责人，他们绝大部分都成为各行各业、各部门、各条战线上的骨干。我曾经说过，我最大的成就并不在于我学术做得如何，而在于我做了北大的教授，培养了这么多优秀的子弟，这是我最大的安慰和满足。

在读后感集中，很多学生都谈到了自己在北大毕业后取得的成绩以及对北大、对光华管理学院（经济学院）以及对教授和指导过他们的老师的感谢、感激与感恩之情。不少年轻学子表达了继续努力为国家做贡献的决心。不少读后感写得令人动容。

84 级干部班学员李志先在读后感中列举了该班学员在北大学习后在不同工作岗位上做出的贡献。他写道："（离开北大之后的 30 年间）不管我们有无联系，不管我们身处何地，不管我们从事何种职业，不管我们的人生价值体现得如何，北大两年的美好同窗时光，永远燃烧着我们人生的火炬，激励着我们在改革开放的新时代，谱写了一曲曲火红的青春之歌，取得了骄人的成绩。同学中有的走上了省部级领导岗位，在较为广阔的舞台上尽显英雄本色，如晏友琼和徐松南，成为全国党代表和两会代表（徐松南在中国共产党第十八次全国代表大会闭幕会上当选为中央候补委员，进入中央委员会），在人民大会堂里，与党和国家领导人共同商讨国家大事，指点江山，成为我们的骄傲；而大部分同学成为厅局级或处级干部，直接在改革开放的第一线亲力亲为，他们精心谋划、辛勤耕耘，和大家一起努力，使一座座城市旧貌换新颜，一个个山寨变成美丽乡村，一个个重大项目建设实施并成为地方经济的支柱……"

晏友琼（84级干部班学员，曾任云南省党委常委，现任云南省政协常委）写道："曹老师学习、工作70年的历程，印证了'宝剑锋从磨砺出，梅花香自苦寒来'的名言。很多人以此为座右铭，而真正实践的有多少？曹老师说出了，且做到了。读曹老师的《坦荡人生无悔路》，对同龄人来说有共鸣、有启示，对年轻人来讲有教育、有激励。人生能为社会、为人民办实事、做好事乃至做出贡献是值得欣慰和骄傲的，曹老师做到了。我作为他的学生，也为他感到高兴、自豪。希望曹老师退休后，在继续为国家深化经济、金融体制改革做工作的同时，多多保重身体。"

晏友琼还深有感触地写道："……在北大学习期间，有幸成为厉以宁、曹凤岐、张国有、朱善利、梁柱、王茂湘等我国著名经济学家、教授的学生。两年的学习令我受益一生。由于我学的是经济专业，且是北大的经济专业，因此到地级市市政府工作时，就一直分管工交、财税、金融等工作（一般情况下，女干部在政府绝大多数都分管科教文卫工作），为后来担任政府主要领导打下了基础。在这样的工作平台上，我们为社会、为群众做了许多实实在在的事。我感恩北大，感恩曹老师。"

博士后徐继华表示，要不忘初心、牢记使命。他写道："习近平总书记曾指出：一个时代有一个时代的主题，一代人有一代人的使命。历史的接力棒已经传到我们这一代人手上，今天的历史机遇期属于我们每个人，属于蓬勃发展的中国。我们要发挥所学，努力增强经济金融竞争实力，提高我国在全球资源配置和产业分工上的地位。我们要坚守经济金融战线，坚决保护好我国经济社会发展成果，坚决维护好国家核心利益。黄金时代，不在我们背后，乃在我们面前；不在过去，乃在将来。"

李礼辉博士在读后感中写道："2004年7月22日下午，我正在海南三亚的乡村奔波，突然接到省委书记的电话通知，中央决定调我到中国银行担任行长，要求我即日赶赴北京。对于渴望回归金融业的我来说，这当然是天大的喜讯。我随即拨通了北京的两个电话，一个给我的妻子，另一个给曹凤岐老师。我对老师的认识，是从了解他的经济改革思想开始的。20世纪80年代，尽管解放思想的风吹得越来越烈，但只要涉及所有制问题，框框依旧，禁锢依旧。然而，关心经济体制改革的人们，开始听到发源于北大的声音。'股份制'这个在西方世界那么普遍而在当时的中国却那么生疏的词汇和理念，终于以激扬而又沉稳的小号旋律，出现在经济体制改革研究的交响曲中。曹凤岐老师就是最早上场的主号手。老师的学生换了一茬又一茬，在很多学生身上似乎都能看到老师的影子。我想，这是因为，老师选学生的标准，不仅是学业，还有品格；而且，老师的言传身教，对于学生而言，耳濡目染，也正是身心的修炼。多年来，在老师和同学的身上，我领略了远见和卓识，也领略了务实和坚定；理解了智慧和聪明，也理解了勤奋和刻苦；知道了团结和合作，也知道了大度和忍让；体会了正直和勇敢，也体会了朴素和谦逊。”

张野（84级干部班学员，曾任新疆外经贸委党组书记）在读后感《春之歌》中回忆道：“老师在学校曾当过多个班的班主任，其中就有我们班。正如他在书中所写的，他对学生关爱有加。这使我想起他在担任我们的班主任时的一件事来。1986年的寒假我没有回家，是在学校度过的。因为新疆路途遥远，乘火车要四天三夜，如果回去，来回八天就过去了，寒假时间又短，这年我们就要毕业了，因此就没有回去。赶上春节，大年三十的晚上，曹老师到37楼来，叫上我和尚游、毕登富三个没有回家的同学，到他家里去过年。那时，老师的家在北大院里靠东北边的家属区，一套单元房里住的是两家。他和爱人做了丰盛的年夜饭，我们喝了啤酒，饭后还到院子里去放鞭炮、礼花。我们在老师家与他们两口过了一个愉快的大年三十，深感师生情深。”

林腾蛟（EMBA学员，阳光控股有限公司董事局主席）深情地写道：“阳光1995年从办教育起步，一步步成长为今天的世界500强。对老师、学校、教育事业的崇敬、热爱和向往，一直是深深植根于我心底的不灭情结。曹老师亦常常教导我们：‘造福桑梓、回馈社会，就是办企业的一个终极目标。’桃李不言，下自成蹊。曹老师半世人生路，深切洞悉经济人的历史责任和时代担当，与国家命运紧密相连，干在实处、走在前列、勇立潮头。《坦荡人生无悔路》不仅是曹老师的自传，也是中国经济改革开放的思想史，更是每位中国企业家必读之宝典。如能将其精华化为己用，融会贯通，必将终身受益。”

毛小元（2004级博士生）在读后感中深情地写道：“2004年，我跟曹老师读博士之后，曾在老师身边做助手近三年。我亲身感受到老师浓厚的家国情怀、强烈的社会责任感和紧扣时代脉搏的研究使命感，目睹老师兢兢业业、扎根中国大地教书育人的生动场景，老师的言传身教、行事风格影响了我、感染了我，督促我不断地努力。毕业后，我曾在一家国有注资改制平台工作，参与过农行股份制改革，现在仍在一线从事具体的商业银行业务工作。在校期间跟着曹老师学习商业银行，对我做好本职工作有很大的帮助，工作中遇到不懂的问题，随手能拿起老师的专著翻阅寻找答案，这种感觉是幸福的，也是自豪的。”

朱乾宇写了长达10 000多字的读后感：《薪火相传的火种照亮学生们前方的路》（我后来删为6 000多字），详细回顾了她在北大期间的生活以及我和夫人对她的帮助与照顾，对我进行了真心实意的褒奖，表示要学习我的精神。

她在读后感中写道：

读了老师的这本《坦荡人生无悔路》，从中读到了老师的“赤子之心、大家之风、仁者之慧、热忱之爱”。

赤子之心。经济是国之根本，对经济体制提出改革之法，没有拳拳赤子之心，是不会触碰的，而对国有企业进行股份制改革，更是石破天惊。老师大胆提了，大胆推动了，为了大国变强国，不计个人得失，这份赤诚之心、报国之心，将被历史铭记。北大拥有的不仅仅是120年的历史积淀、幽静优美的校园环境、泰山北斗般的名气地位，更拥有一批批像曹老师这样前仆后继、呕心沥血求发展、全心全意图富强的大师学者。他们是北大的精气神，是北大魂的传承与载体，他们用自己的学识和品德扛起了北大的旗帜。

大家之风。对于在社会主义市场经济条件下发展证券市场，无常规可循，无实际案例可借鉴，老师提出“在发展中规范”，先干起来，这一开创性的观点得到中央领导人的认可，我国证券市场的建立，是离不开老师长期在学术界的鼓与呼的。对于股市赌场论，老师坚定地提出“在规范中发展”。证券市场的发展是必需的，问题不是出在股市上，而是出在股市的监管上。法者，国之重器，《证券法》，正是守护国之财富、民之财富的重器，老师为之倾注了心血。老师平时儒雅幽默，待人谦和，颇具大家之风，关键时刻拍案而起，据理力争，这不正是中国传统学者的铮铮铁骨吗？这种争论与个人利益毫无关系，是为了国运，是为了国强，是为了芸芸众生。股市一次次过山车般的表现、股市中种种不规范的行为，一次次让我们深刻体会到《证券法》的重要性，没有股市不行，股市不规范同样不行。

仁者之慧。北京银行建立和发展的过程中，老师利用所学知识，让学院老师入原始股，最后实现了100元入股，到后期增值成40万元，合理地为大家谋财富；在北京大学工商管理学院设立和光华管理学院冠名的过程中，老师做了大量工作，改善了教学环境以及学生和职工的住宿条件，推动了学院的发展。学院在国务院学位办尚未批准设立EMBA学位的情况下提前招生，教育部不准备授予提前招生的学生EMBA学位，老师充分表现出了原则性和灵活性的统一，提出课可以先上，学位可以缓授的解决办法（后来补授了学位），大力推动了学院和学科的发展，体现了不甘人后、引领发展，以母校站立潮头为荣的责任感、使命感。

热忱之爱。对家人、对北大、对事业、对学生、对家乡，爱得深沉，爱得无怨无悔。对家人的爱是给爷爷寄他老人家最爱吃的油炒面，是父亲突然离去时“子欲养而亲不待”的痛彻心扉，是高中同学聚会遇见师母孙老师时那顿北大食堂的包子，是漫长岁月中与师母的相濡以沫，是对女儿的牵挂，是对孙辈的陪伴；对北大的爱是青春岁月里北大的阳光雨露，是留校后忘我地工作，是殚精竭虑为学科谋发展，是贡献自己所有的力量为北大在所在领域赢得应有的学术地位和应得的尊重；对学生的爱是倾尽所学，言传身教，精心呵护，润物无声，是在家里给学生们改善生活的一锅锅饺子，是和学生们一起爬香山时的欢声笑语，是课堂和讲座上的传道、授业、解惑，是倾其所有设立的金融发展基金，把爱薪火相传；对家乡的爱是向中学母校捐助的那间图书室，是让家乡在发展规划蓝图的设计下变得越来越美。

老师写作回忆录用的都是非常纯朴的语言，但是故事却生动曲折，不仅可以让我们看到中国社会变迁的历史，而且还告诉我们很多做人的道理：爱是这个世界上最强大的力量，对理想的爱让我们更坚强，对真理的爱让我们更坚持，对事业的爱让我们更坚定，对生活的爱让我们更坚韧！

曹老师用自己的人生经历撰写人生感悟，薪火相传给我们的是至真至善的传统美德，是“荣辱盛衰淡如水，洒向人间一片情”的价值观，是“雄鸡啼鸣为报晓，笑看百花开满园”的世界观，是“坦荡人生无悔路，热血丹心写春秋”的人生观，是“股份改革点星火，证券立法铸章程”的创新精神，是“创建学院基石奠，培育英才心血凝”的奉献精神，是“未敢停歇重起步，竭力前行不回头”的拼搏精神……相信这些精神财富会像一盏明灯一样激励着我们，照亮我们未来的路！

73级学员张连廷为我写了一首“四言诗”，虽然对我评价过高，但也是真情流露：“老骥伏枥，志在千里。雄风犹在，壮心不已。鸿篇巨制，追求真理。创建学院，基金设立。游说讲学，享誉环宇。哺育英才，万千桃李。为人师表，博雅耸立。学高为师，爱生如子。德高为范，楷模仪礼。奉献忠心，为国崛起。燕园学子，师恩铭记！”

还有不少学生也写了感人至深的读后感，表达了他们共同的心声：感恩北大的培养，感恩老师的教诲，要为国家的发展和民族的复兴做出自己的努力与贡献！

我也为自己多年来的努力和付出能有春华秋实的收获而感到欣慰。正是：春风化雨润无声，浇开满园百花香，桃李不言成蹊下，师生情谊似水长。

第十二章 不忘初心

退而不休

按北大的规定，教授职称的人员满63岁就应该办理退休手续。我是1945年7月生人，到2008年6月底已经到时间了。但我觉得自己的体力和精力还行，还在给本科生、硕士生（含MBA、EMBA）和博士生开设“货币金融管理”“中国金融变革”“社会主义经济改革的理论和实践”等课程，也还在主持教育部哲学社会科学研究重大课题攻关项目“金融市场全球化下的中国金融监管体系研究”，于是向学院和学校提出延缓退休至满65岁（到2010年6月底）。学校批准了我的申请，允许我工作到65岁。2010年6月，我又提出申请，希望再延长一段工作时间，这次学校没有批准，只是同意我工作到2010年年底。因此，2011年1月，我正式办理了从学校退休的手续。不过，学院又返聘了我两年半，到2013年6月底，我才彻底退休。等于我整整工作到68周岁，在文科教授中算是工作时间比较长的人之一了。办理学校的退休手续后，我写了一首诗《退休有感》，表达我的思绪：六十六岁办退休，酸甜苦辣五味稠。尽心教育四十载，力推改革三十秋。事业有成良知在，功德未满憾事留。廉颇虽老尚能饭，吾辈伏枥任白头。

我为什么多次提出延长退休时间呢？一是觉得作为社会科学工作者，像老中医一样，年岁越大，阅历越丰富，越有经验，对经济金融的变化看得越深刻。如能利用好，会发挥年轻同志起不到的作用。二是我开设货币金融理论课、资本市场课，比别人更熟练些。三是很多人慕名要报考我的硕士和博士生（包括博士后），退休后就不能带了，对于我和学生来说，不能不说是比较遗憾的一件事。

我从1970年开始工作，到2013年，已为教育事业工作了43年。在这个过程中我得到了很多师长、同事的支持和帮助，也培养和引进了一批批年轻教员，他们逐渐撑起了光华的新天地，我也与我的同事们结下了深厚的情谊。在这里，要向我的师长和同事们表示感谢。

2013年4月13日，光华管理学院金融系在美丽的雁栖湖畔为我举办了荣休联谊会，全系老师以及家属30多人参加。会上，同事们对我有很多溢美之词，我深受感动。看到系里有不少年轻老师都意气风发，我感到很欣慰。金融系大有希望。我写了《谢金融系为我举办荣休联谊会》表达我的谢意：雁栖湖水深千尺，不及同事对我情。遍山杏花多绚丽，雏凤清于老凤声。

2013年6月23日，光华管理学院为我举办了荣休座谈会，有20多名同事和60多名学生参加。会上，学校、学院领导致辞，同事、学生争相发言，对我进行了表扬和肯定。最后，我也做了题为“光华之路”的发言。座谈会热烈而活泼。内心里，感谢、感动、感恩之情油然而生。会后我又写了《荣休座谈会有感》，表达我的情感：吾辈荣休座谈会，同事学生聚一堂。歌功颂德不吝啬，忆旧说往多赞扬。曾经阳光和风雨，有过失意与辉煌，梧桐树下山花灿，雏凤更比老凤强。

在荣休座谈会上，北京大学原副总务长赵桂莲向我转送了著名书法家杨辛教授给我写的条幅“德高怀远”。在这里，向杨辛教授表示衷心的感谢！

王其文教授赠送给我他自己画的山水画：《溪流只为江海阔》。我写了一首诗感谢他：峻峰入云不言高，引来百鸟筑凤巢。溪流只为江海阔，自知力微仍奔劳。

退休后，我仍多次参加金融系组织的各种活动，主要是为了与曾和我一同工作的同志保持联系，认识加入金融系的新同志。2019年11月2日至3日，金融系在雁栖湖畔举办“不忘初心，牢记使命”主题活动，特邀我和夫

接受杨辛教授赠我的条幅

王其文教授赠给我的画《溪流只为江海阔》

人孙立军参加。雁栖湖风景美如画，慕田峪长城更是雄伟壮观，满山红遍，层林尽染，秋色非常浓。正是：雁栖湖畔山水重，长城内外满山红。金融同仁喜聚会，回首创业话前程。

教了一辈子书，搞了一辈子科研，一下子什么都不做了，真有些不适应。就像我在一首诗里写的那样，“工作热忱犹在，事业激情未泯，不知如何收”（《水调歌头·退休畅想曲》）。我还要做一些工作。

我把最重要的课程“货币金融管理”

交给比我年轻的老师去讲了，为了使他能上好这门课，我还带了他一下，我讲一部分，他讲一部分，还同他一起讨论讲课大纲。

退休以后，我继续为 MBA、EMBA、各种短期班讲课，还继续组织各种讲座、论坛（先是以北京大学金融与证券研究中心的名义，后来以北京大学曹凤岐金融发展基金的名义主办）。我组织的经济与金融高级论坛，除了聘请国内外的一些知名专家、学者演讲，我自己也讲，比如解读十八大报告，以及十八届三中、四中全会精神等，2015 年关于资本市场的问题我就讲了两次。我组织的讲座非常叫座，常常座无虚席，已经成为北大的金牌讲座。

我组织和参加了各种经济与金融研讨会、论坛。2014 年年底，在北京大学金融与证券研究中心和金融界网站合作举办的“金融改革与创新研讨会”上，我提出“中国资本市场的春天要来了”的观点。2015 年 1 月，在清华大学的一次研讨会上，我说：中国资本市场的春天真的来了，但要防止快牛、

光华管理学院成立 30 周年庆典系列活动中，我给校友讲课（2015 年 9 月）

疯牛的观点。5月底，在凤凰卫视举办的资本市场问题研讨会上，我提出股市达到5 000点已经过热，散户就别参与了。6月9日，我在“当前资本市场热点问题”讲座［经济与金融高级论坛（第96期）］上指出，股市随时会断崖式下跌。后来，在一些讲座和研讨会上，我对“救市”提出委婉的批评，指出所谓的救市实际上根本救不了市，要想解决中国股市的问题，必须加强上市公司和资本市场制度建设。我的这些观点影响了很多人，帮助投资者做出了正确的判断，避免或减少了一些投资者的损失。以至于有的散户千方百计来听我的演讲，并且说在股市宏观分析上就相信一个人，那就是曹凤岐！当然，这是高抬我了，我没有那么神，只是没有利益牵扯，敢说真话罢了。

2017年10月，党的十九大召开，为了宣传、贯彻十九大精神，我举办了一次讲座（讲座内容见第七章）。那时我的身体很不好（咳嗽，手抖得很厉害），其实完全可以不讲，但我还是坚持下来了。我认为，宣传习近平新

2015年6月9日，我在“当前资本市场热点问题”讲座上，告诫大家股市已经过热

时代中国特色社会主义思想，宣传贯彻十九大提出的两个战略目标，促进资本市场健康发展，是一个学者义不容辞的责任和义务。

在讲座的最后，我深情地说：

> 今年我已经72岁了，应该说我自己还是在努力地前进。一个时代有一个时代的任务，毛主席1965年对北京师范学院有一个批示，这个批示我写到我的笔记本上了。毛主席说：今后几十年对于祖国的前途、人类的命运是多么宝贵而重要的时间啊！现在二十来岁的青年，再过二三十年是四五十岁的人。我们这代青年人将亲手将我们一穷二白的祖国建设成伟大的社会主义强国，将亲身参加埋葬帝国主义的战斗。任重而道远。有志气有抱负的中国青年，一定要为完成我们伟大的历史使命而奋斗终身！为了完成我们伟大的历史革命，我们这一代要下决心一辈子艰苦奋斗！这是毛主席说的，我本人一直遵循毛主席的教诲，为改变我们国家一穷二白的面貌做出自己的努力。而且我也赶上了一个改革的时代，所以也做出了一些成绩。现在我老了，但我自己是人老心不老，有病似无病。不知道能不能看到2035年这一天，那时我刚好90岁。不管我能不能看到，在我的有生之年，我还会散发我的余光、余热，为建设我们伟大的祖国，做出自己微薄的贡献。你们赶上了一个伟大的时代，你们现在是二十多岁、三十多岁、四十多岁，到2050年大概最多是五十岁、六十岁、七十岁，你们非常幸运和光荣，能亲手把我们的国家建成富强民主文明和谐美丽的社会主义现代化强国！到了那一天，希望你们“家祭无忘告乃翁”！

有的学生听了我的讲座，很感动、激动，甚至流出了热泪。我的一个学生（网名：小六子）听完讲座后，在微信上写道：“感触颇深，72岁的老人家，睿智达观，敲击电脑的手抖得厉害，咽炎也很严重，依然带病做讲座！向曹老师致敬！”她还在公众号文章里写道：“老先生说这些的时候，也是一直微笑着，我却一直在抹眼泪。”讲座很成功，得到大家的肯定，我自己也感到很欣慰。

退休前后，我对金融的研究更加系统和深入。我不仅研究了宏观经济与金融、利率和汇率改革、人民币国际化、商业银行管理等问题，还研究了中小银行、民营银行的建立和发展，以及普惠金融和民间金融等重要问题。随着互联网的发展，互联网金融成为金融的一种业态模式。从 2013 年开始，我便把研究的重点转向我不熟悉的领域。我发表了多篇关于互联网金融的文章。2015 年出版了论文集《金融改革创新论》，把我 2002 年至 2015 年 1 月的研究成果汇集其中。厉以宁教授特意为这本书作序，对我认真的科研态度给予了很高的评价。

在退休前后的一段时间里，我主持了教育部哲学社会科学研究重大课题攻关项目“金融市场全球化下的中国金融监管体系研究”。具体内容与成果在第五章“进军金融”中已详细论述，这里不再赘述。

2011 年退休后，我依然参加教学活动。我和贾春新教授给 EMBA 金融班开设的“中国金融变革”课程深受学员们的欢迎。这门课直到 2019 年金融班停止招生才不开了，那年我已经 74 周岁。

退休后，我继续从事科研工作，又发表了不少学术文章，例如，2017 年发表的《中国资本市场的改革、创新与风险防范》（《金融论坛》，2018 年第 7 期）产生了很大的影响。据不完全统计，自退休至今，我出版了两部学术著作，在报纸和杂志上发表了十余篇文章。

我还组织和参加各种经济与金融方面的研讨会及论坛。例如，2018 年我曾组织“恢复投资者信心”研讨会，2019 年我曾组织和参加有关科创板的研讨会。

2014 年年底，北大召开了“老有所为先进个人表彰大会”，会上我被授予“老有所为先进个人”光荣称号。会后，我写了一首诗表达我的心情，其中有几句是：退休只是中间站，银丝白发不老心，著书立说仍耕笔，泼墨丹青聚精神。

荣誉证书

曹凤岐 老师：

您在离/退休后积极投身教学科研、管理服务、思想政治教育、社会事业等工作，率先垂范，表现卓越，为学校的建设与发展作出了重要贡献，特授予您“北京大学老有所为先进个人”荣誉称号。

北京大学
二〇一四年十二月

2014 年老有所为先进个人荣誉证书

2018 年，我第二次被评为“老有所为”先进个人（这次被评为“学习之星”），在颁奖座谈会上我做了“我是一根继续燃烧的蜡烛”的发言，受到好评。

2018 年再次获得“老有所为”先进个人荣誉

2019 年 10 月 9 日，在光华管理学院开展的“不忘初心、牢记使命”主题教育讲座中，我给学院师生党员做了题为“不忘初心，牢记使命，从我做起”的报告，从我亲身经历谈了不忘初

“不忘初心，牢记使命，从我做起”讲座现场

荣誉证书

曹凤岐同志：

被评为北京大学优秀共产党员，特予表彰。

中共北京大学委员会

二〇一八年六月

北京大学
PEKING UNIVERSITY

北京大学
PEKING UNIVERSITY

尊敬的 曹凤岐 老师：

为表彰您积极践行“终身学习”的理念，与时俱进，学以致用，特授予您“老有所为‘学习之星’”荣誉称号。

北京大学

2018年12月

北京大学
PEKING UNIVERSITY

尊敬的 曹凤岐 老师：

为表彰您离退休后继续潜心科研，勤勉治学，特授予您首届北京大学离退休教职工学术贡献奖

特等奖

北京大学

二〇一九年十二月

荣誉证书

心的重要性和必要性。我表示，每一位共产党员都要找准自己的坐标与定位，坚持共产主义理想信念不动摇，时刻牢记自己的身份角色，不忘初心，敢于担当，全心全意为人民服务。讲座引起了强烈反响。

2018 年 6 月，我被北京大学授予优秀共产党员光荣称号。

2019 年 12 月，我获得了“首届北京大学离退休教职工学术贡献奖特等奖”。

2021 年 6 月 2 日，“光荣在党 50 年”纪念章颁发仪式在北大举行。我代表光华管理学院 9 名老党员参加。获得纪念章后我有些激动，感到骄傲和光荣。正是：光荣在党五十年，虽经风雨心觉甜。一生一世跟党走，不忘初心永向前。

“光荣在党 50 年”纪念章颁发仪式现场（2021 年 6 月 2 日）

设立曹凤岐金融发展基金

庆祝我65岁生日的同门弟子联谊会于2010年7月10日召开，会上，部分学生提出设立“曹凤岐金融发展基金”的倡议。我十分感动。感谢学生们对发展金融学的热心、对公益事业的热情，也感谢学生们对我的信任与拥戴！设立以我的名字命名的公益性基金的提议已经有相当长的时间了，我一直采取低调、保守的态度，一直在犹豫要不要设立。原因有三：一是以我的名字命名基金好不好？我有那么高的威望和那么大的影响吗？很多比我年岁大、比我威望高的先生都没有设立基金，我有资格以我的名义设立吗？有人可能会认为我是在炒作自己、宣传自己、张扬自己（我曾表示可以设立基金，但不要以我的名字命名，提议叫“北京大学光华金融发展基金”，但不少学生认为，不以我的名字命名，设立基金的意义不大，而且很难激发同门弟子的热情）。二是如果以我的名字命名，我就必须捐助相当一部分资金，但以我当时的经济实力来看，我很难一次拿出一大笔资金。三是设立永久性基金，必须有一定的资金规模，我们能否筹到相当数量的资金，我心里没有底。

经过反复考量，我最终同意了设立曹凤岐金融发展基金的倡议。原因是：多年来，我自己为金融学的研究和教学做出了一些贡献，为培养高层次金融人才做出了自己的努力。现在我就要退休了，如何继续为金融学发展做出贡献是我一直考虑的问题，我想，设立金融发展基金可能是一个好办法。设立金融发展基金就是为了进一步促进金融学的发展，加强金融学的研究和人才培养，鼓励金融领域的创新，推动金融教育事业和金融行业的健康发展。我们可以利用基金设立金融科研奖、金融教学奖，支持和资助金融科研项目，支持和资助金融研讨会以及其他与金融发展相关的公益活动的举办。

2010 年 12 月，我们向北京大学教育基金会和光华管理学院提出了设立“北京大学曹凤岐金融发展基金”的申请。

2011 年 1 月 15 日，北京大学曹凤岐金融发展基金筹委会秘书处接到北京大学教育基金会的正式通知，“北京大学曹凤岐金融发展基金”获准设立！基金的名称定为“北京大学曹凤岐金融发展基金”（英文名称为：Cao Fengqi Financial Development Fund of Peking University）。

我们制定了基金章程。“为了促进北京大学的发展，加强金融学研究和人才培养工作，鼓励金融理论与实践的创新，促进金融教育事业的发展，设立北京大学曹凤岐金融发展基金。北京大学曹凤岐金融发展基金为北京大学教育基金会的永久性专项基金。”“在北京大学金融与证券研究中心主任、北京大学光华管理学院曹凤岐教授的学生捐赠基础上发起设立北京大学曹凤岐金融发展基金。基金设立后，接受海内外校友、企业、社团和各界有识之士等捐赠，共同作为北京大学曹凤岐金融发展基金。”

决定设立基金后，筹措资金是一个大问题。我找了有可能、有能力捐赠的学生和朋友，希望他们能慷慨解囊。我找到的人都还给我面子，没有人拒绝。我还给我指导过论文的学生们写信，希望他们能够踊跃捐助，做公益事业。

我在给学生们的信中写道：

> 我在今年春节的筹备会上曾经说过，必须达到一定的筹资规模，才考虑注册基金。当时我设定的底线是初期资金应当达到 500 万 ~ 600 万元人民币的规模才考虑注册问题。现在我仍坚持这一底线。因为作为不动用本金的永久性基金，规模太小，收益甚微，办不成事情。很小的资金规模就去注册基金可能会损害我和我的学生们的名誉。我至今还坚持这一底线，如果意向筹资规模达不到 500 万 ~ 600 万元，我将不同意注册基金。

为了使筹资规模能达到注册要求，也为了表达我支持设立基金的心意，我在这里表态，我将认捐 50 万元人民币（基金设立后我还会继续捐资）。在这里我也希望我的学生们踊跃捐资，当然，要量力而行。作为个人，捐多捐少均可，主要是表达心意；希望我的企业家学生们以企业或公司名义多捐一些。这里也欢迎其他校友、朋友积极捐助，支持基金的设立和发展。在这里，对愿意向基金捐助的学生、校友和朋友的义举、善举表示衷心感谢！积少成多，积善成德。让我和我的学生们、其他校友和愿意从事公益事业的朋友们，为发展现代金融学、为中国金融产业的发展、为培养更多的金融人才做出我们新的贡献！

从我发出信起，不到 3 个月，已经有 50 多位学生和企业家捐助，资金规模达到 580 万元！

基金设立的条件成熟了。

2011 年 4 月 24 日，北京大学曹凤岐金融发展基金设立大会暨第一届理事会会议在北京大学光华管理学院隆重召开。

大会由北京大学党委副书记于鸿君教授主持。北京大学常务副校长刘伟教授，北京大学校长助理、北京大学教育基金会秘书长邓娅，北京大学光华管理学院院长蔡洪滨教授，北京大学经济学院院长孙祁祥教授，北京大学国家发展研究院常务副院长巫和懋教授出席大会并致辞。

于鸿君副书记高度赞扬了我在金融学理论发展和推动中国金融体制改革过程中所做的重要贡献，对于我和夫人孙立军、我的弟子以及社会各界人士的慷慨捐赠行为表示充分的肯定与感谢，认为基金会的设立必然会对北京大学金融学科的未来发展起到重要的促进作用。刘伟副校长肯定了我作为一流学者在中国改革开放和北京大学金融学科薪火相传过程中的重要成就，强调了判断一位教授是不是一流学者，必须要根据他对社会发展做出的重要贡

基金设立大会现场，时任北京大学常务副校长刘伟教授讲话

献，这种贡献绝不是一两个奖项所能包括的。对于各位发起人的这项惠民之举，他代表北京大学表示热烈欢迎和支持，认为其通过金融基金的方式为北京大学金融学科的发展提供了新思路，并祝愿基金越做越大、越做越好。校长助理邓娅介绍了北京大学教育基金会的情况。与基金直接相关的三个学院的院长都就我的学术贡献和人格魅力发表了感言，并表示会共同努力搞好金融发展基金。

新成立的基金理事会选举于鸿君为第一届理事会主席，我为常务副主席，吴志攀、刘伟、邓娅、马化祥、蔡洪滨、孙祁祥、巫和懋、冒大卫等为副主席。

会议决定曹凤岐金融发展基金设立四个奖项：金融理论与实践奖，金融青年科研进步奖，优秀金融学博士论文奖，凤岐金融奖学金。

我在成立大会上发表了感言：

今天，以我的名字命名的北京大学金融发展基金正式设立了，我自己感到很激动、感动和高兴！在去年7月召开的同门弟子联谊会上，部分学生提出设立“曹凤岐金融发展基金”的倡议。我十分感动。谢谢同学们对发展金融学的热心、对公益事业的热情，也谢谢同学们对我的信任！

在成立大会上发言

有人说，厉以宁老师、曹凤岐老师等一批北大学者对中国经济体制改革和金融改革有三大贡献：一是提出和推行股份制，二是提出银行和金融体系改革，建立以中央银行为领导的商业银行和多种金融机构并存的金融体系，三是提出建立多层次资本市场体系。

应当说，企业改革和金融改革对中国经济的发展起了很大的作用。首先，推行了股份制，建立了现代企业制度，进行了国有企业改制，使我国企业做大做强，进一步市场化和国际化。其次，创造了一个多层次的金融产业，金融产业的发展极大地促进了实体经济的发展，解决了大批高知识、高素质人才的就业问题。再次，发展了金融学科，创立了广义金融学，即现代金融学。最后，培养了大批优秀的金融人才，他们在金融和其他领域正在发挥重要作用。进一步发展金融理论和实践，培养更多的金融人才是我们的重要任务。在这些方面北大的一批学者都做出了应有的贡献。

我的学生们得益于北大的培养和教育，他们想回报母校，想为北大的发展做出自己的努力和贡献。但囿于个人力量有限，因此想借助于我的名

向主要捐赠人颁发北京大学教育贡献奖牌，左起：林腾蛟、刘伟、我、宋春明、邵东亚

北京大学曹凤岐金融发展基金设立大会

望，团结一批人，用设立基金的办法，回馈北大。我没有理由拒绝他们。多年来，我自己为金融学的研究和教学做出了一些贡献，为培养高层次金融人才付出了自己的努力。现在我已经退休了，如何继续为金融学发展做出贡献是我一直考虑的问题。我想，设立金融学发展基金可能是一个好办法。另外，随着经济的发展，国内慈善事业也发展起来了。不仅企业家设置慈善基金，专家学者也开始设立基金，支持科研和教育事业的发展。最早的有孙冶方基金，后来有董辅礽基金、张培刚基金、黄达－蒙代尔基金、刘鸿儒基金，最近还有由厦门大学张亦春教授及其弟子设立的中小银行基金，本金达到5 000万元人民币。我们是否可以做一些这方面的尝试呢？设立金融发展基金就是为了进一步促进金融学的发展，加强金融学的研究和人才培养，鼓励金融领域的创新，推动金融教育事业和金融行业的健康发展。我们可以利用基金设立金融科研奖、金融教学奖，支持和资助金融科研项目，支持和资助金融研讨会和其他与金融发展相关的公益活动的举办。

金融发展基金倡议提出后，尤其是今年1月获得批准后，广大学生和社会各界人士积极响应。不到三个月的时间，我们已经筹得580多万元捐款，达到了我们原来设定的一期筹资规模，使基金的运作和使用有了坚实的基础。在这里我要感谢一些人和机构。首先感谢向基金捐款的广大同学！其次，特别感谢我的几位企业家学生，他们是福建阳光控股有限公司董事局主席林腾蛟先生、鹏丰新能源投资控股有限公司董事长宋春明先生、实地资本集团董事长兼首席执行官邵东亚博士。再次，我们并没有宣传及让我的学生以外的人士和机构向基金捐款，但有些人士和机构得到基金设立的消息，主动向基金捐款，他们是银杏资本管理有限公司董事长周广文先生、长白山管委会、吉林省路克奔环保设备股份有限公司杨晓庆先生、北京博雅银通投资咨询事务所有限公司，等等。

在这里一并表示感谢！从次，感谢我的夫人孙立军女士对基金设立的大力支持！最后，感谢所有对基金的设立做出贡献的人！

为了使基金运作得更好，在本届理事会期间我将亲自管理基金，我也会继续和陆续向基金捐资。积少成多，积善成德。这是一只开放型、永久型的基金，让我和我的学生们、其他校友和愿意从事公益事业的朋友们，关注和支持这只公益基金，并把它做大做强，为发展现代金融学、为中国金融产业的发展、为培养更多的金融人才做出我们新的贡献！

我们制定了《曹凤岐金融发展基金奖励办法》。2012 年 5 月 13 日，我们召开了“2012 金融改革与创新高级论坛暨曹凤岐金融发展基金首届颁奖仪式”，进行金融改革与创新的研讨，同时颁发各类奖项。金融理论研究突出贡献奖颁给了著名金融学家巴曙松，金融实践创新奖颁给了鹏丰新能源投资控股有限公司董事长宋春明（光华管理学院 EMBA 学员），多名青年教员、博士生分别获得金融青年科研进步奖和优秀金融学博士论文奖。10 名硕士和本科生获得了凤岐奖学金。

此后，我们每年都举办金融改革与创新高级论坛暨曹凤岐金融发展基金颁奖仪式。基金的奖项在不断发生变化，设有经济与金融理论突出贡献奖、金融实践创新奖、金融青年科研优秀奖、金融教学优秀奖、凤岐奖学金。此外还增设了凤凰助学金，资助困难学生。

截至 2020 年，我们已经举行了九届颁奖仪式。经济与金融理论突出贡献奖分别授予巴曙松、李扬、李稻葵、林毅夫、刘伟、孙祁祥、刘俏、金李、吴晓求；金融实践创新奖分别授予宋春明、李礼辉、范勇宏、孙陶然、林腾蛟、赵学军、谭先国、毛亚社、盛希泰。多名教师、学生得到其他奖项和助学金。

北京大学曹凤岐金融发展基金第六届经济与金融理论突出贡献奖授予北京大学经济学院院长孙祁祥教授（2017 年 5 月）

北京大学曹凤岐金融发展基金第七届经济与金融理论突出贡献奖授予北京大学光华管理学院院长刘俏教授（2018 年 6 月）

颁发凤岐奖学金（2018 年 6 月）

立德树人

教师的职责是教书育人，“传道，授业，解惑”。我觉得教师首先是育人，其次才是教书。“传道”，就是传授做人的道理，就是让学生懂得如何做人，只有做好人，才能做好事。有好的道德、有健康的世界观，才能成为有用的人才。光华管理学院刚成立时，有个硕士生的计算机水平非常高，我们准备留他当教员了，结果毕业前夕他到中关村证券实习，破译别人的交易密码，倒卖别人的股票，最后坐牢了。像这样的人，知识再多、能力再强，也不是对社会有用的人。当然，教师还要“授业，解惑”，但是作为教师个人来讲，他掌握的知识是有限的，在这个知识爆炸的时代、信息时代，人们获取知识的渠道很多，大学教师只在某一方面是“先知”，给学生新的知识，开拓学生的眼界，向学生指明学习、研究的方向和方法而已。

我非常注重对学生道德、精神、思想的培养。我希望学生做到“德高怀远，追求卓越”。

2003 年夏，我到深圳去开会，住在新世纪饭店，在深圳工作的北大学生（有的不是我指导论文的学生）来看我，酒店商务层会议厅里坐满了人，有四五十个。学生们让我讲几句，我说：“你们大多数人在金融机构、券商、基金、保险行业工作，都做出了成绩，挣钱也不少，至少比我挣得多。但你们要记住，不要看谁挣得多，而要看谁活得长（早期不少资本市场的风云人物纷纷落马），你们要有职业操守，谨慎从事。”

2005 年在我 60 岁生日的聚会上，我告诫学生们，要正确对待金钱。“君子爱财，取之有道。”一定要抵制住诱惑，不贪不腐。有些人贪污公款，携款逃往国外，但有钱不敢花，一见警察就心里发慌，甚至更名改姓，整天过着提心吊胆的日子，有意思吗？

我对毕业的学生充满了期待和希望。我特别向学生强调要加强道德修养。在2010年光华管理学院毕业典礼上，我代表老教员发言。我对学生们说：

在2010年光华管理学院毕业典礼上发言

你们要继续加强道德修养，道德是做人的根本。学校的职责是教书育人。在我看来，最重要的是育人。你们很多人今后要做企业、搞金融，因此，树立正确的道德观和方法论非常重要。要把中国传统的文化和道德观发扬光大。中国的传统文化和道德至今对中国企业的发展有着不可估量的影响。其中，“以人为本”的管理思想、“以义取利”和“君子爱财，取之有道”的道德规范是企业发展的重要因素。以孔夫子所讲的“仁义礼智信”为代表的信用文化是企业文化的核心。“信”，诚信也。企业只有讲诚信，才能发展，才能处理好与市场的关系。希望你们都能成为有道德、有觉悟、有能力的人，为国家和人民做出更大的贡献！

同学们，你们在北大、在光华毕业，是不同层次的学生，有本科生、普通硕士生、博士生、MBA和EMBA学员，你们毕业后将承担不同的工作，但是你们有共同的历史使命，那就是为振兴中华，为中国的经济发展与社会进步做出自己的努力和贡献！你们赶上了一个好时代，这是一个改革的时代、创新的时代。中国经济正处在一个转型期，调整经济结构、转变生产方式是当前和今后一个时期的重要任务。中国经济的进一步发展，为大家提供了发展的机会，当然也对你们提出了新的挑战与考验。毕业后，你们要创业，要发展，要管理企业，能不能做出成绩，关键在于你们自己的努力。你们应当清楚，道路可能是不平坦的，有可能遭受挫折。这就需要你们有坚强的意志，有锲而不舍和永不言败的精神，不断开拓，不断进取。相信你们一定能在激烈的市场竞争中站稳脚跟，立于不败之地！

你们作为社会人，要有责任感，要敢于承担。希望你们能够承担起振兴中华的社会责任和历史责任。你们不仅要对社会负责，也要对家庭负责。希望你们在生活中处理好家庭与工作的关系。希望你们不仅在事业上有所建树，而且也有一个和睦的家庭！

2010年光华管理学院毕业典礼现场

2014年5月，在2014金融改革与创新高级论坛暨北京大学曹凤岐金融发展基金第三届颁奖仪式上，我特别强调我们每个人都要有一颗善良的心。我引用了习近平总书记在北大的讲话。习近平总书记在讲话中弘扬了传统文化道德观。他说，要修德，加强道德修养，注重道德实践。“德者，本也。”蔡元培先生说过：“若无德，则虽体魄智力发达，适足助其为恶。”道德之于个人、之于社会，都具有基础性的意义，做人、做事第一位的是崇德修身。这就是我们的用人标准。为什么是德才兼备、以德为先？因为德是首要、是方向，一个人只有明大德、守公德、严私德，其才方能用得其所。修德，既要立意高远，又要立足平实。要立志报效祖国、服务人民，这是大德，养大德者方可成大业。同时，还得从做好小事、管好小节开始起步，“见善则迁，有过则改”，踏踏实实修好公德、私德，学会劳动、学会勤俭，学会感恩、学会助人，学会谦让、学会宽容，学会自省、学会自律。

我认为，从传统文化的教育来说，应树立“有耻且格”的观念。孔子曰：道之以政，齐之以刑，民免而无耻。道之以德，齐之以礼，有耻且格。光靠法律和施行刑罚是不行的，如果人的内心不认为这样做可耻，仍然解决不了根本问题；如果动之以情，晓之以理，使人们认清为什么不能这样做的道理，就会“有耻且格”，自觉规范自己的行为。这也是德，所以我认为我们要做一个有道德的人，从现代道德观念来说，就是要有集体主义精神和爱国主义精神，要人人讲诚信，讲道义，遵纪守法。

我为什么给大家讲这些话？因为现在有的人不知道什么是道德了，不清楚什么是道德底线了。改革开放这么多年了，我们有些人把传统道德丢掉了。新闻曾经报道过，国家能源局一个副司长的家中搜出1亿元现金，重达1吨多，用16台验钞机去验，结果烧坏了4台。一个副司长搞那么多现金放在家里干什么，敢花吗？我就听说这个贪官平常骑着破自行车，戴着破帽子……不知这些人心里是怎么想的。

我还引用了苹果总裁乔布斯临终前的反思，他说：

作为一个世界500强公司的总裁，我曾经叱咤商界，无往不胜，在别人眼里，我的人生当然是成功的典范，但是除了工作，我的乐趣并不多，到后来，财富于我已经变成一种习惯的事实。此刻，在病床上，我频繁地回忆起我自己的一生，发现曾经让我感到无限得意的所有社会名誉和财富，在即将到来的死亡面前已全部变得暗淡无光，毫无意义了。

我也在深夜里多次反问自己，如果我生前的一切被死亡重新估价后，已经失去了价值，那么我现在最想要的是什么，即我一生的金钱和名誉都没能给我的是什么？有没有？

现在我明白了，人的一生只要有够用的财富，就该去追求其他与财富无关的，应该是更重要的东西，也许是感情，也许是艺术，也许只是儿时的一个梦想。无休止地追求财富只会让人变得贪婪和无趣，变成一个变态的怪物——正如我一生的写照。

上帝造人时，给我们以丰富的感官，是为了让我们去感受他预设在所有人心底的爱，而不是财富带来的虚幻。我生前赢得的所有财富我都无法带走，能带走的只有记忆中沉淀下来的纯真的感动以及与物质无关的爱和情感，它们无法否认也不会自己消失，它们才是人生真正的财富。

在2019金融改革与创新高级论坛暨北京大学曹凤岐金融发展基金第八届颁奖仪式上，我对年轻学子提出四点希望：

第一点，我希望大家要有使命感、责任感，我们要实现2035年初步建成现代化的国家、2050年建成伟大的社会主义强国的目标。你们将参加这场战斗，到2050年，你们还是壮年（个别的可能步入老年了），所以你们应该为能够参加这场战斗而感到自豪。一个时代有一个时代的青年，有一个时代的使命。我们那个时代人的使命是要改变中国一穷二白的面貌，并且我们认真努力地去做了。现在再进一步，你们要建成伟大的社会主义强国。能参加这场战斗是多么光荣，所以你们要有使命感和责任感，要为建成伟大的社会主义强国而付出努力。

第二点，要有信仰，有信念，有理想，有定力，有信心。现在的年轻人可能受各种思潮的影响，思想比较混乱，中央电视台的节目不看，就看手机上、网络上的东西，网络上的东西有相当一部分肯定是有问题的。现在有不少人很相信普世价值、自由、平等、博爱。但自由从来都是相对的，你自由了，别人可能就不自由了；民主从来都是手段，而不是目的。要有信仰。我们信仰马列主义，相信共产主义一定能实现，这是我们共同的理想。小时候说到为共产主义而奋斗时，我们真的热血沸腾。我们有奔头、有信仰，我们相信中国一定会富起来，中国一定会强起来。在这样的信仰的指引下，我们可以去做，可以去努力。现在，我们也要有自己的定力和信仰，不随波逐流，很多问题的出现是值得我们警惕的。

第三点，要有道德、觉悟、公心和底线。对个人来说，我们要像毛主席在《纪念白求恩》里说的，要成为一个高尚的人，一个纯粹的人，一个有道德的人，一个脱离了低级趣味的人，一个有益于人民的人。只有成为这样的人，我们才能立于不败之地。

第四点，希望大家学点历史，学点哲学。现在很多年轻人不读书、不看报，看报也是看小报。年轻人应该真正了解中国的历史，不仅是中国五千年的文明史，还要重点学中国的近代史、中国的现代史。从1840年鸦片战争开始，中华民族有屈辱的历史，当然也有有志之士为中国的解放而奋斗的历史，中国共产党引导我们从站起来到富起来，到现在强起来，这些历史不应该了解吗？

我们经历了很多风浪和挫折，但是我们要有自信，要有制度自信、道路自信、理论自信、文化自信，所以我们要学点历史，看国家是怎么一步步走过来的。最近，习近平总书记在《求实》杂志上发表的文章《推进党的建设新的伟大工程要一以贯之》，讲了七个历史故事，让我们知道朝代更替是什么样的原因和问题，值得我们深思。

为什么要让大家读一点哲学，就是要懂得辩证法，现在唯心主义、形而上学非常兴盛，如果不懂辩证法，危机来了，可能就认识不到实际上是危中有机，可能就无法抓住机会。所以希望大家学点辩证法，懂得思考，什么事情都要一分为二，这样的话，好事可以变成坏事，坏事也可以变成好事。

我们每个人都要有一颗善良的心，上善若水，从善如流，积善成德。古人云："君子不谓小善不足为也而舍之，小善积而为大善。"让我们为北大的发展，为实现中国梦做出自己的努力和贡献！

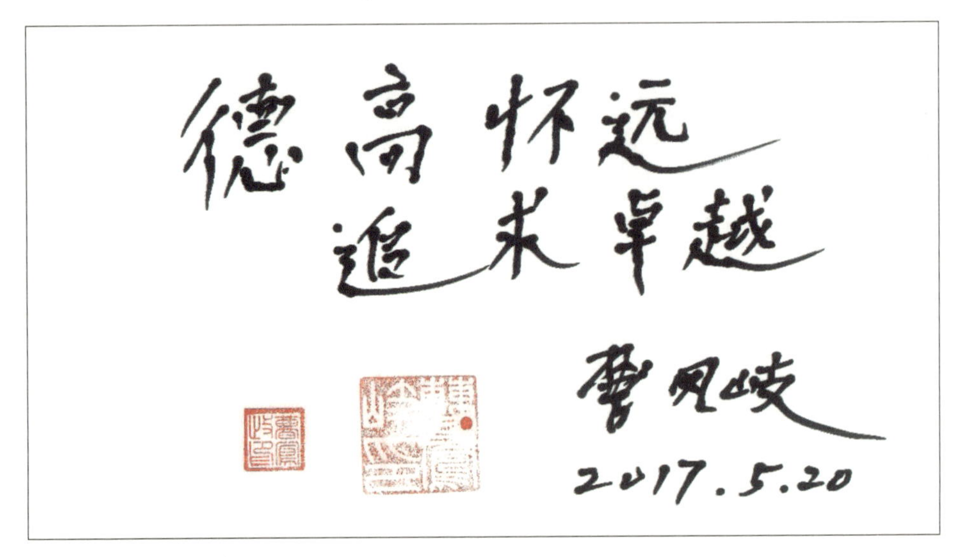

这是我用颤抖的手为学生题的词

丰富多彩的退休生活

退休后突然放松下来了，如何安排好退休生活也是一门学问。

我还是力所能及地承担一些教学工作，如 EMBA 的“中国金融变革”课程，承担院里非学历教育的授课任务，以及教授北大校友会安排的培养企业家的课程。

我会继续思考经济金融改革的重大问题，参加各种研讨会，撰写文章，发表观点，保持头脑清醒和对事物的敏感，对重大经济金融改革发表意见，希望能够对改革继续做出贡献。例如，我对金融监管体制改革的建议和方案引起了高层的重视，2015 年我对股市发展的分析对于市场和投资者都产生了很大的影响。

退休以后，在身体尚可的情况下，我会多出去走走，看看祖国的大好河山。近些年来我利用外出开会、讲课、休假、探亲的机会，到过不少名山大川，也看过一些名胜古迹。我到过黄山、长白山、莽山、张家界、湘西凤凰古城，还参观过湖南韶山毛泽东故居（多次去过），拜谒毛主席塑像。我还到过云南、山西、甘肃、江苏、安徽等地。我赞叹祖国山河的壮美，为我国古老灿烂的文化而骄傲。每到一地，触景生情，情思奔放，就能写出诗来。

最使我难忘的是两次旅游的经历：

一次是 2013 年 4 月，当时我还是光华管理学院博士后工作领导小组组长，我组织在校的博士后到延安参观学习，受革命传统教育，即所谓的“红色旅游”。有四五十名博士后参加。我们参观了黄河壶口瀑布，瀑布声震天吼，浪花翻滚，气势磅礴，如千军万马奔腾而下，非常有震撼力。我们参观了南泥湾，七十多年前，八路军以王震为首的 359 旅官兵把寸草不生的“烂泥湾”开辟成万亩良田，解决了部队的吃粮问题，自力更生的精神令人钦佩。我们参观了杨家岭中共中央驻地，那里有毛泽东、朱德住过的窑洞，有毛泽东接受美国记者斯特朗采访时用的石桌石凳。我们参观了七大会址，还参观了中央后期驻地枣园。我们登上了宝塔山，俯瞰了延安的全貌。滚滚延河水，巍巍宝塔山，给我们留下了深刻的印象。毛泽东等中共领导人在那样艰苦的条件下领导了敌后抗日战争，指挥了全国解放战争。大家深受教育，感受到中国革命的不易，以及毛主席、共产党的伟大。在参观结束时，博士后们成立了“延安精神学习班”，推选我为“班主任”。后来这个学习班坚持了很长时间，组织了多次研讨会，还出版了班刊。

壶口瀑布巨浪滔天（2013 年）

另一次是 2014 年 7 月我和老伴随同我的一位 EMBA 学员组织的小型旅游团到云南旅游。我们参观游览了长江第一湾、虎跳峡、丽江古城、玉龙雪山、香格里拉国家森林公园、大理、洱海、蝴蝶泉等景点，对云南独特的美丽风光和少数民族的风情有了深刻的了解。

参观延安宝塔山（2013 年）

我对虎跳峡印象深刻。虎跳峡距离丽江纳西族自治县县城 60 公里，这条峡谷在金沙江上游，

在延安参观党的七大会址（2013 年）

全长 16 公里，分上虎跳、中虎跳、下虎跳三段，迂回道路达 25 公里。峡谷东面为玉龙雪山，西面为迪庆的哈巴雪山，垂直高差 3 790 米，是世界上最深的峡谷之一。江流最窄处仅约 30 米，相传猛虎下山，在江中的礁石上纵身一跃，便腾空越过，故称虎跳峡。我们是从玉龙雪山侧到达虎跳峡的。从公路边下车，往下一看便是万丈深渊。但在上面是看不到虎跳石和汹涌奔腾的波涛的，要想看清楚就得到谷底。从山顶到谷底有 1 000 多节石梯和木栈道，学生问我下不下去，我说：既然到这里了，就要看清楚些。毫无疑问，下去！于是我拄着拐杖，在学生的搀扶下，下到了谷底。峡谷真是令人感到震撼。浪花翻滚，撞击虎跳石发出震天的轰鸣，让人深感大自然的威力。在谷底我照了很多相。不枉来一次。到达谷底时，我已精疲力竭，无力攀登石阶回到山上，还好学生们给我雇了一副滑竿，把我抬了上去。抬滑竿的小伙子也休息了四五次。边抬边说："您太重了，一定要多加钱啊！"

使我感到欣慰的是，我和老伴都登上了海拔 3 500 米左右的玉龙雪山和香格里拉国家森林公园。虽然由于高山缺氧，我们都吸了氧，但有些年轻同志中途败下阵来，我们却坚持了下来。我很感慨地写了一首诗《七十登顶真自豪》：香格里拉地势高，森林湖泊云中飘。三千五百踩脚下，七十登顶真自豪。在玉龙雪山我们参观了高山牧场，草地上鲜花盛开，原始森林遮天蔽日。近处观赏玉龙雪山上皑皑的白雪，真感觉像有玉龙从天而降，蔚为壮观。在香格里拉国家森林公园，我们看到了高山湖泊，平静的湖面倒映着山影和树影，有一种天水合一的感觉。我们看到了高山草甸，在茵茵的绿草地上，点缀着各种鲜艳的小花，非常好看。远处牧场屋顶冒出缕缕炊烟。大片森林云雾缭绕，像进入仙境一般。这样的景色真是让人心旷神怡。

游览虎跳峡（2014 年）

和夫人在海拔 3 500 米以上的香格里拉高山湖泊留影（2014 年）

我们参观了大理、丽江古城、蝴蝶泉、洱海等景点，还参观了白族民居。蝴蝶泉边虽未见“五朵金花”，但泉边的合欢树仍在，蝴蝶还在翩翩起舞，旁边增设了“恋爱角”，是年轻人的好去处。

我在一首词里写道，退休后要“勤锻炼，思韵律，去旅游。挥杆绿茵场上，圆洞落小球”。我身体本来就不好，多年来，又把精力大都放在教学和科研上，很少锻炼。旧病未去新病又来，身体每况愈下。退休了，时间充裕了，要加强锻炼，保持身体健康是非常必要的。

我现在锻炼身体主要有两种方式：

一是走路。我每天坚持走5 000多步，大约三四公里。走路是有氧运动，对降低血糖很有好处。

二是打高尔夫球。有人说，曹老师竟然玩上了贵族运动、少数人的运动。说来话长，在一次师生聚会上，有一个学生看到我用左手拿筷子，就问我：“曹老师，您是左撇子?”我说：“是呀！除了写字用右手，其他干什么都用左手。其实我小时候写字也是用左手，是被我妈打过来的，你看我用右手写字就很难看呀!”过了不久，这个学生没有征求我的意见，竟从加拿大给我买回一套左手高尔夫球杆（高尔夫球杆一般都是右手杆），是名牌，而且是比赛用的钢杆，又硬又重，根本不适合我。但既然买来了，就练吧。教练都是使右手杆的，教我使左手杆很别扭，那我就自己练吧。开始时杆会砸地，虎口都震裂了。还好那时我还没退休，没时间打，一年也打不了几次。退休后，我觉得应该打打球，走走绿草地，呼吸呼吸新鲜空气，转换一下心情，对身体有益处。于是我让我女婿订了一套碳素杆，又轻又软，还有弹性，很适合我，后来我一直用这套杆打球。打一场球要打18个洞，走七八公里，比较累，所以我一般自己打9洞（半场）就收工。我很少参加比赛，一是自己打不好，二是比赛太紧张也太累。一个人打毫无疑问我就是冠军，两个人打我就要屈居亚军了。有时学生邀我打比赛，我就宣布我要执行“曹氏规则”。所谓“曹氏规则”就是耍赖规则，比如规定打不好可以重打，可以不下沙坑，掉水里不加杆等。大家都同意我执行“曹氏规则”。同年轻人比赛，不要点赖怎么能赢？我打的是快乐高尔夫。小小孩，老小孩，怎么高兴怎么玩！有一次EMBA学员比赛，邀请老师参加，我也参加了。比赛后颁发了各种奖项：总杆冠军、最远距离奖、离洞最近奖等。我并不奢望能得奖，因为打得不好，跟下来就不错了。但主持人突然宣布："最佳姿势奖获得者曹凤岐教授！"我一看屏幕，不知是谁照的照片，有我挥杆的动作，姿势非常难看！大家哄堂大笑。我说："不就是想给我个奖吗，实事求是地设一个'最差姿势奖'不就行了吗？"还别说，2009年元旦，在草地都冻硬的情况下，在万柳球场我还打过一杆进洞呢！有诗为证："元旦相约来打球，风和日丽好兆头。潇洒挥臂银球舞，一杆进洞迎金牛。"有些人说我打球打得臭时，我会说："我有一杆进洞，你们有吗？"大多数人便不作声了。打高尔夫球的确是锻炼身体的一种好方法，当然，要量力而行。

打高尔夫球，自得其乐（2013年）

退休后多享受点天伦之乐也是生活的一部分。我的外孙女安安和外孙子牛牛天真、活泼、可爱，节假日里我们常在一起玩。近几年，我们每年冬天都到海南度假，享受阳光、沙滩。和安安、牛牛在一起的时光，唤起了我的童趣、童心，有种返老还童的感觉。

退休后，我积极参加荣休教师的各种活动，包括春游、秋游。2013 年，在我的动议下，老同志们一起排练了《童年的记忆》歌舞节目。我们穿上白上衣、蓝裤子（裙子），戴上红领巾，散发青春的活力，仿佛回到童年一般。节目在学院的新年联欢会上演出，大获成功。我还参加了学生毕业典礼上的演出，高唱《燕园情》《我不想说再见》等。

总之，退休后我要放松心情，享受人生。潇洒走世界，快乐每一天。

“老少先队员”们合影（2013 年）

在学生毕业典礼上演唱歌曲（2014 年）

在 2020 年新年联欢会上部分老同志演唱《我和我的祖国》， 左起：李东、我、王其文、陈宝福、王希津

人生感悟

有人说，曹老师看起来比实际年龄年轻。比实际年龄年轻倒未必，我早已满脸沧桑，主要是我自己感觉心态比较年轻。我自己不把自己看成老年人，还有热情、激情，还有对生活和工作的热爱之情。我真是觉得心态年轻才是真正的年轻。

德裔美籍人塞缪尔·厄尔曼70多年前写的一篇短文《年轻》，一直在激励着我。

> 年轻，并非人生旅程的一段时光，也并非粉颊红唇和体魄的矫健。
>
> 它是心灵中的一种状态，是头脑中的一个意念，是理性思维中的创造潜力，是情感活动中一股勃勃的朝气，是人生春色深处的一缕东风。
>
> 年轻，意味着甘愿放弃温馨浪漫的爱情去闯荡生活，意味着超越羞涩、怯懦和欲望的胆识与气质。而60岁的男人可能比20岁的小伙子更多地拥有这种胆识与气质。没有人仅仅因为时光的流逝而变得衰老，只是随着理想的毁灭，人类才出现了老人。
>
> 岁月可以在皮肤上留下皱纹，却无法为灵魂刻上一丝痕迹。忧虑、恐惧、缺乏自信才使人佝偻于时间的尘埃之中。
>
> 无论是60岁还是16岁，每个人都会被未来吸引，都会对人生竞争中的欢乐怀着孩子般无穷无尽的渴望。
>
> 在你我心灵的深处，同样有一个无线电台，只要它不停地从人群中，从无限的时间中接受美好、希望、欢欣、勇气和力量的信息，你我就永远年轻。一旦这无线电台坍塌，你的心便会为玩世不恭和悲观失望的寒冷酷雪所覆盖，你便衰老了——即使你只有20岁。但如果这无线电

台始终矗立在你心中，捕捉着每个乐观向上的电波，你便有希望超过年轻的 80 岁。

只要勇于有梦，敢于追梦，勤于圆梦，我们就永远年轻!

70 多年的人生，使我对生活有了深刻的体会。生活本身就是一首诗，只是有好诗还是坏诗的区别。我把对生活的体会写在下面，它不是诗，但也许比诗更加美丽。

生活的滋味，甘苦互依，咸涩共存；人生的道路，阡陌交错，五味杂陈。走过崎岖，才知平坦；经历风雨，方见彩虹。挫折时，从容乐观地面对；失意时，淡然优雅地转身。我们要学会在阴霾中找寻温暖，在暗夜中探求光明，咀嚼平淡如水的生活，领略四季起伏的风景，走好属于自己的人生。

应最大限度地用好今天，人生才会不断增值。过去已是昨天的记忆，将来只是明天的期待，而唯有现在才是今天的现实。不必为昨天的失意而悔恨，更不必为明天的得失而忧虑。心平气和地告别过去，只争朝夕地活在当下，淡定从容地迎接未来。看山神静，观海心阔，心态平和，知足常乐。

要有一颗坦荡的心。坦荡是生活最好的良药。成功时，要庆幸自己的努力没有白费，自我欣慰足矣；失败时，要勇于面对，学会释然，准备从头再来；应对人宽容对己严，与人为善，随时准备给予与付出，不是自己的东西绝不伸手。不贪不腐，淡泊名利。提倡中庸，做事不要绝对，适可而止，不要整人，整得过火，就会整到自己头上。无论取得多大的成绩，都要谦虚谨慎，戒骄戒躁。学会尊重人，平等待人。不要觉得自己比别人高明。

这样，我们就能享受如画的人生。坦荡生活，也许会平淡无奇，但肯定回味悠长。坦荡生活，就能海阔天空，享有美好人生。

我曾经说过，回首人生，最值得我骄傲和自豪的是我选择了教师这个职业，我最大的荣幸和光荣是我能成为北大的教授，最大的满足和成功是我培养了众多优秀的学生。我培养的人中有省部级干部、大银行的行长、校长、教授，更多的是金融、证券和基金行业的精英。很多人都是各行各业的骨干，对社会做出了很大的贡献。这是生产力的生产，是高素质生产力的生产，这个生产的力量是无穷的，所培养的高素质的人才是中国经济发展的希望。这是我最值得骄傲和自豪的事情。

我受过挫折，也有过辉煌，但这一切对我来说都是人生的一个过程，一个历练。回顾人生，回顾自己走过的路，我无怨无悔。

参加庆祝北京大学建校120周年大会。左起：董文俊、我、张峥（2018年5月4日）

我有以下几点人生感悟：

第一，从小要树立远大的理想与目标。我从小受到正规、传统的教育。那时的教育是要我们爱祖国、爱人民。要树立远大的理想，成为一个有觉悟、有能力的人，成为国家建设的栋梁。要懂得报效国家，报效人民。“要为共产主义事业而奋斗。”我正是在远大目标的激励下，好好学习，天天向上，力争做一个对国家、对人民有用的人。我认为传统的教育还是很需要的。现在我们的一些父母教育孩子就是教他们如何赚钱，赚钱当然也是必要的，但如果局限于这样的教育，很难培养出爱国家、爱人民，具有远大理想和抱负的人。

第二，要实现自己的理想和目标必须付出艰苦的努力。没有艰苦的努力和奋斗是无法实现自己的理想的。我在“文革”期间中断了学业，毕业后又没有正经做学问，如果不奋起直追，也就垮掉了。于是我“三更灯火五更鸡，不需扬鞭自奋蹄”，使自己得到了很大的提高。

第三，人生的道路不是平坦的，要有百折不挠的精神。我由于提倡股份制、主张发展资本市场，受到不公正的待遇，但我没有放弃，一直坚持。历史证明我的坚持是正确的。

第四，万事德为先，要使自己成为一个有觉悟、有道德的人。要老实做人，踏实做事，不张扬、不浮夸。要做好事，先要做好人。任何时候都要清白做人，不贪不腐。

第五，做人要胸襟坦荡、光明正大。要活得潇洒、乐观、豁达些，相信没有过不去的坎。

马克思的话“在科学上没有平坦的大道，只有不畏劳苦沿着陡峭山路攀登的人，才有希望到达光辉的顶点”激励我努力前进。《钢铁是怎样炼成的》一书中保尔·柯察金的一段话我一直铭记于心：“人最宝贵的东西是生命，生命对人来说只有一次，因此，人的一生应当这样度过：当一个人回首往事时，不因虚度年华而悔恨，也不因碌碌无为而羞愧；这样，在他临死的时候，能够说，我把整个生命和全部精力都献给了人生最宝贵的事业——为人类的解放而奋斗。”

一生中，“情”与“爱”字与我有缘。我赞同著名科学家爱因斯坦对“爱”的看法，他认为爱是一种能量。他临终前在给女儿的一封信中写道：

有一种无穷无尽的能量源，对于它，迄今为止科学都没有找到一个合理的解释。这是一种生命力，包含并统领其他所有的一切。而且在任何宇宙的运行现象之后，甚至还没有被我们定义。这种生命力叫“爱”。当科学家们苦苦寻找一个未定义的宇宙统一理论的时候，他们已经忘了大部分充满力量的无形之力。爱是光，爱能够启示那些给予并得到它的人。爱是地心引力，因为爱能让人们相互吸引。爱是能量，因为爱产生了我们最好的东西而且爱允许人类不用去消除看不见的自私。爱能掩盖，爱能揭露；因为爱，我们才活着；因为爱，我们死去。爱是上帝，上帝就是爱。这个驱动力解释着一切，让我们的生命充满意义。这是一个我们已经忽略了太久的变量，也许因为我们害怕爱，因为这是宇宙中唯一的人类还无法随意驾驭的能量。

“荣辱盛衰淡如水，洒向人间一片情”是我的人生感悟。我在《曹凤岐诗词选》的序言里写道：

我有一个信念，人活着总要为社会做些事情。人的能力有大小，贡献有大小，但只要努力了，认真去做了，就会觉得踏实、充实和自信。我做事的动力可以归结为一个“情”字，追梦求真皆为情。一个“情”字真是了得，有着广博浩渺的含义。亲情、友情、爱情、师生情、爱国情……“情”字本身包含了真情、感情、激情、热情……情爱不分，“情”字当头就会有爱心。有一首歌唱道：“只要人人都献出一点爱，世界将变成美好的明天。”

只要我活在世上，就会不遗余力地献出我的情，献出我的爱，有多少热发多少光。

回首往事，回首自己走过的路，虽然路途艰辛与曲折，但我努力了，付出了，我自己感到欣慰足矣！我对我走过的路无怨无悔。多年来我确实在为自己能够成为一位正直的、有良心的、忧国忧民的知识分子而努力践行着。在我的有生之年，我还会不忘初心，继续努力做有利于国家和人民的事。我是一根蜡烛，在我能够燃烧时，我尽量拨亮烛芯，让它发出更多的光和热；当蜡烛的光开始暗淡时，我用它点燃更大的火把，点燃一盏长明灯，让它继续发光发热！

最后，用我在2017年春节写的一首诗《七律·本命年感怀》结束本书。

七律·本命年感怀

（2017年1月28日，鸡年大年初一）

今年是鸡年，本人属鸡。鸡有五德：文德，武德，勇德，仁德，信德。吾常以德约束自己。又到鸡年，感怀万千。

又逢丁酉本命年，转眼吾到七十三。
改革何曾惧误解，教书哪敢怕钻研。
在职无私拼事业，退休公益助学坛。
雄鸡啼鸣为报晓，笑看百花开满园。

附录

一位经济学家眼中的历史

——评曹凤岐教授自传《坦荡人生无悔路》[①]

一本厚重的书《坦荡人生无悔路》摆在案头。阅后掩卷，沉思多多。

中国经济为什么在短短的时间内能取得震惊世界的奇迹？如此之近的历史，我们许多人都是亲历者，但多数人很少思考。有的人现在在做事后的思考与总结。但是，有那么极少数的人，他们不仅是亲历者，不仅现在在思考，而且在这段历史中一直在思考，并用他们的思考影响、改变着现实。曹凤岐教授就是这样的人之一。作为中国最早提出股份制改革的学者之一，作为中国资本市场主要法律的制定者之一，曹凤岐教授不仅一直在思考，而且把他的思考以自传的形式笔之于书。这本《坦荡人生无悔路》，不仅仅是一位著名学者的自传，而且从一个侧面展示了改革开放以来的中国经济理论史，展示了中国资本市场的理论史和发展史，展示了资本市场的法制史。

今天，中国已经成为世界第二大资本市场。那么，中国的资本市场是从哪里来的？是从天上掉下来的吗？不是。是中国经济中固有的吗？也不是。

① 本文发表于《当代金融家》，2018 年第 8 期。

许多人并不知道，就在三十年前，在中国社会中，主流意识形态仍然对资本市场的建立满腹狐疑、忧心忡忡。发展股份制，建立资本市场，这种思想在许多人眼里还完全是不可接受的异端。然后，极少数的先驱者，顶住压力，承受打击，大力提倡发展股份制与资本市场。曹凤岐教授就是这些先驱者的代表之一。是他们的深入思考和奔走呼号，才换来了今天的空前发展与繁荣。正如书中所写，曹凤岐教授1989年出版的《中国企业股份制的理论与实践》一书，是他研究股份制的集大成之作。然而，正是这本有重要贡献的理论书籍，却招来了一场批判会，以及随后的不公平待遇。

资本市场建立难，发展也难。中国资本市场建立之后，发展历程曲折蜿蜒，也出现了许多问题。在社会上，关闭资本市场的呼声一直不绝于耳。如何促使资本市场的健康发展，并不断规范，是一个同样富于挑战的课题。《坦荡人生无悔路》真实而详尽地记录了这段历史中于1995年和2001年出现的两次理论上大的、公开的争论，也记录了作者在资本市场建立之后，历年不断提出的新的理论思想，比如资本市场要“在发展中规范，在规范中发展”，建立多层次资本市场理论等。

资本市场的规范发展离不开法制建设。中国资本市场的两部根本性大法——《中华人民共和国证券法》和《中华人民共和国证券投资基金法》，《坦荡人生无悔路》的作者都是主要起草人之一。这本书真实地记录了这两部法律出台的艰难历程。这两部法律之所以千呼万唤始出来，一个重要原因就是法律要解决的问题涉及中国资本市场发展的千头万绪。阅读这本书的这些章节，不仅可以理解资本市场发展的法制历史、立法过程，而且可以对整个资本市场的发展历程乃至资本市场的知识体系、运行方式有深入的把握，其中提到的很多问题，依然是今天中国资本市场亟待研究的课题。

从世界各国看，像北大这样，作为一所大学多次深刻影响乃至改变一个国家的历史，应该是绝无仅有的现象。虽然北大对中国近现代历史的深刻影响尽人皆知，然而，多数人只是有一些模糊的认识。比如，1966年，“文革”中第一张大字报在北大出现，此后两年，北大一直处于“文革”的风口浪尖。然而，这段历史的具体发展脉络，一般人应该和我一样，知之甚少。这本书的作者是北大65级学生，他亲身经历了这段惊心动魄的历史，并在自传中予以详细描述。工作组、大串联、工宣队，等等，这真是研究“文革”历史的珍贵资料。多年以后的历史学者，一定会为拥有这样宝贵的第一手资料而庆幸不已。

北大之影响中国的历史，并不仅仅通过政治运动。作为思想的摇篮、教育的圣地，北大一直在以自己深入的思考反哺这片广袤的土地。在经济管理领域，光华管理学院的创立和发展，是北大为中国经济发展做出的重要贡献。《坦荡人生无悔路》的作者是管理学院的创建者之一。阅读这本书，我们可以感受到，正是他们，用自己的智慧、心血和汗水，把只有一间水房作为办公地点的工商管理系，一步步建设成为今天拥有两栋教学楼的世界知名商学院，培养了一届又一届业界与学界精英，不断改变着中国经济的面貌。

作为年逾古稀的长者，作者亲身经历了第二次世界大战以来的全部历史。从自传中，我们也能够实现七十多年的时光穿越。透过作者细腻流畅的文字，我们能够体验一个东北孩子的全部人生况味。美丽的自然环境、淳朴多彩的民俗民风、缺衣少食的日常生活、疾病与贫困的风刀霜剑、艰难的求学经历、慈祥的家长与可爱的老师，被一个个政治符号代表的历史大背景串联起来，共同构成了一幅生动的历史画卷。几十年前的东北历史，是中国历史的缩影，读来令人心潮澎湃。

七十多年来，中国发生了翻天覆地的变化。沧海桑田，今非昔比。以作者为代表的北大人，一直在致力于改变社会。这是北大的传统，也是北大的骄傲。然而，与改变同样重要的，是历史中的不变和坚守。阅读这本书，读者会一直为作者所秉持的道德规范和准则传统以及对于人生信仰的坚守所打动。贫困的生活、复杂的政治环境，都不能改变心中那个永恒的“道”。青少年时期，一方面感受生活的艰辛，一方面也受到那个时代的传统价值观念的熏陶。在北大波诡云谲的“文革”风云中，虽然无数的青年学生难免迷失自我，但作者却能反求诸心，看穿政治迷雾，从不参与迫害老师乃至抄家的活动，靠的就是自幼的家教和内化到血液中的道德感。“德不孤，必有邻。”书中记载的爱情故事，真可谓一段佳话。当年曹凤岐教授找女朋友的一个基本条件，就是不能嫌他穷。不嫌穷的人可谓不多，偏偏就有孙立军教授真的不嫌。二人 1972 年 8 月喜结连理，此后多年，相濡以沫，患难中勉励前行。“幸福就是有人管”，作者的这一总结，既充分反映了夫妻二人伉俪情深，也表明为了丈夫的事业发展，孙立军教授在很大程度上牺牲了自己。

《坦荡人生无悔路》一书，把一位经济学家七十多年的生活、学习、研究、奋斗的经历，系统地展现在读者面前。作者写作的目的，是“对年轻人和后人有所启发”。确实，这本书不仅是作者坦荡人生的记录，更是中国改革开放的思想史，是资本市场的发展史，是东北基层的生活史，是北大的“文革”史，是光华管理学院的创建史。作者以一位经济学家的视角，以他数十年的思考，研究和解读着七十年来中国的历史。这是一本独特的书籍。它的出版，是北京大学出版社独具慧眼的体现。无论现在还是将来，这本书都将为愿意思考的所有读者，提供一道回味无穷的精神大餐！

贾春新

北京大学光华管理学院教授

2018 年 8 月

后　记

经过努力，我的回忆录《坦荡人生无悔路》（修订版）在庆祝中国共产党成立 100 周年之际终于出版了。本书作为一朵小花，献给党的 100 周年生日。

我 20 岁之前在东北的一个小县城（吉林省老扶余县县城，现为松原市宁江区）里生活，我的儿童时期、少年时期都是在那里度过的。我至今还对那里的生活有着深刻的记忆，有着家乡情结，甚至某种眷恋。

我在 20 岁时（1965 年）考入北大，今年已经 76 周岁了。时光如梭，没有想到，转眼自己已经是一位白发苍苍的老人了。我经历过苦难，也有过失意与辉煌，现在是“山野闲人”。如果说老了要给年轻人和后人留下点什么的话，那就留点精神食粮吧。这就是我在身体很不适的情况下，坚持完成修订版的写作的原因。有人会说，我们已经看过第一版了，再读修订版有必要吗？我认为很有必要。一是修订版比第一版内容更丰富，二是历史感更强。因此，修订版也是珍藏版。

我在北大学习、生活和工作已经 56 年，迄今为止我生命三分之二以上的时间都是在燕园度过的。考入北大，是我人生的重要转折点。在这里，我有过快乐与痛苦，有过困惑与迷茫，有过奋斗与挫折，但更多的是受到北大厚重文化的熏陶，得到名师的指点，打开了知识的宝库，为后来的发展奠定了坚实的基础。毕业后我又有幸留在了北大，这里是我事业的新起点。在这里，我继续得到恩师的指点、大师们的教诲和同事们的帮助，加上正好赶上改革开放的新时代，我如沐春风、如鱼得水，做出了一些成绩。

本书主要写我上大学以后的生活和工作情况，对儿时和少年时期（上大学以前）的事情简而带过。因此，本书一开始想起名叫“燕园岁月”，后来发现这个名字并不能涵盖我从小到老的全部生活，因为毕竟还有上大学前的20年不是在燕园度过的，所以才改为现在的名字：坦荡人生无悔路。

我是带着感恩的心来写回忆录的，我在一生中遇到很多贵人，他们给予了我很大的支持和帮助。除小学时期的一些老师和中学阶段的左永山老师、赵久礼老师外，在大学里我遇到了更多的恩人，而且都是大师级的人物，这些人的高尚品德、卓著学识，对我的影响很大，对我的成长、发展起了关键性的作用。北大方面有陈岱孙先生、厉以宁先生、胡代光先生等，其他方面有黄达先生、董辅礽先生等，我特别感恩于他们！

我也要感谢同我一起工作的我的老师和同事们，感谢他们对我的帮助和支持！尤其感谢和缅怀已经去世的闵庆全先生、高程德先生以及杨岳全教授、朱善利教授，他们在生前都给了我很大的帮助，因篇幅所限，书中未能把他们对我有所帮助的具体事情和内容呈现出来，但我心存感谢和感激。愿他们一路走好！

还要感谢我的父母，是他们养育、教育了我，使我走上正确的人生道路，但他们却没有享受到我给他们的回报。我父母都是1921年生人，2021年是他们100周年诞辰，仅以此书纪念他们。

非常感谢我的妻子孙立军女士，多年来她默默地为我付出，对我精心呵护和照顾，不仅使我能心无旁骛地工作，而且使我从小多病、中年以后又添新病的身体能支撑到现在。

还要感谢我的女儿曹海峰、女婿邹舰明，我可爱的外孙女安安、外孙牛牛，是他们让我享受到了天伦之乐！

后 记

近几年，我手抖的毛病越来越厉害，几乎无法写字，幸运的是我可以用“一指禅”的方式在电脑上敲字，可以说我的回忆录的第一版和修订版完全是用一根手指敲出来的。我经常点错键，有时竟打不开文件夹，或把文件不知点到哪里去了，找了很久都找不回来，写作的艰难程度可想而知。但我还是坚持每天一有时间就敲字，争取早日完稿。我真怕有一天我连字都敲不了了，那样就无法完成写回忆录的心愿了！现在终于完成了，深感欣慰。

当然，由于自己水平有限、视野有限，对问题和事件的看法可能片面甚至带有偏见。与我相关的人，凡是我需要感谢的，我会说出他们的名字；凡是对我造成负面影响的，我尽量不去提及，实在避不开，也客观陈述，绝无攻击和抹黑之意。如果无意中伤害了谁，那我会表示歉意，也希望得到理解和谅解。

本书之所以能够出版，还要感谢北京大学出版社的林君秀和贾米娜同志。

2021 年 10 月